# 高职体育教育

主　编　许荣振
副主编　高　凯　王　琳　杨宇宁
编　委　路淑敏　王　涵　杨桂霞　张　波

ZHEJIANG UNIVERSITY PRESS
浙江大学出版社

**图书在版编目(CIP)数据**

高职体育教育 / 许荣振主编. —杭州：浙江大学出版社，2013.8

ISBN 978-7-308-11912-2

Ⅰ.①高… Ⅱ.①许… Ⅲ.①体育－高等职业教育－教材 Ⅳ.①G807.4

中国版本图书馆 CIP 数据核字(2013)第 170800 号

**高职体育教育**

主　编　许荣振

副主编　高　凯　王　琳　杨宇宁

---

**责任编辑**　吴昌雷

**封面设计**　刘依群

**出版发行**　浙江大学出版社

(杭州市天目山路 148 号　邮政编码 310007)

(网址：http://www.zjupress.com)

**排　　版**　杭州中大图文设计有限公司

**印　　刷**　德清县第二印刷厂

**开　　本**　787mm×1092mm　1/16

**印　　张**　14.75

**字　　数**　368 千

**版 印 次**　2013 年 8 月第 1 版　2013 年 8 月第 1 次印刷

**书　　号**　ISBN 978-7-308-11912-2

**定　　价**　27.00 元

---

# 前　言

本教材是根据《全国普通高等职业（专科）院校公共体育课程教学指导纲要（试行）》高职院校的具体情况编写的。

本教材以“健康第一”为指导思想，力求学生在体育基本素养和身体运动能力全面提高的基础上，结合高职高专教育特征与各专业人才培养目标，针对职业岗位标准，依据“必需，够用”的原则，利用体育的手段，来提升学生的身体素质与体能水平，提升职业体能素养，达到发展学生职业能力与职业素养的目的。

学生根据自己的爱好和兴趣，熟练掌握1～2个运动项目的基本技术，熟悉它们的运动规则与裁判方法并能组织简单的基层比赛。了解体育运动的基本知识、运动特点、锻炼价值、树立正确的健康观，具有一定的体育欣赏能力。掌握发展身体素质的手段。能利用体育锻炼调节与改善自身心理状态，了解与运动有关的损伤产生原因及保健知识。

本教材不仅介绍体育干预人的身心发展的方法手段，而且简单介绍运动项目的起源、演变；体育文化、体育运动欣赏；职场“群”特点及减缓职场疲劳和预防职业病的方法；职场、社会、学校、家庭中的安全常识等。本教材是一本不错的课内外读本。

本书在编写过程中，汲取了各方面的知识、研究成果、兄弟院校同仁的努力成果。特别是浙江经济职业技术学院研究团队的职业体能训练方面的研究结晶，给我们开阔思维，为本书编写提供了很大帮助，在此深表感谢！

本书由许荣振主持编写，天津滨海职业学院体育教学部全体教师参加编写。具体编写分工如下：

许荣振：体育理论教学篇、职业体能教育篇、羽毛球运动、轮滑、跆拳道、生命安全教育；

杨宇宁：网球运动、健美运动；

王　涵：篮球运动、高职院校学生常见运动损伤的处理及预防措施；

高　凯：太极拳、台球、武术；

王　琳：足球运动、附录；

杨桂霞：乒乓球、瑜伽；

路淑敏：健美操运动；

张　波：排球运动。

由于水平和能力有限，本教材仍存在许多不足之处，请同学们批评指正。

编者

2013年5月16日

# 目　录

## 体育理论教育篇



## 终身体育教育篇



## 职业体能教育篇

## 扩展知识、技能与修养篇



## 附　录

# 体育理论教育篇

# 第一节　高职体育教育

## 一、体育与高职体育教育任务

体育是指人类通过专门设计的身体运动和游戏，达到增强体质、提高竞技水平和丰富社会生活的目的的一种社会文化现象。

自古到今，从古希腊到中国古代，都有人类关于体育活动的痕迹。它是人类在漫长的发展过程中所产生的一种以身体运动来表达的社会文化现象。在各种不同文化和文明背景下产生的体育活动已经和正在成为人类社会所共有的财富。在体育活动中体现出的“以公平竞争为道德核心”，以追求和平、进步和团结的价值标准和价值体系，得到了人类社会广泛的认同。以奥运会为最高层次的体育竞技活动，已经成为不同民族、不同国度人们的共同节日，以它特有的魅力丰富着人类社会的日常生活。随着生产力的空前发展，体育正在进入和已经改变着越来越多人的生活，成为人们生活方式的一个重要组成部分。当代体育与社会经济、政治和人们的日常生活产生着越来越密切的联系，改变和影响了社会生活的许多方面。人类社会不能没有体育，人类社会也离不开体育。

体育教育是最早干预身心发育发展的教育形式。学前体育、小学、中学、大学体育乃至大学后的终身体育，都要符合人体生长发育规律。大学体育教育（高职体育教育）是学校体育最后一环，是对人的身心最后一次有组织、有计划、有目的地进行积极干预。

《全国普通高等职业（专科）院校公共体育课程教学指导纲要（试行）》（以下简称《纲要》）指出：“高职高专体育课程（全称为体育与职业体能课程）是大学生以身体练习为主要手段，通过合理的体育教育和科学的体育锻炼过程，达到增强体质健康水平、完善与职业岗位相适应的身体素质储备、提升体育和职业素养为主要目标的公共必修课程。”

高职体育教学任务主要有：

### （一）增强体质，全面提高人的运动能力

根据人体生长发育规律，人体在生长发育时期，特别是生长发育高峰期间不宜进行过多的力量和耐力运动。高职学生已基本完成发育，是力量和耐力素质发展的最佳时期；是有目的、有组织、有计划地提高力量和耐力素质的最后机会；也是全面提升人体运动能力的最佳时期。

### （二）学习掌握 1 至 2 门运动技能形成终身体育的最好时机

高考结束进入高职院校，学生的学习负担相对减缓，有更多的时间和精力投入到锻炼身体中来，通过体育课和课外体育活动学习掌握 1 至 2 门自己喜欢的体育运动技能，养成参加体育锻炼习惯，夯实形成终身体育的基础。

### （三）为就业准备职业体能

根据专业特点和就业趋向，通过体育课有目的、有组织、有计划地提高职业体能和职业心理素质，为走向职场做好身心准备。

(四)学习掌握职场消除疲劳方法手段

通过体育课及课外体育活动,学习掌握职场消除疲劳方法手段。为预防职业病、亚健康打下基础。

## 二、体育的功能

(一)体育的增强体质,强国强民功能

这是体育的本质功能,也是体育能在人类社会中长盛不衰和持续不断存在的原因。通过体育手段改善和提高中枢神经系统的工作能力,使人脑清醒、思维敏捷,促进人体的生长发育;提高运动能力;调节人的心理,使人朝气蓬勃,充满活力;提高人体的适应能力,体育运动可以防病治病,推迟衰老,延年益寿。这正是体育的独特之处,也是体育区别于其他社会活动和事物对人和社会作用的根本点。人的身体素质是思想道德素质和科学文化素质的物质基础,也是一个民族和国家强盛的基础。体育最基本的作用和本质功能就是对人的健康和身体素质提高以及民族的强盛具有独特作用。通过体育达到增强体质,强国强民的目的,已经成为人类社会的共识。这也是当今世界各国普遍重视体育运动的根本原因。

(二)体育的教育功能

体育是人类最早的教育手段和方法,也是学校教育的一个重要组成部分,是教育的一个重要手段和组成。

人们在从事体育运动时,特别是在运动训练过程中,要克服许多由体育运动产生的特有的身体不适,体验到很多在正常条件下不可能获得的身体感受。它对一个人的内在意志品质具有特殊的培养和陶冶作用,对青少年的意志品质的培养作用尤为重要。体育在培养人们健康、合理的生活方式,集体主义精神,爱国主义精神,刻苦耐劳,顽强拼搏精神等方面有着重要作用。体育还可在国际赛场上激发人们的爱国热情,振奋民族精神。

促成人们竞争、团结协作的社会意识。竞赛是体育运动的一个最显著的特征。体育竞赛能有效地培养人们的竞争意识和团结协作精神。没有强烈的取胜欲望和良好的团结协作精神,在体育竞赛中不可能取得胜利。人类现实社会是一个充满着激烈竞争的场所,需要团结和协作精神。体育竞赛,特别是在集体项目的竞赛过程中,要想取得胜利,既要有高超的技术、技能和力争胜利的顽强竞争意识,又要善于与同伴和队友合理有效的团结协作(战术),才可能达到取胜的目的。而体育的这种"夸张的社会实践"有利于人及早适应"社会化"。

(三)丰富个人和社会的文化生活,提高人们的生活质量

人们通过参加和欣赏体育运动不仅能增强体质,还能够愉悦身心,丰富文化生活。体育运动能得到人们的喜爱,一个重要原因是体育与文化、艺术等活动一样具有较强的娱乐功能。

人们在体育运动的过程中能体验到乐趣和快感,因而它也成为人们娱乐的一种形式。特别是国际体育竞赛已经成为现代人们关注的焦点和欣赏的热点。各种体育竞赛,以它独有的形式和方式为人类社会生产出丰富多彩的精神文化食粮,提高人们的生活质量。

(四)为社会提供和构建公平、公开、公正的价值体系和价值标准

公平是人类社会所共同追求的一种理想社会状态。竞赛是体育最鲜明特点,通过竞赛,

优胜劣败，决出名次，可以激发荣誉感，鼓舞上进心。这是在和平时期其他任何形式的社会活动和手段所不能代替的。体育竞赛就是在同一公平的规则下，在公开场合中，通过最大限度地发挥个人和集体的体能和智力去争取胜利。优胜者得到奖励和人们的尊重。体育运动向人类社会所展示的以公平、公开、公正为核心的价值体系和价值标准，正是现代人类社会所需要不断更新、构建的价值体系和价值标准的道德核心。

此外，体育还具有交流功能、经济功能、政治功能、对外交往功能、科学研究功能，同样在人类发展和社会进步中起着重要的作用，同时也促进了体育运动本身在人类社会中的不断发展。

## 三、高职院校学生身心特征与体育

作为青年学生，高职生与其他同龄的在校大学生一样身体发育基本完成，但是心理发育尚未成熟，人格特性的可塑性较强，心理冲突表现明显，有许多的心理问题亟待解决。如世界观和理想的缺失、意志力和耐受挫折力缺乏、内心依赖感和孤独感强、嫉妒心和虚荣心严重、自负与自卑两极倾向严重、价值观和成才观偏离、性生理与性心理发展不协调等。

### (一)高职院校学生身心特征

由于传统偏见和高职学生认知水平、认知能力及青春期人格发展的局限，致使高职学生形成了一些独有的特点，主要表现在以下几个方面：

1. 自卑感强，情感极其脆弱

进入大学学习是令每一个学生感到高兴和自豪的事情，但高职学生在具有这种情感的同时，与本科生相比，总会有一种无形的自卑感。这是因为大多数的学生认为与本科生相比，自己没有文凭上的优势。同时只看到社会对职业院校的认同程度不高，就业与继续升学深造的局限，没有看到整个社会对具有高端技能性人才的迫切需求，更促进了他们对未来的迷茫和对自己人生价值的怀疑。这种不良心态往往会导致部分学生人际关系敏感、急躁、易怒，严重时甚至会发生过激行为，对自己和他人造成伤害。

2. 学生自身对就读高职认识不明确，悲观、厌学，心理压力大

部分高职学生是在高考成绩不理想时，因没有信心复读而选择了高职院校，有的只是为了混个文凭，还有一部分同学只是为了应付父母而来高职读书。他们并不了解高职教育是培养社会广泛需求的“技能性高端人才”，对自己所学专业也丝毫不感兴趣，没有学习动力。他们中有的这种个人兴趣与所学专业不符的情况使他们不能调整心态面对现实，造成了他们较大的心理压力，并产生悲观、厌学、混日子的消极心理。

### (二)利用体育功能预防高职学生心理问题

(1)利用体育的增强体质功能，增强学生的身体健康，提高学生的身体素质的生理机能。身体素质和生理机能的提高是改善心理素质、提高思想道德素质和科学文化素质的物质基础。强壮的体魄是形成自信、自尊和消除自卑感的基础。要使学生不仅跟同学、同伴比体能、比运动技能，而且要善于跟自己比，要善于发现通过体育锻炼提高自身的体能、运动技能的(成绩)硕果，从中获得自信和自尊。

(2)体育教师在体育教学中，要遵从区别对待的原则，使学生通过不懈的努力和克服许多由体育运动产生的特有的身体不适，达到目标要求，从中获得自信和学习兴趣。

(3)通过参加和欣赏体育运动愉悦身心，从而减缓或消除悲观、厌学、混日子的消极心理。

(4)参加体育运动时利用交流功能增加与同学、同伴的接触与交流，改善人际关系。体育运动的过程中能享受成功的乐趣和快感，同时也能体验失败的惋惜和遗憾。促进了他们在学习和生活中增强对自己同伴的信任，形成良好的人际关系。

(5)通过参加在同一公平的规则下、在公开场合中的体育竞赛，激发荣誉感和鼓舞上进心。使学生相信学校乃至社会所展示的，以公平、公开、公正为核心的价值体系和价值标准，提高学生的心理健康水平。

## 第二节　科学合理的体育锻炼与健康

### 一、科学合理的体育锻炼对增强体质的作用

经常科学地从事体育锻炼能促进机体的新陈代谢，改善与提高内脏器官的机能，发展人的身体素质。外形上肌肉发达，力量增强，改善体形体态，矫正体型；身体机能上提高心血管系统、呼吸系统、神经系统机能和消化系统等各内脏器官机能，从而增强体质，增进健康；心理上调节心理活动，体育活动会使人体大脑分泌一种叫多巴胺的物质(注：多巴胺是使人上瘾的物质，它是人们形成“运动习惯”的物质基础)，使人产生愉悦。

#### (一)增强体质

经常合理、科学地进行体育锻炼可以使心肌增强，心脏容量增大，血管弹性增强，从而提高心脏的收缩力和血管的舒张能力，使心搏有力，心输出量增加。由于心脏的工作能力和储备能力都提高了，这就能承受更大的负担，从而提高身体的营养水平、代谢能力和对疾病的抵抗能力。

经常合理、科学地进行体育锻炼可以提高最大肺活量，提高呼吸系统机能，促进机体的新陈代谢。肌肉的活动可促使胃肠的蠕动增强，消化液分泌增多，提高消化系统的机能，增加食欲。

#### (二)改善体形体态，矫正体型

合理、科学的体育锻炼可以有效地增强全身肌肉，增长力量。改善体形体态，矫正体型主要是指使全身各部位的比例匀称、协调、平衡和谐，以及主要肌肉群具有优美的线条，体现出健康美。

#### (三)提高神经系统机能

合理、科学的体育锻炼可以提高中枢神经系统的机能水平。它能够提高神经过程的强度和集中能力，提高均衡性和灵活性，从而提高人体对内、外环境的适应能力。

#### (四)调节心理活动，培养顽强的意志品质

体育活动会使人产生愉悦，有利于陶冶美好情操。现代生活的紧张节奏，会使人产生紧迫感、压抑感，而紧张的体力劳动和脑力劳动又会使人产生疲劳感。合理、科学的体育锻炼可以积极地消除或减缓学习、生活及职场中的疲劳，使人变得活泼开朗、朝气蓬勃。通过体

育锻炼不仅获得成功的自信和自尊，而且可以克服由于大运动量训练所带来的生理不适。在持之以恒，坚持不懈的锻炼中培养不怕苦、不怕累，勇于克服困难，取得成功的顽强的意志品质。

## 二、体育锻炼与健康的自我评价

这里所指的自我评价是指体育锻炼者采用自我检查的方法，对参加运动前后的身体做定期记录，通过最简单的方法指标，了解健康状况及运动效果。它是在体育锻炼过程中自身反应最直接的资料，是体育锻炼者及时调整训练计划、安排运动量、预防过度训练和运动伤害事故的重要依据。

自我评价内容包括自我体力感受、睡眠、食欲、排汗量和情绪状况，以及安静时、体育锻炼中、后的心率等。参加体育锻炼前应是精神饱满、体力充沛、渴望参加活动。练习完后应有疲劳和肌肉酸累感，但经休息能很快恢复。如果经休息仍有精神不振、困倦、头晕及局部关节肌肉麻木、胸闷、气短、腹痛甚至恶心呕吐等不良症状则属于运动过量。如果不及时调整会形成“过度疲劳”。

另外，睡眠也是一项生理指标，良好的睡眠状态应当入睡快、醒后感到精力和体力旺盛。如果锻炼后失眠、夜间易醒，或者醒后仍精神不振、困倦、头晕，表明睡眠失常。

这些都可作为判断自我运动量是否过大的指标，来指导青少年进行合理、科学的锻炼。

## 三、体育锻炼原则与注意事项

尽管具体的锻炼手段和方法因人而异，但增强体能的锻炼原则是每一位锻炼者都应该遵循的。

### （一）自觉积极性原则

体育锻炼者要明确健身目标，充分认识体育锻炼的价值，自觉积极地从事体育锻炼活动。体育锻炼是一个自我锻炼、自我完善，并需要克服自身的惰性，战胜各种困难的过程。明确“生命在于运动”的科学道理，树立正确的锻炼目的，把体育锻炼当做是日常紧张学习和生活的主动调和剂，激发锻炼的主动性，从而调动锻炼的积极性。培养对某项体育活动的兴趣，就会对这项体育活动表现出极大的主动性和自觉性，做到身心融为一体，才能在身心上产生最佳健身效果。

### （二）循序渐进、合理负荷原则

负荷包括运动强度（功率）和运动量（功）构成。运动强度是指单位时间内的运动量，即：运动强度＝运动量/运动时间。一般是以练习的速度、负重量、密度、难度或者以速度、负重量、密度、难度的练习强度占锻炼者所承受最大强度的百分比来表示。而运动量是运动强度和运动时间的乘积，即：运动量＝运动强度×运动时间。通常是以练习的次数、时间、距离、重量来表示。

运动量和运动强度二者相互影响、相互制约，在强度最大时，运动量肯定是最小；如果运动量很大，强度也不可能达到最高。一般来说，当运动强度在 90％～100％时（即最大强度），运动量最小；当运动强度达到 75％～90％时（即次最大强度），运动量能达到中等；当运动强度在 50％～75％时（即中等强度），运动量一般来说能达到次最大量；当运动量最大时，运动强度也只能是最小强度，即30%～50%的运动强度。

那么我们该如何合理地安排锻炼负荷呢？

(1)根据锻炼者的锻炼目的、合理选择运动强度和运动量。

以提高身体功能(如：骨骼肌的爆发力、最大速度、最大心率等)来提高运动成绩为锻炼目的的练习，采用运动强度在接近100%、运动量最小的练习为主；以提高较高强度身体持续活动能力(如：骨骼肌的持续活动、速度耐力等)来提高运动成绩为锻炼目的的练习，采用运动强度在85%～95%、中等运动量的练习为主；以提高身体较长时间持续活动能力(如：骨骼肌的长时间持续活动、耐力等)来提高运动成绩为锻炼目的的练习，采用运动强度在70%～85%、次最大运动量的练习为主；以提高身体机能、增强健康及形体健美、减肥塑身为锻炼目的的练习，采用运动强度在60%～70%、较大运动量的练习为主。

常用的检验运动量大小的方法有两种。

第一种：通过脉搏变化来衡量运动量是否合适。在运动前安静10分钟和锻炼后1小时测脉搏。如果锻炼后1小时脉搏恢复到锻炼前安静脉搏的水平，而且机体疲劳感不明显，则说明运动量过小；如果经过一夜，甚至第二天清晨脉搏还未恢复，则说明运动量过大。另外，专家认为旨在增强体质的有氧运动应该使心率达到最大心率的60%～70%(最大心率≈220－年龄)。

第二种：通过主观感觉来衡量运动量是否合适。运动量合适时，锻炼后疲劳感恢复快，肌肉轻度酸痛，四肢沉重感经过一夜休息第二天早晨即可消失，体力充沛。如果锻炼以后，明显感觉极度疲劳，影响正常的饮食、睡眠，运动后恢复时间延长，第二天起床后感到浑身无力，对锻炼产生厌倦情绪，则说明运动量过大，一定要及时进行调整。

值得注意的是负荷过大比负荷过小的害处更大。负荷过小，机体只是得不到必要刺激，也就达不到理想的锻炼效果。负荷过大(即超过人体极限的负荷)，就会对人体产生伤害。

(2)根据锻炼者所处的锻炼阶段、体能水平、当前的健康状况和身体承担的负荷能力，来合理地确定锻炼负荷的大小。初练者要先以不断增加运动量练习(耐力)为主，逐步提高运动强度。初练者一开始可以进行为了增加关节运动的幅度、提高运动的能力和预防受伤的柔韧性的练习。在锻炼中通过反复的平稳的拉伸，使肌肉比平时拉伸得更长或增加肌肉拉伸的时间，这样才能有效地提高关节的柔韧性。

(3)合理负荷并不意味着每次锻炼时都练习得筋疲力尽。事实上，积极的休息也是合理负荷的一种。恢复是不可或缺的练习方法。

### (三)持之以恒的原则

体育锻炼对机体给予刺激，每次刺激都会产生一定的不适应，连续不断地刺激作用则产生不适应的积累。这种积累使机体结构和机能产生新的适应，体质就会不断增强，动作技能形成的条件反射也会不断得到强化。因此，体育锻炼贵在坚持，不要只想在短时间内取得显著效果，必须长久积累。只有坚持经常锻炼，并且逐渐加大运动量或延长锻炼时间，才能达到锻炼效果。

值得注意的是持之以恒的原则不是说必须每天都要进行同样的练习方法手段，而是要根据练习负荷部位和大小，不断改变练习部位和方法及练习间隔。如隔天练习或每周练习几次等节奏。如果每天都进行同样的练习方法手段和部位，久而久之会产生局部劳损等伤害事故；每天进行大负荷练习，会产生疲劳的积累直至过度疲劳。要不断交替练习部位，大、中、小负荷合理的练习节奏。有研究认为，每周锻炼 3～4 次为宜。

（四）专门性和全面锻炼原则

由于参加体育锻炼者的锻炼目的、年龄、性别、兴趣爱好、体质、健康状况和运动能力不同，所以要从实际出发选择和确定适合自己的锻炼内容和方法。如果你锻炼的主要目的是为了增强体质，提高自己的有氧运动能力，那么你就可以选择慢跑、步行、骑自行车、有氧操以及远距离游泳等运动项目进行锻炼等。

人体作为一个整体，各种机能是相互促进、相互制约的。因此，进行全面锻炼，可以全面协调机体的形态和各器官系统的功能，提高身体素质和人体的基本活动能力。促使体态优美，功能完善，提高身体对自然的适应能力。在安排锻炼项目时，应注意不断找出身体机能的“短板、瓶颈”，有针对性地加强身体薄弱部位的练习，提高整体机能水平。选择多种多样的项目，才可以达到全身锻炼的目的。

（五）加强自我保护，防止运动伤害和疾病的原则

我们进行锻炼的初衷是增强体质，促进身心健康。但如果缺乏自我保护意识，不懂得科学锻炼的方法，就难免会造成伤害事故。

练习时穿着轻便合体的服装和鞋子，不携带容易刺伤身体的物品，如手表、项链、戒指、钢笔、别针、钥匙等；使用体育器材，运动前要做好检查确认；认真做好运动前的准备活动和运动结束时的整理活动；要学习规范的运动技能、技巧，使技术动作符合人体结构技能特点和运动时的力学原理，避免运动中受伤；大强度力量性练习时保持正确的身体姿势，必要时给予保护与帮助；患有心脏病、严重的高血压、血管栓塞等疾病的人，要避免剧烈的持续运动；患有急性疾病如感冒、急性支气管炎等，发烧时不要做高强度的运动；恶劣天气如：雷雨、沙尘、大雾时，严禁在室外练习；雨、雪、雾天不宜在室外练习。

（六）符合人体生长发育规律的原则

应根据人体的运动素质发展的“敏感期”实施锻炼。各项身体素质的“敏感期”的规律大致如下：力量素质的“敏感期”是在 16 岁以后出现；速度素质是在 10～13 岁时期增长率最大；柔韧素质是在 8～9 岁较易提高；灵敏素质在 12～14 岁期间提高最快；耐力素质适宜于 17～18 岁以后开始安排练习。

## 四、体育运动与营养

（一）营养对体育锻炼的影响

体育锻炼时中枢神经系统活动紧张，内分泌增加，酶系统活跃，新陈代谢旺盛，体内的糖、脂肪被大量分解供能，蛋白质代谢更新加快，大量的维生素、无机盐参与分解代谢而加大了损失过程。这些变化，使机体对各种营养物质的需求量大为增多。

体育锻炼消耗的能量，要在运动结束后通过合理的营养膳食进行补充。消耗得不到及时补充，于机体健康不利，会使锻炼者生理机能及运动能力下降，出现乏力疲劳甚至疾病状态。

想要提高锻炼效果或运动成绩，必须以科学、合理的营养为物质基础，以体育锻炼为手段，用锻炼的消耗过程换取锻炼后的超量恢复过程，使机体蓄积更多的能源物质，提高各器官系统的机能。以此获得的健康，较单纯以营养获取的健康上升到一个新的高度。

（二）不同锻炼对合理营养的需求

1. 跑步

短跑以力量素质为基础，以无氧代谢供能为特点，时间短，强度大，要求有较好的爆发力。在膳食中要有丰富的动物性蛋白质，以增大肌肉体积，提高肌肉机能。另外，要求在膳食中增加磷和糖的含量，为脑组织提供营养，改善神经控制和增强神经传递，动员更多的运动单位参加运动。还要求在膳食中增加如钙、镁、铁及维生素B1的含量，以改善骨肉收缩质量。

长跑以有氧耐力素质为基础，以有氧代谢供能为特点，要求有较高的心肺功能及全身的抗疲劳工作能力。虽强度不大但时间较长，体力消耗较大。要求膳食中有较全面的营养成分，增加机体能源物质的贮备，在丰富的维生素、矿物质成分中，突出铁、钙、磷、钠以及维生素C、B1和E的含量，有利于提高有氧耐力。

2. 操类

竞技体操、艺术体操和技巧，动作复杂而多样，要求有较强的力量与速度素质以及灵巧与协调性等。要求膳食中有高蛋白质、高热量、低脂肪，维生素、矿物质，应突出铁、钙、磷的含量及维生素 $B_1$、C 的含量。需引起注意的是，参加该类项目有时为了比赛需控制体重，但不能过分控制饮食，避免造成营养不良，特别是不能影响参加锻炼的儿童少年的生长发育。

3. 球类

球类项目对力量、速度、耐力、灵敏、柔韧等素质有较高的要求。食物中要含丰富的蛋白质、脂肪、糖以及维生素 $B_1$、C、E、A。球的体积越小，食物中维生素A的量应更高些。球类项目活动时间越长矿物质、水分丢失较多，应及时补充。

4. 冰雪项目

由于长时间在冰雪上活动，加之周围环境温度较低，机体产热过程会增强以维持体温。所以膳食中必须给予保证有足够的蛋白质和脂肪，同时增加糖类以提供能源，以维生素B族为主并增加维生素A的摄入，保护眼睛。

5. 游泳

游泳项目是在水中进行，使机体散热较多、较快，冬泳更是如此。游泳锻炼需要一定的力量与耐力素质，所以在膳食中要求含有丰富的蛋白质、糖和适量脂肪。维生素以 $B_1$、C、E 为主。矿物质应增加碘的含量，以适应低温环境甲状腺素分泌增多的需要。

6. 棋牌

棋牌类是以脑力活动为主的项目，脑细胞的能源特质完全依赖血糖提供。当血糖降低时，脑耗氧量下降，工作能力下降，所以棋牌类项目对糖类有着特殊的需求，也可在下棋、打牌时随时补充。此外，膳食中应增加蛋白质和维生素 $B_1$、C、E、A 的供给，提高卵磷脂、钙磷铁的含量。膳食中应减少脂肪摄入，以降低机体耗氧，保证脑组织的氧供应。

7. 健美塑身

在膳食中要有丰富的动物性蛋白质，以增大肌肉体积，提高肌肉机能。还要求在膳食中增加矿物质如钙、镁、铁及维生素 $B_1$ 的含量，以改善骨肉收缩质量。

8. 减体重塑身

在膳食中的碳水化合物（米、面、糖等）要限量，增加粗纤维（蔬菜中芹菜等），适量的蛋白质，还要求在膳食中增加矿物质如钙、镁、铁及维生素 $B_1$ 的含量。

值得注意的是在膳食中要有少量脂肪，特别是不饱和脂肪，以刺激机体分泌脂肪酶有助于体内脂肪分解,同时供给机能代谢。

### 五、运动处方

运动处方的概念最早是美国生理学家卡波维奇在20世纪50年代提出的。1969年世界卫生组织开始使用运动处方术语,从而在国际上得到认可。日本在1971年成立了以猪饲道夫教授为主的运动处方研究会,于1975年制定出各种年龄组的运动处方方案,出版了《日本健身运动处方》,指导大众健身。运动处方是由医生或体育工作者给锻炼者按照年龄、性别、健康状况、身体锻炼经历和心肺或运动器官的机能水平等,用处方的形式,制定的系统的、个性化的健身方案。运动处方是指导人们有目的、有计划和科学地锻炼的一种方法。

制定运动处方能够增强人体机能,提高身体素质;提高工作效率;减少慢性疾病的危险因素,或者治疗慢性疾病并促进全民健康;提高锻炼中的安全性;促进生长发育;丰富文化娱乐生活,调节心理状态,提高生活质量。运动处方分治疗性运动处方(用于某些疾病和创伤康复期的患者,使医疗体育更加定量化,个性化)和预防性运动处方(用于健康的中老年人及长期从事脑力劳动,希望参加体育锻炼,主要是预防冠心病,肥胖症等疾病,防止过早衰老)。

(一)运动处方的内容

包括练习种类、运动强度、运动时间、运动频率、运动进度及注意事项等。

(二)运动处方的练习种类

运动处方的练习种类可分为三类,即:耐力性(有氧)练习;力量性练习;伸展练习和健身操。

1.耐力性(有氧)练习

耐力性(有氧)练习是运动处方最主要和最基本的运动手段。在治疗性运动处方和预防性运动处方中,主要用于心血管、呼吸、内分泌等系统的慢性疾病的康复和预防,以改善和提高心血管、呼吸、内分泌等系统的功能。在健身、健美运动处方中,耐力性(有氧)练习是保持身心健康、保持理想体重的有效练习方式。

有氧练习的项目有:步行、慢跑、走跑交替、上下楼梯、游泳、自行车、功率自行车、步行车、跑台、跳绳、划船、滑水、滑雪、球类运动。

2.力量性练习

力量性练习在运动处方中,主要用于运动系统、神经系统等肌肉、神经麻痹或关节功能障碍的患者,以恢复肌肉力量和肢体活动功能为主。在矫正畸形和预防肌力平衡被破坏所致的慢性疾患的康复中,通过有选择地增强肌肉力量,调整肌力平衡,从而改善躯干和肢体的形态和功能。

力量性练习根据其特点可分为:电刺激疗法(通过电刺激,增强肌力,改善肌肉的神经控制)、被动练习、助力练习、减负荷练习(即在减除肢体重力负荷的情况下进行主动运动,如在水中练习)、主动练习、抗阻练习(等张练习、等长练习、等动练习和短促最大练习)等。

3.伸展练习和健身操

伸展练习及健身操较广泛地应用在治疗、预防和健身、健美各类运动处方中,主要的作用有放松精神、消除疲劳,改善体型,防治高血压、神经衰弱等疾病。

伸展练习及健身操的项目主要有:太极拳、保健气功、五禽戏、广播体操、医疗体操、矫正体操等。

(三)运动处方的运动强度

1.耐力性(有氧)练习的运动强度

除去环境、心理刺激、疾病等因素,心率与运动强度之间存在着线性关系。在运动处方实践中,一般来说达到最大运动强度时的心率称为最大心率。练习时或练习后需要达到的心率区间称为“靶心率”或称为“运动中的适宜心率”。能获得最佳健身效果并能确保安全的运动的练习时或练习后的心率区间称为“最适宜运动心率”。

最适宜运动心率=心率储备×75%+安静心率

其中,心率储备=最大心率-安静心率

如:某大学生20岁,安静心率70(次/分),他的最大心率为220-20=200(次/分),心率储备为200-70=130(次/分),最适宜运动心率为130×75%+70=167.5(次/分)。该学生以健身为目的的“靶心率”为(200-20)×(70%~85%)=140~170(次/分)。

如果该学生以减体重塑身为目的,那么“靶心率”为(200-20)×(60%~70%)=120~140(次/分)。

2.力量性练习的运动强度和运动量

提高骨骼肌的爆发力或恢复肌肉功能用大运动强度,少重复次数的练习;增大肌肉块或增强肌肉耐力的练习用中等运动强度,多次数的练习。

3.伸展运动和健身操的运动强度和运动量

一般的伸展运动和健身操的运动量可分为大、中、小三种。小运动量是指做四肢个别关节的简单运动、轻松的腹背肌运动等,运动间隙较多,一般为8~12节;中等运动量可做数个关节或肢体的联合动作,一般为14~20节;大运动量是以四肢及躯干大肌肉群的联合动作为主,可加负荷,有适当的间歇,一般在20节以上。增加运动量可通过增加套路的重复次数或动作的幅度、架子的高低等来完成。

(四)运动处方的持续时间

1.耐力性(有氧)练习的练习时间

运动处方中的运动时间是指每次持续练习的时间。根据练习目的确定每次运动的持续时间。如:在读20岁大学生减体重练习一般须持续40分钟以上,“靶心率”为(120~160)次/分。

间歇运动的运动密度应视体力而定,体力差者运动密度应低,体力好者运动密度可较高。

运动量由运动强度和运动时间来决定(运动量=运动强度×运动时间),在总运动量确定时,运动强度较小则运动时间较长。前者适宜于年轻及体力较好者,后者适宜于老年及体力较弱者。年轻及体力较好者可由较高的运动强度开始锻炼,老年及体力较弱者由低的运动强度开始锻炼。运动量由小到大,增加运动量时,先延长运动时间,再提高运动强度。

2.力量性练习的练习时间

力量性练习的运动时间主要是指每个练习动作的持续时间。如等长(静力性)练习中肌肉收缩的维持时间一般认为6秒以上较好。在动力性练习中,完成一次练习所用时间实际上代表动作的速度。主动收缩用力要快,被动复位拉伸要慢。

3.伸展练习和健身操的练习时间

成套的伸展练习和健身操的运动时间一般较固定，而不成套的伸展练习和健身操的运动时间有较大差异。如：24式太极拳的运动时间约为4分钟；42式太极拳的运动时间约为6分钟；伸展运动或健身操的总运动时间由一套或一段伸展运动或健身操的运动时间、伸展运动或健身操的套数或节数来决定。

（五）运动处方的运动频率

1.耐力性（有氧）练习的练习频率

在运动处方中，运动频率常用每周的锻炼次数来表示。运动频率取决于运动强度和每次运动持续的时间。一般认为：每周锻炼3～4次，即：隔一天锻炼一次，这种锻炼的效率最高。最低的运动频率为每周锻炼2次。运动频率更高时，锻炼的效率增加并不多，而增加运动损伤的几率。小运动量的耐力运动可每天进行。

2.力量性练习的练习频率

力量性练习的频率一般为：每日练习不同部位，隔日练习同一部位为宜。

日本的池上晴夫研究表明，一周运动1次，肌肉酸痛和疲劳会每次发生，运动后1～3天身体不适，效果不蓄积；一周运动2次，酸痛和疲劳减轻，效果有点蓄积，但不明显；1周运动3次，无酸痛和疲劳，效果蓄积明显；一周运动4～5次，效果更加明显。可见，一周运动3次以上，效果才明显。

3.伸展练习和健身操的运动频率

伸展练习和健身操的运动频率一般为每日1次或每日2次。

（六）注意事项

1.耐力性（有氧）练习的注意事项

用耐力性（有氧）练习进行康复和治疗的疾病多为心血管、呼吸、代谢、内分泌等系统的慢性疾病，在按运动处方进行锻炼时，要根据各类疾病的病理生理特点、每个参加锻炼者的具体身体状况，提出有针对性的注意事项，以确保运动处方的有效原则和安全原则。一般的注意事项应包括以下几方面：

(1)在耐力性（有氧）练习处方中，应有针对性地提出运动禁忌证。如：心脏病人运动的禁忌证有：病情不稳定的心力衰竭和严重的心功能障碍；急性心包炎、心肌炎、心内膜炎；严重的心率失常；不稳定型、剧增型心绞痛，心肌梗死后不稳定期；严重的高血压；不稳定的血管栓塞性疾病等。

(2)如出现运动时上身不适，运动中无力、头晕、气短，运动中或运动后关节疼痛或背痛等，应停止运动。

(3)在耐力性（有氧）运动处方中，须对运动量的监控提出具体的要求，以保证运动处方的有效和安全。

(4)要求做充分的准备活动。

(5)明确运动疗法与其他临床治疗的配合。如：糖尿病患者的运动疗法须与药物治疗饮食治疗相结合，以获得最佳的治疗效果。运动的进行时间应避开降糖药物血浓度达到高峰的时间，在运动前、中或后，可适当增加饮食，以避免出现低血糖等。

2. 力量性练习的注意事项

(1)力量性练习不应引起明显疼痛。

(2)力量性练习前、后应做充分的准备活动及放松整理活动。

(3)运动时保持正确的身体姿势。

(4)必要时给予保护和帮助。

(5)注意肌肉等长收缩引起的血压升高反应及闭气用力时心血管的负荷增加。有轻度高血压、冠心病或其他心血管系统疾病的患者,应慎做力量性练习;有较严重的心血管系统疾病的患者应忌做力量性练习。

(6)经常检修器械、设备,确保安全。

3. 伸展练习和健身操的注意事项

(1)应根据动作的难度、幅度等,循序渐进、量力而行。

(2)指出某些疾病应谨慎采用的动作。如:高血压病患者、老年人等不做或少做过分用力的动作及幅度较大的弯腰、低头等动作。

(3)运动中注意正确的呼吸方式和节奏。

(七)大学生运动处方示例

**减肥的运动处方**

姓名:×××

性别:女

年龄:20 岁

职业:学生

体育爱好:羽毛球

健康检查:良好,身高 1.55m,体重 60kg,体脂中度,超重

病史——无

运动负荷测定:台阶实验,安静脉搏 79 次/min,血压 75/115mmHg,肺活量 2800mL

体能测定:力量——仰卧起坐 25 个/min,耐力——800m 跑 405s

体质评定:健康状况,良;体重过重,心肺功能稍差

运动目的:减肥和健身

运动项目:羽毛球、健身跑、健美操、篮球等

运动强度:由小逐渐加大,心率在靶心率范围,即 140～170 次/min

运动时间:12 周(减少体重 3～5kg),每次 30～60min

运动频度:4～5 次/周

注意事项:适当控制饮食,减少糖、油脂的摄入,可吃一定的蔬菜、水果,有病发烧应停止运动

自我监督——心率

处方者:YYY　　　　年　月　日

## 六、健康与亚健康

亚健康是一种临界状态,处于亚健康状态的人,虽然没有明确的疾病,但却出现精神活力和适应能力的下降,如果这种状态不能得到及时的纠正,非常容易引起心身疾病。世界卫生组织将机体无器质性病变,但是有一些功能改变的状态称为"第三状态",我国称为"亚健

康状态”。

(一)健康状态(“第一状态”)

1978年,世界卫生组织(WHO)给健康所下的正式定义、衡量是否健康的十项标准:

(1)处世乐观,态度积极。乐于承担任务,不挑剔。

(2)良好的休息习惯,睡眠良好。

(3)应变能力强,能适应各种环境变化。

(4)对一般感冒和传染病有一定的抵抗力。

(5)体重适当,体态均匀,身体各部位比例协调。

(6)眼睛明亮,反应敏锐,眼睑不发炎。

(7)牙齿洁白,无缺损,无疼痛感,牙龈正常,无蛀牙。

(8)头发光洁,无头屑。

(9)肌肤有光泽,有弹性,走路轻松,有活力。

(10)足趾活动性好,足弓弹性好,肌肉平衡能力好;脚没有疼痛、没有拇指外翻。

健康不仅仅是指没有疾病或病痛,而是一种身体上、精神上和社会上的完全良好状态。也就是说健康的人要有强壮的体魄和乐观向上的精神状态,并能与其所处的社会及自然环境保持协调的关系和良好的心理素质,还要有精神。

(二)疾病(“第二状态”)

机体出现器质性病变,症状各异。

(三)亚健康(“第三状态”)

1.表现症状

心理亚健康的表现症状为:情绪不稳定、焦虑易怒、心情烦躁、紧张不安、容易受到惊吓、失眠多梦、注意力不集中、心情郁闷、悲观消极、精神不振、情绪低落、反应迟钝、白天困倦、容易走神、记忆力减退等。

生理亚健康的表现症状为:头胀头疼、气短胸闷、疲劳乏力、视力模糊、容易出汗、体温异常、四肢发胀、脸色异常、舌苔生疮、肚子胀气、眼睛灰暗发青、指甲成像、口苦便燥、经常感冒、腰酸腿疼、心律不齐、心悸、潮前胸胀等。

2.诱发原因

(1)生活环境

①交通拥挤,住房紧张,办公室桌子靠桌子,使人们生活工作的物理空间过分窄小,一年四季使用空调,长期处于这种环境当中,空气中的负氧离子浓度较低,使血液中氧浓度降低,组织细胞对氧的利用降低,影响组织细胞正常的生理功能。独立的空间往往成为奢望。

②废气、垃圾、工业、噪音及射线等污染,严重损害人们的生存环境,宁静祥和的环境往往被喧嚣和污浊所代替。对人体的心血管系统和神经系统产生很多不良影响,使人烦躁、心情郁闷。

③营养失衡。现代人饮食往往热量过高,营养素不全,加之食品中人工添加剂过多,人工饲养动物成熟期短、营养成分减少,造成很多人体重要的营养素缺乏和肥胖症增多,机体的代谢功能紊乱。

(2)社会环境

①在市场经济条件下,经济的压力促使人们过分地劳作,出现身心“透支”现象。

②竞争的年代、改革的年代，人们面临着被“炒鱿鱼”和下岗的威胁，为了保持岗位，不得不承受越来越重的压力，陷入越来越多的矛盾。高度激烈的竞争，错综复杂的各种关系，使人思虑过度，不仅会引起睡眠不良，甚至会影响人体的神经体液调节和内分泌调节，进而影响机体各系统的正常生理功能。

③社会发展日新月异，信息变化加速，使得终身学习成为必然的要求，因此，学习新知识，创造新思维，成为人们越来越重的压力和负担。

④由于种种利益交织冲突，社会人际关系变得复杂，使得每个人建立和处理人际关系变得更加谨慎和困难。

⑤机械化、形式化的生活和工作、学习，占去了人们的大部分时间，使得人们之间的情感交流变得越来越少，越来越空乏，孤独成为人们生存的显著特征。

⑥社会生活的复杂化、多变性，给人们的恋爱、婚姻、家庭生活的稳定性产生了越来越多的冲击，使得人们之间的情感联系薄弱，情感受挫的机会增多，从而降低了人们对生活的信心，影响了人们情感生活的质量。

⑦人们自身的某些不足和遗憾，往往成为自我折磨的理由。

(3)生活习惯

①营养不规律，暴饮暴食。

②逆时而作。人体在进化过程中形成了固有的生命运动规律——即“生物钟”，它维持着生命运动过程气血运行和新陈代谢的规律，逆时而作，就会破坏这种规律，影响人体正常的新陈代谢。

③乱用药品。用药不当不仅会对机体产生一定的副作用，而且还会破坏机体的免疫系统。

④练体无章。生命在于运动，也在于静养。人体在生命运动过程中有很多共性，但是也存在着个体差异。因此，运动强身应该是个体性很强的学问。每个人在不同时期，身体的客观情况都处在动态变化之中，如练体无章、练体不当，必然会损坏人体的健康。

### (四)亚健康的防范

#### 1. 经常参加体育锻炼

正确的改善亚健康要经常参加体育锻炼。由于网络高速发展，宅在家里足不出户的人是越来越多，远离阳光和新鲜空气的人很容易精神萎靡不振，处于忧郁烦闷状态。即使不想出去转转也得在家里，找个阳光充足的地方晒晒太阳，做做运动，最好能到远离喧闹的城市的郊外进行运动，达到改善亚健康的效果。逛街，这个最受女性欢迎的消闲方式是有氧运动，但是一般强度过低。女性逛街少则一两个小时，多则三四个小时，这样不停地走动可增加腿部力量，消耗体内大部分热量，也能达到一定的健身效果。

#### 2. 保障睡眠

改善亚健康需保障睡眠。人的身体健康与睡眠有着密切关系，人的一生有1/3左右的时间是在床上度过的，睡眠能帮助人们恢复旺盛的精力，确保一天的工作和学习顺利完成，也是改善亚健康的重要方式，不要为了娱乐或工作轻易熬夜，否则达不到改善亚健康的效果。

#### 3. 调整心态

改善亚健康还需要好的心态，让你在任何环境里都能轻松生存，一定要拿得起放得下，不要为一些小事而烦恼，还要有承受压力的心理准备，学会释放压力，这样才能在这个社会上很好地生存下去，这也是改善亚健康的有效方法。

4.培养兴趣

改善亚健康要培养兴趣，有了爱好你的生活才会充实，这样你才不会觉得无聊。兴趣爱好还能修身养性、陶冶情操，并且对一些心理疾病有辅助治疗的作用，让亚健康转化为健康。

5.饮食有度

拒绝暴饮暴食，规律饮食，肠胃各机能也能正常运转，营养均衡。

6.合理工作安排

工作永远都做不完，合理安排是一种技能。要善于把工作切块，善于把握完成每一块需要的时间，然后合理排序，并逐个完成，做到时间安排合理，今日事今日毕。这样不仅能提升效率，减轻由工作太多带来的心理压力，而且能增加成就感。

亚健康离我们并不太远，但是看了以上关于如何改善亚健康的介绍，其实亚健康一点也不可怕，只要你及时进行调理，不要放任自流，就能让亚健康转为健康。

（五）当代大学生处于亚健康状态的原因

1.睡眠较晚

如今大多数大学校园都提供校园网，也有宽带网，因此喜欢网游的学生，尤其是男生，常常会熬夜玩游戏，导致精神亢奋，无法入眠，因此睡眠严重不足。熬夜易伤肝，这一习惯会导致肝火过旺，也就是上火。

2.饮食不科学

多数大学生对于自己的饮食并不是很留意，忙碌时常常以泡面为食，或是食用其他低蛋白高热量的食物，乃至是零食。一些女生采用不科学的减肥方法，经常不吃正餐，因此导致身体营养供应不足，免疫力也随之下降。

3.心理压力大

高校的学业比较繁重，加之学生工作、升学、就业等所带来的压力，一些大学生终日处在焦虑的状态，精神紧张，感到总是有做不完的事，心理压力大可见一斑。

4.上网时间过长

大部分大学生都有上网的习惯，有些甚至在网上做兼职，因此，课余大部分时间是消耗在网上。但是上网时间过长也是健康的一大威胁，电脑的辐射会损伤皮肤，降低视力，长时间对着电脑屏幕甚至会引起精神紧张，大脑混沌。

5.沉迷游戏

各种游戏已经风靡大学校园，大学生玩家们经常可以在宿舍花上一个晚上或是下午攻克游戏，对生活中其他事物的兴趣已经逐渐消退，精神也萎靡不振，对事物常常提不起兴趣，沉迷游戏总是与不健康的生活习惯密切相关。

6.缺少锻炼

虽然学校有体育课，但是一周也仅有一次，而在其他的课余时间里，很多学生会选择宅在宿舍，出门逛街或是去图书馆自习，很少会自发地参加体育锻炼。

以上这些导致大学生亚健康的罪魁祸首其实只要稍作调整，不论是生理上或是心理上，都可以有所缓解。大学的日子固然精彩，但要充分享受这份精彩，就要使自己拥有足够的健康资本，只有告别亚健康，告别诱发疾病的潜在隐患，才可以充满健康活力地在大学中开辟一片新天地。

# 第三节　体育文化

## 一、体育欣赏

体育与美自古以来就紧密相连，当人类根据自身的目的和需要，通过体育活动去塑造自己的身心和自己的形象时，表现出了对美的渴望与追求，这种欲望越来越强烈。在现实生活中，人们追求完美的、快节奏的生活，体育运动恰恰迎合了现代人的要求和欲望。当代人把体育欣赏作为社会文化中的一个很重要的内容。通过观赏体育竞赛将人们引入美的境界，进而达到净化心灵、陶冶情操的效果，启迪和激励人们的体育意识，同时，可以强化集体观念，激发爱国热情，振奋民族精神。

（一）体育欣赏的内容

1.人体美的欣赏

现代人之所以喜欢观赏体育比赛和表演，一个重要的方面就是运动员的美吸引着人们。体育运动能塑造健美的人体，而健美的人体又能给人以美的精神享受。通过对身体美的欣赏，能给人一种特殊的美感，同时会产生一种生机勃勃的感受。

人体美有多种因素构成，其基本要素包括：健康美、体态美、强壮美、体型美，还有素质美、风度美等。

(1)健康美

健康美不仅表现在人体的外部形态上，如身高、体重、胸围等，而且还表现在身体的质量方面，如形态、机能、素质、运动能力、适应能力等。人的精神面貌状况和心理发展水平，如积极进取、乐观向上、对事业充满信心等也是健康美的具体表现。

(2)体态美

体态美是指人的形体和姿态的美，表现在比例、匀称、和谐、线条4个方面。

①身体的合理比例是体育运动的目标之一。古人提出了“黄金分割法”和“头身比例法”。数学上黄金分割的比例关系(1∶1.618)，同样适用于人体，如人体以肚脐分界，如果下半身长，人体就显得美。如果人的头和身体的比例为1∶8，这样的人体就美。

②匀称的身体更能充分地表现出身体美，两臂不一样长，两腿不一样粗的人，这样的身体不会是匀称的身体，也不会是美的身体。但在体育欣赏实践中有一种特殊情况应该区别对待，就是特殊的运动需要，往往会使运动员身体的某些部位变得相对突出，导致整个身体看起来不够对称。

③和谐是指身体各组成部分多样统一的协调关系，主要表现在3个方面：人体形态各要素的和谐；各器官、系统功能上的和谐；人的外部形态、内部功能与运动形式在技能上的和谐。和谐是优美的基本特征，一个人的身体美首先表现出来的就是和谐。

④身体的线条是指人身体的外部轮廓。根据人们一般审美经验，男、女的线条是不一样的。男性的魅力在于阳刚之气，身体线条多平直、有棱角，显出一种刚劲有力、粗犷豪放之美；女性的魅力在于阴柔之美，身体线条更圆润、有曲线，显示出秀美、柔和的特征。无论男性还是女性，均可通过体育运动，自觉按照“美的规律”加以塑造，形成自己理想的身体轮廓线条。

(3)素质美

素质美是指人在身体素质方面所呈现的美,以特殊的形式存在于身体美之中。人的身体素质就是人体活动的一种能力。运动员通过体育运动形式把人的力量、速度、耐力、灵敏性和柔韧性等素质所表现出的美展现于人们的面前,使人们产生强烈的美感。

(4)风度美

风度美是指人的风采、气度的美。体育运动不仅能塑造健美的体格,而且也能培养健康的人格。在长期的体育实践中,这种健康的人格可以使运动员和教练员形成一种风度美,比如举止大方、语言文明、乐于助人、尊重对手、服从裁判、关心队友、珍惜荣誉、自重自强,还有仪表端正、雷厉风行等,都给人以高尚、典雅的感受。

风度美一般具有两个基本特征:一是符合社会道德规范;二是表现出鲜明的个性特点。

2.运动美的欣赏

运动美是指人在体育实践中,通过人体运动的艺术感情的动态操作过程表现人的本质,同时有意识、有目的地去实践和创造健康的体格和人格,是身体运动所呈现的一种动态美。它是体育美的重要内容,同时也是体育美的基本表现形式。

(1)技术美的欣赏

技术美是指人在完成各种体育动作时,从方法和技巧上表现出来的美。技术美在体育运动中最为常见,如马拉多纳巧妙的过人技术,乔丹精妙绝伦的空中投篮,霍尔金那优美流畅的高低杠动作等。运动技术作为体育欣赏对象,之所以能给人以美感,就是因为它是人类在体育实践中的一项伟大的创造。这种创造的过程表现在运动者能够准确、协调地完成各种体育动作,以此向自然显示人的本质力量。动作的准确性、协调性、连贯性和节奏感构成了技术美的主要特征。

运动技术本身是不断发展的,随着体育科学水平的提高和人们对体育运动认识的深化,一些更加符合人体运动规律的先进技术不断被创造出来。如篮球比赛中的跳起空中投篮、勾手投篮、补篮以及单手、双手正(反)扣篮、投3分篮;排球比赛中近体快球、短平快球、远网快球,以及中国创造和发展的“时间差”、“位置差”等快球技术。不胜枚举的运动技术,无不给人以美的享受。

对技术美的欣赏不仅在于欣赏技术动作的高、难、险、新等方面,还应该结合技术动作的平衡性、准确性和节奏感等方面来欣赏。平衡、准确能给人以平稳、有效、安全之感,协调而有节奏能给人以合理、圆满、明快之感。

(2)战术美的欣赏

战术美是指在体育比赛中运动员个人技术的合理运用及运动员之间协调配合时所表现出来的美。它是运动员根据比赛双方的情况采取合理行动,以发挥己方特长,限制对方优势,夺取体育比赛胜利的一种艺术。

现代的体育运动都是激烈的对抗,每项运动的比赛都充满了竞争,这种对抗和竞争不仅是运动员的体力、技术、心理、智力因素的角逐,而且是战术水平的较量。所以,战术被称为发挥个人技术的先导,驾驭比赛的灵魂,是夺取胜利的法宝。

捕捉战术美的依据:一是技术是战术的基础,又是战术的表现形式,全面、熟练、准确、实用的技术是实现战术的先决条件;二是战术的运用,必须根据比赛的具体情况,灵活机动地加以变换,任何单一的战术都不会取得良好的比赛效果;三是比赛中战术的变化;四是运动员良好的战术意识。

在实际比赛中,战术美的表现往往错综复杂。例如篮球比赛中战术美的欣赏问题。随着现代篮球运动技术和战术的发展,当今世界篮球运动形成了:一是以美国为代表的战术风格,主要讲究一对一的打法,比赛中没有固定的位置,这种战术对运动员的能力要求非常高。二是以亚洲为代表的战术风格,主要讲究一定的套路,比赛中每个队员都有明确的位置,根据对方的防守战术采用不同的进攻对策。对这两种战术打法该做出怎样的欣赏评价呢?这就要求具备一定的篮球知识,具有一定的欣赏经验。

因此,仅凭几条经验还不够,要求人们不断积累美感经验,形成具有一定的体育审美观点,并掌握每项运动的特点,才能逐渐由"外行"转为"内行"。

(3)意志美的欣赏

意志美是指在体育运动中自觉地确定目标,并在目的支配下调节自己的行动,从而实现预期目的时呈现的意志美,通常是运动员良好意志品质的具体表现。

现代体育运动最显著特点是:运动员之间的运动水平越接近,竞争和对抗就越激烈。要夺取比赛的胜利,运动员必须克服各种困难,与对手进行顽强的竞争。在这个过程中,运动员所表现出来的主动、自制、勇敢、顽强等,都属于意志美的范畴。

意志美在体育运动中的各种表现形式,绝大多数都具有崇高美的意味,所以在具体的欣赏活动中,不能用优美的标准去衡量它们。比如:赛跑运动员在终点冲刺时,其面部表情和身体姿势都与常人大不相同。人们不应该刻意挑剔,因为这是运动员为了超越自我而做出的种种意志努力,应该知道这是一种意志美的表现。

(4)智慧美的欣赏

智慧美是指运动员、教练员和裁判员根据比赛场上变幻莫测的情况迅速做出判断,并能采取相应对策所呈现出的美。

现代的体育运动,不仅是人的体能、技术、战术和意志的全面较量,而且还包括智慧之争。因此,体育运动过程中处处表现出智慧美的存在。如在比赛中,运动员根据对手情况采取随机应变的合理行动;教练员根据运动员的场上行为,胸有成竹地调兵遣将,变换战术打法;裁判员根据场上情况及时做出准确判罚,合理地控制比赛节奏等,都是智慧美的具体表现形式。

在通常情况下,体育运动中智慧美同运动员的文化知识、技术水平、比赛经验以及教练员的指挥才能、裁判员的反应能力等,都有密切的联系。因为现代体育比赛多在高速度、高强度的对抗中进行,赛场形势瞬息万变,所以迫使运动员、教练员和裁判员必须在最短的时间内,及时做出行动方案和采取相应对策。这一切使观众看到了人的智慧,并产生强烈的美感。

### (二)不同运动项目的欣赏

体育欣赏具体体现在不同运动项目的欣赏中。虽然每一种体育项目从本质上说都可以给人以美的享受,但对于不同的运动项目,人们获得的欣赏感受也不尽相同。对不同运动项目进行欣赏和评价,可以进一步挖掘其蕴涵的美学价值,充分发挥其美的教育作用。由于现代体育项目种类繁多,难以一一介绍,这里只对主要项目的审美特征及欣赏点作大致的描述,如表1-1所示。

**表 1-1　按竞技能力的主导因素对竞技体育项目的分类**

| 大类 | 亚类 | 分组 | 项目 | 特点 | 欣赏点 |
|---|---|---|---|---|---|
| 体能类 | 速度力量性 | 短冲 | 100、200、400米跑,100米游泳,赛场短距离自行车 | 该项群的特点是时间短、速度快,人体生理负荷量极大。在高强度、高频率的奋力拼搏中冲到终点,短短的时间内以一种压倒一切的强大力量和不可阻遏的强劲气势,表现出短冲类项目所具有的崇高美。 | 短冲类项目还体现了一种气势的崇高。这是从运动员体内喷涌而出,进而激发着观赏者的情绪在一个有限的时空里猛烈作用,又是数名运动员并肩争先,这就使速度、体能更显示出磅礴的气势,给欣赏者以强烈的美感。 |
| | | 跳跃 | 跳高,跳远,三级跳远,高台跳雪等 | 该类项目以高度和远度决定比赛名次,力量、速度、技巧是提高运动成绩的关键。在比赛中,运动员经过快速助跑和蹬离地面获得巨大能量,然后在起跳瞬间突然爆发,人便腾空而起,或者跨越沙坑,或跳跃横杆,这是人的本质力量的体现,向现实世界证明人的力量和尊严。 | 跳跃类项目还体现了节奏和姿态的优美。节奏的优美指运动员的助跑是按一定的节奏进行的。充分体现了节奏的优美。姿态的优美指运动员的技术动作合理,符合运动生物力学规律,使人体在空间中形成各种美妙的弧度和曲线,从而产生出优美的韵味。欣赏者也能从中产生强烈的情绪体验,感受到美的存在。 |
| | | 投掷 | 标枪、铁饼、铅球、链球等 | 该类项目以远度决定比赛名次,充分体现了人类力量的伟大,其中技术、力量的完美结合是决定运动成绩的关键。运动员通过力的积蓄和释放,冲破了这些阻碍和负担,将器械远远掷出,以此证明人类自身力量的充沛和伟大,给人以崇高的美感。 | 在投掷类项目的比赛中,为了达到最大远度,运动员必须通过滑步或旋转,使身体和器械预先获得初速度。这种以轴为中心的身体旋转,会给人以优美的空间感觉。 |
| | | 举重 | | 举重是由运动员操纵运动器械,通过计算克服的重量决定比赛名次,其中力量和技巧是提高运动成绩的关键。运动员可按自己和对手的实力,利用六次试举(抓举三次、挺举三次)机会,对所要试举的重量做战术性安排。以举起重量多者为胜,成绩相等时以体重较轻者列前,若体重亦相等则以先举起该重量者名次列前。 | 举重是体现力量最典型的比赛项目,运动员通过力量的爆发克服地心引力,把杠铃高高举起。在一瞬间,充分体现了"健、力、美"的旋律,把"力拔山兮气盖世"的气势展现给观众。观众从中也能感受到运动员强烈的意志美,以及自身力量的伟大。 |
| | 速度耐力性 | 中长跑 | 800、1500、5000、10000米跑(竞走),200、400、800、1500米游泳,长距离速度滑雪,越野滑雪,公路自行车等 | 该类项目是高速度的耐力项目,要求运动员既要有良好的耐力水平,又要有良好的速度水平,是一类对耐力、速度均有较高要求的竞技项目。 | 为了适应连续几分钟的高强度运动,运动员既要注意动作的前进效果,又要注意动作的协调轻巧,由此产生了速度美和动作美的高度融合。运动员的技术美、意志美等会给观众强烈的震撼。 |
| | | 超长跑 | 马拉松,超长距离公路自行车等 | 该类项目虽然也以速度作为衡量标尺,更是体能与意志的较量。运动员在长达几小时的运动中,要动员出体内的全部能量,要克服常人难以忍受的"运动极点"。尤其到后半程,运动员的每一步都非常艰难,是一种挑战自我、战胜自我的行为。 | 运动员在克服极度生理疲劳的同时,必须接受意志上的巨大考验。不屈不挠地显示着自身的勇气和斗志构成的意志,使力量得到了扩张。观众在欣赏超长距离类项目时,可以清楚地感受到这种意志的力量以及意志美的存在。 |

续表

| 大类 | 亚类 | 分组 | 项目 | 特点 | 欣赏点 |
|---|---|---|---|---|---|
| 技能类 | 表现性 | 准确性 | 射击，射箭，弓弩等 | 该类项目是在无人防守、无干扰的情况下，运动员凭借高超的技术和稳定的心理素质，以命中目标的准确性来计算成绩。 | 在高水平的比赛中，可以从运动员镇定自若的神态中欣赏到稳定的心理素质，也可以从运动员举枪（箭）射击、准确命中的动作中欣赏到他们娴熟的技术。特别是当看到箭穿靶心或枪响碟落的时候，欣赏者更是从中体验到这类运动的乐趣和高超技艺。 |
| | | 难美性 | 跳水，竞技体操，艺术体操，花样滑冰，武术，花样游泳，蹦床等 | 该类项目以一连串的动作组合为基本表现形式，具有动静变幻、神形兼备等特点，以动作组合的难度和艺术性作为评定成绩的依据，体现出“难”与“美”的高度统一。 | 难和美必须统一体现在技术中。对难美性项目的欣赏，应该从难度和美感两方面入手，注意把整套动作的准确、娴熟、协调、完美放在首位，同时还要从编排结构、艺术造型和完整套路的变化中领悟其内在的艺术性和技术美。 |
| | 对抗性 | 隔网抗 | （单、双人）乒乓球，羽毛球，网球，（集体）排球等 | 该类项目根据规则按每局得分达到规定数目确定比赛的胜负，特别是对抗双方各占场地一方，隔网相对，没有直接的身体接触，因此对抗性相对不强。运动员具有较高的自我调节能力，可以根据场上形势自动作出技术、战术上的调整，从而体现出一种智慧美。 | 欣赏准确、速度、旋转、力量和落点的把握，从中可以体验到技术和战术的完美结合，运动员在千变万化的战术中表现的精湛技艺、巧妙配合、战术意识、机智勇敢和顽强拼搏的精神。感受运动员的身体美、技术美、战术美、意志美等。 |
| | | 同场抗 | 篮球，手球，足球，水球，曲棍球，冰球，棒垒球等 | 要求运动员在规则的约束下，按技术规范和事先布置的战术参与比赛。由于对抗双方在同一场地内比赛，有着直接的身体接触，因而对抗性较强。为了取得比赛的胜利，运动员必须具有较高的个人技术和充沛的体能，同时还必须具有较强的集体配合和战术意识。 | 在比赛中配合是球类运动的生命，流畅的战术配合总是在教练的战术意图的指导下进行的。在同场对抗类项群的比赛中，集体力量是主要的，但天才球星具有高超的技术和非凡的能力，对球的控制、对身体能力的运用、对机会的把握，都能达到完美的境界。 |
| | | 格斗对抗 | 击剑，柔道，摔跤，拳击，散打等 | 要求对抗双方有着猛烈的身体接触，按规则的要求以命中对方得分而制胜，或直接制服对手而获胜。 | 该类项目该项群对抗性最强，对运动员体能、技能等素质的要求也最高。在双方激烈的对抗中，体现出人类对自身的挑战和征服，从中人们能欣赏到人类自身力量的伟大与意志的坚强。 |
| | 知能类 | | 棋类，牌类，航海模型，航空模型，无线电测向等 | 该项群以智能和心理因素为主导，在双方的斗智斗勇中，充分体现出运动员的智慧和信心。 | 变化莫测的战术美和强烈的智慧美。欣赏这种比赛，是智力的投入，有时为选手的一步好棋（牌）而欣喜，有时为选手的败招惋惜，当自已的思路与选手的选择一致时，更能获得心灵的满足。<br>航海模型、航空模型、无线电测向等凝聚着科学与智慧的结晶，不仅可以放松身心，而且可以了解科学前沿知识。而且有利于培养他们对科学的兴趣，激发他们探索科学与宇宙的奥秘。 |

（据田麦久等改制，1983）

(三)体育运动竞赛

1.运动竞赛种类

(1)锦标赛

锦标赛是运动竞赛的一种。一般进行一个运动项目的比赛,并确定个人或团体冠军,故又称“单项锦标赛”或“冠军赛”。锦标原为中国古代赠给竞渡领先者的锦制旗帜,今泛指竞赛优胜者所得之奖品,如锦标旗、银盾、银杯等。锦标赛的任务是检查某一运动项目的开展情况,交流和总结该项运动教学与训练的经验,促进运动技术水平的提高。国际单项锦标赛由该运动项目的国际体育组织定期举行,如国际足球联合会举办的世界足球锦标赛由主管体育运动的国家机关或足球项目运动的国家协会举办,地方和基层单位也可组织项目运动的锦标赛。

(2)杯赛

运动竞赛的一种,以某种奖杯命名的运动竞赛,属锦标赛性质。如戴维斯杯网球赛,世界乒乓球锦标赛中的7项冠军赛也是杯赛。获得奖杯的方式方法在竞赛规程中予以规定,如果竞赛的目的不同,规定的方法也就不同。

(3)联赛

运动竞赛的一种。按运动队的技术水平分为甲级队、乙级队的比赛,如篮、排、足球等的等级联赛。任务在于检查训练工作质量,交流经验,相互学习,提高运动技术水平,推动群众性体育运动的开展。成绩较好或较差的队,一般有升降级的规定,乙级队的优胜者可晋升为甲级队,而甲级队的失败者则降为乙级队,并分别参加下一次所属级别的联赛。

(4)邀请赛

运动竞赛的一种,由一个或几个国家(地区)邀请其他国家(地区)进行的竞赛,如亚非拉乒乓球友好邀请赛。国家组织邀请赛的任务是:促进国际交往,增进国家(地区)人民和运动员之间的友谊和团结,交流经验,互相学习,提高运动技术水平和训练工作质量。省、市、自治区和基层单位也可举办邀请赛,如省际、埠际、校际、厂际及厂、校之间的相互邀请,主要为推动体育的普及和提高。

(5)及格赛

运动竞赛的一种措施。一般在参加人数过多时(如田径、游泳、举重等项目),先举行及格赛,达到预定成绩标准或在规定名额以内者,才能参加正式竞赛。

(6)选拔赛

运动竞赛的一种。主要任务是发现和挑选运动技术水平较高的运动员,组织或补充代表队,准备参加高一级的运动竞赛。优点是能促使更多的人参加比赛,提高体育锻炼的积极性。缺点是花费时间多,组织工作较复杂。常采用一些条件限制或简化比赛要求的方法进行。

2.常用竞赛方法

常用的竞赛方法一般有5种,即淘汰法(单淘汰、双淘汰)、循环法(单循环)、顺序法、轮换法和混合法。组织竞赛时,应根据比赛的宗旨、规模、时间、场地和组织工作以及不同项目的特点等情况来选择不同的竞赛方法。

(1)淘汰法

是通过比赛逐步淘汰成绩较差者,最后决定优胜者的方法。这种方法有单淘汰和双淘汰两种,单淘汰就是在比赛中失败一次即被淘汰。双淘汰就是在比赛中失败两次即被淘汰。不同轮次中的获胜者继续比赛,直到最后决赛出冠、亚军为止。双淘汰可以弥补单淘汰的不足,给初次失败者增加一次比赛的机会。

淘汰法一般是在参加队数或人数较多,而比赛期限较短的情况下所采用的一种比赛方法。其优点是比赛进程快,节省时间。其不足是参赛队(人)因一败或两败即被淘汰,不能合理地反映参赛队(人)的实际水平。为了弥补淘汰法的不足,使比赛能够较合理,还可以采用种子法和补赛法。

①种子法:为避免强手之间过早地相遇而被淘汰,可把一些强队或强手确定为“种子”,抽签时把他们合理分开,使他们最后相遇,从而产生较合理的名次。种子的确定一般是根据参赛队(人)的实际技术水平和近期内各种比赛的成绩,由组织者在赛前经过抽查和协商而确定的。比赛成绩好的队(人)将被确定为种子。每次竞赛种子数目的多少主要是根据参赛队(人)数的多少来确定。种子的数目为 2 的乘方数。种子的位置应均匀地分布在标有顺序号的淘汰表的若干相等的区内。如设 4 名种子,每个种子应分别进入不同 1/4 区;设 8 个种子,每个种子应分别进入不同的 1/8 区。

②补赛法:补赛法是在最后一轮之后,用补的办法来确定第二名以下的各个名次。例如单淘汰中决赛出第一、二名后,可让倒数第二轮的两名失败者补赛 1 次,以确定第三名和第四名(或不补赛,令其并列第三名),余者类推。采用补赛法应以种子法为基础,以便较合理地决定第二名以下的名次。

(2)循环法

就是在一次竞赛中,参加比赛的队(人)互相进行比赛的方法。这种方法的优点是使各队(人)都能有互相比赛的机会,能较好地反映各队(人)的实际水平。其缺点是比赛时间较长。球类和棋类比赛较多采用此法。

循环法一般分为单循环、双循环和分组循环 3 种。

①单循环:参加比赛的队(人)均能相遇一次,最后按各队(人)在全部比赛中的成绩决定各队(人)的名次。

②双循环:参加比赛的队(人)均相遇两次,最后按各队(人)在全部比赛中的成绩决定各队的名次。如时间较充裕,参赛队(人)数又较少,可采用此法安排比赛。它比单循环增加 1 倍的比赛机会。因为全赛中每队(人)必须相遇两次,所以在编排第二循环时,可按第一循环秩序重新比赛一遍,当然也可以重新抽签编排循环秩序。

③分组循环:参加比赛的队平均分为若干小组,在小组中进行单循环比赛。按各队在本小组比赛的成绩,决定各队在小组的名次。这种方法多在参赛队(人)数较多,而竞赛时间较短时采用。为了较合理地赛出名次,避免较强的队(人)集中在一个小组,可根据分组情况,选出相应的几个种子队(种子选手),然后再用抽签的方法确定其他各队(人)所在组的位置,每个小组设 1 至 2 名种子队(种子选手)为宜。

分组循环一般分两个阶段进行,第一阶段是所分小组分别进行单循环比赛,决定每组名次。第二阶段有以下几种比赛方法。

第一种:将第一阶段各小组同名次的队(人)划分一组,进行决赛,例如第一阶段分 4 组,将各小组第一名划为一组,决定 1～4 名;将各小组第二名划为一组,决定 5～8 名;将各小组第三名划为一组,决定 9～12 名;将各小组第四名划为一组,决定 13～16 名。

第二种:如预赛分4组,将预赛各小组第一、二名划为一组,决定1~8名;将预赛各小组第三、四名划为一组,决定9~16名。或者只进行1~8名的决赛,其他队不再继续比赛。

第三种:采用交叉法,如8个队参赛。第一阶段分为2个小组,每组4个队进行单循环比赛。第二阶段将第一组的第一名与第二组的第二名,第一组的第二名与第二组的第一名进行比赛。然后将两个胜队进行比赛决定第一名和第二名;两个负队进行比赛决定第三名和第四名。两组的第三名和第四名,采用同样的方法交叉比赛,决定第五名至第八名。当前大型国际比赛多采用交叉法进行阶段的比赛。

(3)顺序法。

按参加比赛运动员的时间快慢、距离远近、重量轻重、分数多少等确定成绩而分出名次的方法。适用于田径、游泳、举重、体操等项目。在田径、游泳等项目中,由于参赛选手较多,可设立几个赛次。

(4)轮换法

将比赛选手分成若干组,并在同一时间内、分别进行各个项目的比赛,比赛完一个项目后,各组依次轮换再进行其他项目比赛(如体操比赛中按各单项分组轮换)。

(5)混合法

是将淘汰法与循环法结合起来进行比赛的一种方法。采用混合法,一般是将比赛分为两个阶段进行。第一阶段采用分组淘汰法,第二阶段采用分组循环法;或者相反,第一阶段采用分组循环法,第二阶段采用淘汰法。例如,乒乓球单打比赛,第一阶段采用分组单循环赛,第二阶段由小组的第一名进行单淘汰赛。

## 二、奥林匹克文化

### (一)古代奥运会

在希腊半岛上的阿尔菲斯河之滨,克罗菲斯山麓,属于伊林斯地区的奥林匹亚村,被认为是诸神聚居之所。因此在这里建筑了宙斯神庙,其附近被称为阿尔齐斯神域。当时每年七、八月间,各城邦都要来此祭祀宙斯。除献纳祭品、举行仪式外,竞技运动也被列为一种祭神活动。4年一次的闰年扩大祭祀,后来形成制度,这就是奥运会4年举行一次的由来。4年一次的古代奥运会周期,被称作"奥林匹亚德"。

1.发起和兴盛:公元前776年至公元前388年

伯罗奔尼撒的统治者伊菲图斯(古代奥运会的创始人)努力使宗教与体育竞技合为一体。它不仅革新宗教仪式,还组织大规模的体育竞技、活动,并决定每四年举行一次。时间定在闰年的夏至之后。所以公元前776年的古代奥林匹克运动会就正式载入史册,成为古代奥运会的第一届。参加第一届古代奥运会的国家仅有三个国家——伯罗奔尼撒、伊斯利、斯巴达。当时仅有一个比赛项目,即距离为192.27米的场地跑。斯巴达的多利亚人克洛斯在192.27米短跑比赛中取得冠军,成为国际奥林匹克运动会荣获第一个项目的第一个桂冠的人。后来,古希腊运动会的规模逐渐扩大,并成为显示民族精神的盛会。比赛的优胜者获得月桂、野橄榄和棕榈编织的花环等。

古希腊三个城邦国家达成协议,每年在7~8月之间举办一次奥运会,期间要停止战争,这就是著名的"奥林匹克神圣休战"。"神圣休战"延续了1000多年,是古代奥运会成为和平与友谊的盛会,并对现代奥运会产生了深远的影响。

这一时期各城邦之间虽有纷争，但希腊是一个独立的国家，政治、经济、文化都较发达，是运动会的黄金时期。特别是公元前490年，希腊雅典在马拉松河谷大败波斯军之后，民情奋发，国威大振，兴建了许多运动设施、庙宇等，参赛者遍及希腊各个城邦，奥运会盛极一时，成为希腊最盛大的节日之一。

2. 衰落：公元前388年至公元前146年

由于斯巴达和雅典长期的伯罗奔尼撒战争（公元前431年至公元前404年），希腊国力大减，马其顿逐渐吞并了希腊。马其顿君王菲利普还亲自参加了赛马。随后的亚历山大大帝虽自己不喜爱体育活动，仍积极支持奥运会，为其增添设施。不过，这一时期古奥运会精神已大为减色，并开始出现职业运动员。

3. 消亡：公元前146年至公元394年

罗马帝国统治希腊后，起初虽仍举行运动会，但奥林匹亚已不是唯一竞赛地了。如公元前80年第175届奥运会，罗马就把优秀竞技者召集在罗马比赛，而奥林匹亚只举行了少年赛。这时职业运动员已开始大量出现，奥运会成了职业选手的比赛，希腊人对此失去了兴趣。公元2世纪后，基督教统治了包括希腊在内的整个欧洲，倡导禁欲主义，主张灵肉分开，反对体育运动，使欧洲处于一个黑暗时代，奥运会也随之更趋衰落，直至名存实亡。公元393年罗马皇帝狄奥多西一世宣布基督教为国教，认为古奥运会有违基督教教旨，是异教徒活动，翌年宣布废止古奥运会。公元395年，拜占庭人与歌德人在阿尔菲斯河发生激战，使奥林匹亚各项设施毁失殆尽。公元426年，狄奥多西二世烧毁了奥林匹亚建筑物的残余部分。公元511、522年接连发生的两次强烈地震，使奥林匹亚遭到了彻底毁灭。从此顺延了1000余年的古奥运会不复存在，繁荣的奥林匹亚变成了一片废墟。

4. 复苏：公元15世纪至公元1896年

15世纪开始，教育家们开始提倡幸福和健康的生活方式。17世纪，英国人约翰·洛克的“绅士教育”提出德、智、体，法国人让一雅克·卢梭建议通过游戏学习。公元1776年，英国考古学家在勘察中发现了古代奥运会遗址。1875年至1881年，德国库蒂乌斯人在奥林匹亚遗址发掘了出土文物，引起了全世界的兴趣。1858年，希腊发布了《奥林匹克令》，并于1859年10月1日在雅典举办了第一届泛希腊奥林匹克运动会。

（二）现代奥林匹克运动

自19世纪初开始，不断有人尝试恢复奥运会。直到19世纪末，在法国贵族顾拜旦及其他奥运先驱者的努力下，现代奥林匹克运动终于登上历史舞台。1894年6月16日，顾拜旦精心设计和主持的首次“国际体育教育代表大会”在巴黎索邦神学院召开。来自9个国家37个体育组织的78名代表到会，通过决议复兴奥运会，规定此后每隔4年举办一次奥运会；选出由15人组成的国际奥林匹克委员会。顾拜旦起草国际奥委会章程，阐述了奥林匹克运动的哲学基础、教育和美学意义，奠定了奥林匹克运动的理论基础，使奥林匹克运动发展成为持久的体育与和平运动。这次大会标志着现代奥林匹克运动的诞生。会议召开一个星期后，即6月23日，大会就通过了成立国际奥林匹克委员会的决议，而6月23日也就成了“国际奥林匹克日”(International Olympic Day)。顾拜旦则被人们誉为“现代奥林匹克之父”。当时，顾拜旦成为首任秘书长。大会决定在1896年召开首届现代奥运会，希腊的历史名城雅典获得主办权。

1896 年 4 月 6 日至 4 月 15 日，希腊雅典举办了第一届现代奥运会。此后每隔 4 年举办一次奥运会。

（三）残疾人奥运会

残疾人奥林匹克运动会始办于 1960 年，是由国际奥委会和国际残疾人奥林匹克委员会主办的、专为残疾人举行的世界大型综合性运动会，每 4 年于夏季奥运会后举办一届，迄今已举办过 12 届。冬季残奥会自 1976 年举行以来已经举办了 9 届，参赛运动员总人数接近 4000 人。比赛项目有高山滑雪、越野滑雪、冰上雪橇球、轮椅体育舞蹈等 4 个大项，每个大项中又包括若干小项。

（四）冬季奥运会

19 世纪末至 20 世纪初，一些冰雪运动在欧美国家逐渐得到普及和发展。在冰雪运动日益普及的情况下，现代奥运会创始人顾拜旦建议单独举办冬季奥运会。正式的冬季奥林匹克运动会始于 1924 年。当时，在法国夏蒙尼市承办了当时被称为“冬季运动周”的运动会，两年后国际奥委会正式将其更名为第一届冬季奥林匹克运动会。冬季奥运会最初规定每 4 年举行一次，与夏季奥运会在同年和同一国家举行。从第二届冬奥会——1928 年圣莫里茨冬季奥运会开始，冬季奥运会与夏季奥运会的举办地点改在不同的国家举行。1994 年起，冬奥会与夏奥会以 2 年为相隔交叉举行。

（五）特殊奥运会

特殊奥林匹克运动，是基于奥林匹克精神，专门针对智障人士开展的国际性运动训练和比赛。特殊奥林匹克运动会包括本地、国家、洲际和世界等不同级别。其中，世界特殊奥运会每两年举办一届，夏季和冬季交替举行。到目前为止，国际特奥会共举办过 11 届夏季特殊奥运会、8 届冬季特殊奥运会。中国上海于 2007 年举办了特奥会。

（六）奥运元素

奥林匹克运动有一系列独特而鲜明的象征性标志，如奥林匹克标志、格言、奥运会会旗、会歌、会徽、奖牌、吉祥物等。这些标志有着丰富的文化含义，形象地体现了奥林匹克理想的价值取向和文化内涵。

《奥林匹克宪章》规定，奥林匹克标志、奥林匹克旗、奥林匹克格言和奥林匹克会歌的产权属于国际奥委会专有。国际奥委会可采取一切适当措施使奥林匹克标志、旗、格言和会歌在各国和国际上获得法律保护。

1. 奥运五色环标志

奥运五色环标志象征着五大洲团结。其中，蓝色代表欧洲；黄色代表亚洲；黑色代表非洲；绿色代表大洋洲；红色代表美洲。

2. 会旗

奥林匹克会旗于 1913 年由顾拜旦亲自设计，长 3 米，宽 2 米。1914 年为庆祝现代奥林匹克运动恢复 20 周年，在巴黎举行的奥林匹克代表大会上首次升起。1920 年安特卫普奥运会正式采用。奥林匹克会旗上面是蓝黑红三环，下面是黄绿两环。五环代表 5 大洲的团结和全世界的运动员在奥林匹克运动会上相聚一堂。

3. 会歌

《奥林匹克圣歌》在1896年第一届夏季奥林匹克运动会开幕式上首次演唱，但当时并未确定其为奥运会会歌。20世纪50年代后有人建议重新创作新曲，作为永久性的会歌，但几经尝试都不能令人满意。国际奥委会在1958年于东京举行的第5次奥运会上最后确定还是用《奥林匹克圣歌》(《撒马拉斯颂歌》)作为奥林匹克会歌。其乐谱存放于国际奥委会总部。从此以后，在每届奥运会的开、闭幕式上都能听到这首悠扬的古希腊乐曲。

4. 格言

奥林匹克格言亦称奥林匹克口号。奥林匹克运动有一句著名的格言："更快、更高、更强"。顾拜旦将这句话用于奥林匹克运动。他曾经对此做出自己的理解，这或许是对奥林匹克精神最好的阐释："奥运会最重要的不是胜利，而是参与；正如在生活中最重要的事情不是成功，而是奋斗；但最本质的事情并不是征服，而是奋力拼搏。"

5. 精神

《奥林匹克宪章》指出，奥林匹克精神就是相互了解、友谊、团结和公平竞争的精神。奥林匹克精神对奥林匹克运动具有十分重要的指导作用。首先，奥林匹克精神强调对文化差异的容忍和理解。其次，奥林匹克精神强调竞技运动的公平与公正，人人平等，实现更高、更快、更强的理想。

6. 宗旨

《奥林匹克宪章》指出，奥林匹克运动的宗旨是："通过没有任何歧视、具有奥林匹克精神——以友谊、团结和公平竞争的精神相互理解的体育活动来教育青年，从而为建立一个和平的、更美好的世界做出贡献。"

7. 奥林匹克日

1948年1月，国际奥委会在第42次全会上将每年的6月23日定为奥林匹克日，举行庆祝活动，纪念国际奥委会的诞生，宣传奥林匹克理想和推动普及运动。自1987年起，国际奥委会发起了"奥林匹克日长跑"。

8. 奖牌

1896年，在雅典举行的第1届现代奥林匹克运动会上，冠军获得的是一枚银质奖章和一个橄榄枝做的花冠，亚军获得的是一枚铜质奖章和一顶桂冠。此奖章是由法国艺术家儒勒·夏普朗精心设计的。

第二届奥运会在巴黎举行，竞赛规程规定要颁发"特别富有艺术意义"的奖品，结果取消了奖章，而给每个奥运会参加者发了1枚长方形的纪念章，图案是勇士手执橄榄枝。

随后几届奥运会，各自的奖章图案设计各具风格，没有形成固定的样式。直到1928年，奥运会在荷兰的阿姆斯特丹举行，奖章由意大利佛罗伦萨艺术家朱塞佩·卡西奥里教授设计，图案是象征友爱、和睦、团结的手抱橄榄枝的女塑像。这枚奖章不仅授予运动员，也授予与奥运会同时举行的艺术竞赛的优胜者。自此，以后各届奥运会奖章正面的图案保持不变，只把举办地名与届数作相应的变更。

9. 圣火

奥运圣火首次出现是在1928年阿姆斯特丹奥运会。当时是顾拜旦提出了这一想法，但仅限于在体育场附近的一个喷泉盛水盘上点燃圣火。

古代奥林匹克运动会点燃圣火的仪式，起源于古希腊人类自上天盗取火种的神话，在奥林匹亚宙斯神像前，按宗教的仪式在祭坛上点燃火种，然后持火炬跑遍各城邦，传达奥运会即将开始的讯息，各城邦必须休战，忘掉仇恨与战争，积极准备参加奥运会的竞技比赛，因此火炬象征着和平、光明、团结与友谊等意义。

10. 吉祥物

在奥运史上，吉祥物第一次出现在1972年慕尼黑奥运会上。此后吉祥物就成为构成一届奥运会形象特征的主要成分。国际奥委会和历届奥运会组委会对吉祥物的设计要求都很高，每一届奥运会吉祥物的揭晓都会吸引世界的关注，成为当届奥运会的亮点。

在吉祥物的艺术形式上，1992年巴塞罗那奥运会以前，奥运会吉祥物大多以举办国有特色的动物形象为创作原型，一般是一个物种。1992年后，奥运会的吉祥物出现了人物，或者是完全虚拟的形体，数量也有变化。1998年长野冬奥会吉祥物有4种，2000年悉尼奥运会吉祥物有3种，2004年雅典奥运会吉祥物有两种，而2008年北京奥运会吉祥物更多达5种。不管是什么样的形式，其基本的创作核心是有利于表达当届奥运会的主题，有利于表现主办城市独特的地域特征、历史文化和人文特色，同时有利于市场开发和保护。

（七）奥运会程序

1. 开幕式

奥运会开幕式内容包括基本仪式和富有民族特色的体操及大型体育文艺表演，其基本仪式包括以下固定程序：

(1)奥运会组委会主席宣布开幕式开始，国际奥委会主席和奥运会组委会主席在运动场入口迎接东道国国家元首，并引导他到专席就座。

(2)各代表团按主办国语言的字母顺序列队入场(但希腊和东道国代表团例外，按惯例希腊代表团最先入场，东道国最后；2008年北京奥运会即是按照简体汉字笔画顺序排列入场)。

(3)奥运会组委会主席讲话。

(4)国际奥委会主席讲话。

(5)东道国国家元首宣布奥运会开幕，奏《奥林匹克圣歌》，同时奥林匹克旗以水平展开形式进入运动会场并从赛场的旗杆上升起。

(6)奥林匹克火炬接力跑进入运动场，最后一名接力运动员沿跑道绕场一周后点燃奥林匹克圣火，放飞鸽子。

(7)各代表团旗手绕主席台形成半圆形，主办国的一名运动员登上讲台，他左手执奥林匹克旗的一角，举右手宣誓：

“我以全体运动员的名义，保证为了体育的光荣和我们运动队的荣誉，以真正的体育道德精神参加本届奥林匹克运动会，承诺不使用兴奋剂，尊重并遵守指导运动会的各项规则”。

(8)主办国的一名裁判员登上讲台，以同样的方式宣誓：

“我以全体裁判员和官员的名义，保证以真正的体育道德精神，完全公开地执行本届奥林匹克运动会的职务，尊重并遵守指导运动会的各项规则”。

(9)演奏或演唱主办国国歌。

上述固定程序结束后，由东道国进行大型体育文艺表演。一般而言开幕式的成败与否，在很大程度上取决于大型体育文艺表演的效果。

2. 颁奖仪式

在奥运会期间，奖章应由国际奥委会主席(或由他选定的委员)在有关的国际单项体育联合会主席（或其代表）陪同下颁发。通常情况下，在每项比赛结束后，立即在举行比赛的场地以下述方式颁奖：获得前三名的运动员身着正式服装或运动服登上领奖台，面向官员席。冠军所站的位置稍高，然后宣布他们的名字。冠军代表团的旗帜应从中央旗杆升起，第二名和第三名代表团的旗帜分别从紧靠中央旗杆右和左侧的旗杆升起。奏冠军代表团的国歌时，所有奖章获得者都应面向旗帜。

3.闭幕式

奥运会闭幕式首先由各代表团的旗手按开幕式的顺序一列纵队进场，在他们后面是不分国籍的运动员队伍，旗手在讲台后形成半圆形。

国际奥委会主席和当届奥运会组委会主席登上讲台，希腊国旗从升冠军国旗的中央旗杆右侧的旗杆升起，主办国国旗从中央旗杆升起，下届奥运会主办国的国旗从左侧旗杆升起。主办城市市长登上讲台，并把会旗交给国际奥委会主席，国际奥委会主席把旗交给下届奥运会主办城市的市长。

奥运会组委会主席讲话，国际奥委会主席致闭幕词。紧接着，奥林匹克圣火在号声中熄灭，奏《奥林匹克圣歌》的同时，奥林匹克会旗徐徐降下，并以水平展开形式送出运动场，旗手紧随其后退场。同时奏响欢送乐曲。各代表团退场。

最后，进行精彩的文艺表演。由主办国把奥运会旗帜转交给下届主办国代表。缓缓熄灭圣火。

# 终身体育教育篇

# 第一节　足球运动

## 一、足球运动简介

### (一)足球运动的起源

根据史料记载,中世纪的英国就有了类似今天的足球运动,当时的足球比赛在城市的街道上进行,对参加的人数、犯规等无规则限制。

进入19世纪,足球运动被引入公共学校。由于没有统一的规则,各学校都根据自己的特点制定独特的规则,导致比赛中各自采取自认为合法的动作和行为。1862年J.C.思林出版了一本自称为“最简的比赛”规则,共10条,其中第2条规定可以用手抓球和用脚踢球。1863年10月26日,由伦敦11个最主要的俱乐部和学校,在伦敦的弗里森酒店举行会议创立了英格兰足球会议,会议产生了世界上第一个统一的足球规则,共有14条。这一日被世界公认为现代足球的诞生日,世界各国也公认现代足球起源于英国。

1840年鸦片战争后,现代足球运动由英国传入中国。19世纪90年代～20世纪初叶我国一些沿海城市的教会学校先后开展了足球活动,这些学校毕业的学生走向社会后,现代足球运动也随之由学校发展到社会,由沿海发展到内地。

中国足球协会成立于1955年1月3日,为加快国内足球运动发展和参加国际足球活动提供有力的支持。

### (二)足球规则的发展

同足球运动组织发展相一致,足球比赛的规则也经历了一个不断完善的过程。直到现在,足球规则仍然不断有小的、局部的发展变化。1863年,英国足球协会成立,同时制定了第一部比较完备的足球比赛规则,它最重要的规定是:队员不能用手触球。1875年,在欧洲出现了由两根立柱和一根横梁构成的球门。1891年,第一次有了对球门大小的规定,球门宽为7.32米,高2.44米,并在门后挂上了底网。1897年,英国足球规则明确规定双方上场人数各为11人。规定比赛场地长度为100～110米,宽度为64～75米。这时,关于球的大小、重量,球门柱直径,中圈直径,罚球区等也有了明确的规定。有关场地、球门和球的规格一直到1937年才完全确定并沿用至今。球场中圈半径为9.15米,点球罚球点距球门线11米(12码),罚球弧以罚球点为圆心,半径为9.15米,角球区半径为1米,正规比赛用球圆周为68～71厘米,重量为396～453克。红、黄牌制度是国际足联于1970年正式确立的,在第九届世界杯赛的最后一场比赛开始实行这一制度并一直沿用至今。

## 二、足球基本技术动作分析及教学与训练

### (一)踢球

踢球指运动员有目的地用脚把球击向预定目标的技术。踢球是足球技术中最重要的技术,主要用于传球和射门。

每一种踢球的方法都是由助跑、支撑脚站位、踢球腿的摆动、脚触球和踢球后的随前动

作5个环节组成。

1.踢球技术动作要领

(1)助跑

助跑是指触球前的几步跑动。它的作用是调整人与球的方向、距离,便于踢球时使支撑脚能够处于所需要的正确位置,从而增加击球的力量。助跑最后一步要大一些,这为踢球腿的充分摆动、增大摆腿速度、制动身体的前冲和提高击球的准确性创造了条件。助跑分为直线助跑和斜线助跑。助跑的方向和击球的方向相同叫直线助跑,助跑的方向和击球的方向成交叉叫斜线助跑。

(2)支撑脚站位

支撑脚的位置是根据所使用的踢球方法来决定的。凡采用的踢球方法需要在球的侧方,一般距离球10～15厘米;凡采用的踢法需要踩在球侧后方的,一般距离球25～30厘米。踢活动中的球时,更要掌握好支撑脚的位置,要把踢球腿后摆的时间计算在内。因为支撑脚落地时球仍在继续向前运动,支撑脚落地的位置要稍靠前,这样才能与球保持合适的距离。

(3)踢球腿的摆动

击球力量的大小,由多方因素决定,主要取决于踢球腿的摆动。它是踢球力量的主要来源。摆幅大,摆速快,踢出去的球力量就大,球的运行距离就远。因此,踢球腿的摆动是否正确,直接关系到踢球的力量、击出球的速度和球的运行距离。踢球腿的摆动是在支撑脚跨步时(助跑最后一步)顺势向后摆起的。在支撑脚着地的同时以髋关节为轴,大腿带动小腿由后向前摆。当膝关节摆到接近球的垂直上方的刹那间,小腿加速前摆击球。

(4)脚触球

脚触球包括踢球脚的部位和击球的部位。一般来说,用脚的某一部位击球的后中部,作用力通过球心,出球平直。当踢各种活动来球时,要准确判断来球的速度、方向,根据出球目标,合理地选择踢球脚以及脚与球的部位。

在现代足球比赛中,运动员已广泛地采用了弧线球(香蕉球)踢法。这种踢法主要运用脚背内侧或外侧击球,击球的作用力不通过球心,使球产生旋转,并沿着一定的弧线运行。这种球具有一定的隐蔽性。此外,也可以用正脚背抽踢前旋球。

(5)踢球后的随前动作

踢球后随着腿的前摆和送髋,使身体重心向前移动,这样既易于控制出球方向和加大踢球的力量,又能缓和因踢球腿急速前摆而产生的前冲惯性,以维持身体平衡。踢球后的随前动作还便于与下一动作衔接。

在上述五个环节中,支撑脚的站立、踢球腿的摆动、脚触球是主要的因素。

2.各种踢球的技术动作要领

踢球的方法很多,但主要有脚内侧踢球、脚背正面踢球、脚背内侧踢球、脚背外侧踢球,以及脚尖踢球和脚跟踢球。

(1)脚内侧踢球(又称脚弓踢球,如图2-1所示):

①直线助跑。

②支撑脚站在球的侧面约15厘米处,脚尖正对出球方向。

③踢球腿大腿外展,摆动到与球同高。

④踢球脚脚底与地面平行,触球瞬间脚尖提高,脚踝固定。

⑤触球后踢球腿向出球方向摆动。

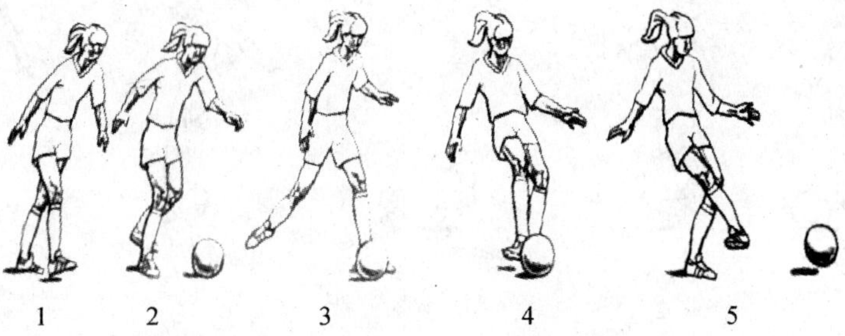

图 2-1

(2)脚背内侧踢球(见图 2-2)

这是一种用第一跖骨及趾关节部位触击球的踢球方法。

①斜线助跑,助跑方向与出球方向约成 45 度,摆动腿在球的侧后方。

②支撑脚距球内侧后方约 20～25 厘米,底积极着地,脚尖指向出球方向,身体重心转到支撑腿上。

③踢球腿带动髋关节和膝关节轻微外展,当大腿摆至与支撑腿近同一平面时,小腿做爆发式摆动。

④脚尖外转、脚背绷直,以脚背内侧部位触击球。

⑤击球后踢球腿及身体继续随球向前。

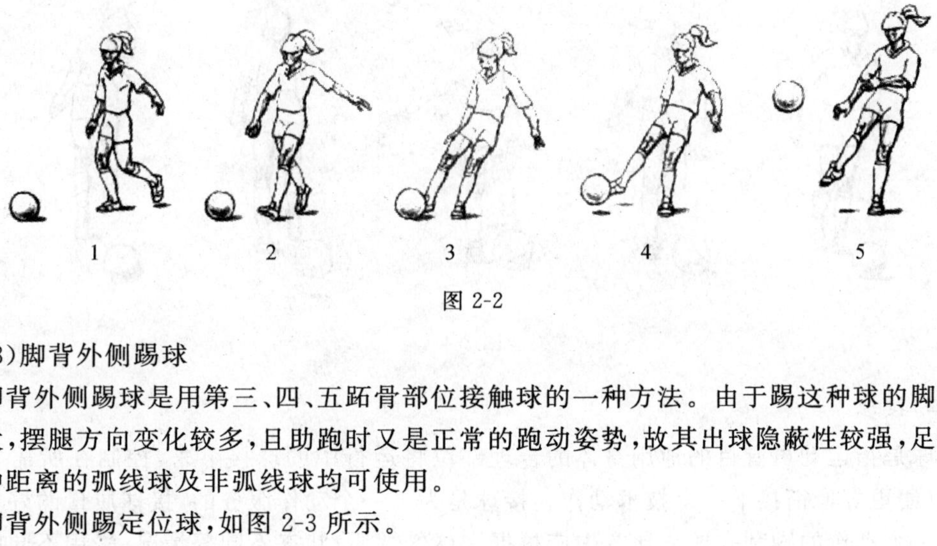

图 2-2

(3)脚背外侧踢球

脚背外侧踢球是用第三、四、五跖骨部位接触球的一种方法。由于踢这种球的脚踝灵活性较大,摆腿方向变化较多,且助跑时又是正常的跑动姿势,故其出球隐蔽性较强,足球比赛中各种距离的弧线球及非弧线球均可使用。

脚背外侧踢定位球,如图 2-3 所示。

①直线助跑。

②支撑脚站与球侧 10～12 厘米,脚尖正对出球方向。

③摆动腿带动髋关节和膝关节向内旋转。

④用踢球脚的中部外侧触球,脚尖微向内,脚踝关节固定。

⑤脚背绷紧,脚趾紧屈并提膝,触球后身体随踢球的摆动前移。

1　　2　　3　　4　　5

图 2-3

(4)脚背正面踢球

脚背正面踢球由于其解剖特点，摆幅相对较大加之用脚背踢球接触面相对较大，因而踢球力量也大，准确性也较强。但受以上因素影响，出球的方向及性质相对变化也较小。在比赛中经常使用脚背正面踢定位球、地滚球、空中球、反弹球及倒钩球。球的性质多为不旋转的直线球，但也可用来抽击前旋球。

脚背正面踢定位球：直线助跑，最后一步稍大些，支撑脚积极着地支撑，在球的侧面 10～12 厘米处，脚尖正对出球方向，膝关节微屈，踢球腿随跑动以髋关节为轴，大腿带动小腿由后向前摆动。当膝关节摆至接近球的正上方时，小腿做爆发式的摆动，脚趾屈，以脚背正面部位击球后中部。击球后身体及踢球腿随球前移，如图 2-4 所示。

图 2-4

(二)接球

接球是指运动员有目的地用身体的合理部位将运行中的球接下来，控制在所需要的范围内，以便更好地衔接下一个技术动作。接球是为下一个动作服务的，接球质量的好坏直接影响下一个动作的顺利完成。比赛中应根据来球的性质、状态不同等情况，采用不同的动作方法。

1. 技术动作结构分析

任何一种接球方法其动作结构都是由以下 4 部分组成。

(1)观察和移动

为了更好地完成接球的动作，事先要注意观感来球的情况。从球的运行路线、球的旋转与速度等情况中，迅速判断落点，及时移动，使自己能处于做接球动作时所需要的最佳位置。

(2)选择接球的部位和接球方法

接球的不同部位和采用不同的方法,各有其不同作用,因此,必须根据临场情况及下一步动作的需要,恰当地选择接球的部位与接球方法。

(3)改变来球的力量

根据来球力量的大小和接球实际需要,可分别采取加力或减力的方法。根据来球力量的方向和接球实际需要,还可以按照反射定律调整入射角,获取理想的反射角。

(4)随球移动

接球动作一做完立即随球移动,紧密衔接下一个动作,在接球与处理球的动作之间不能有停顿。

2.技术动作要领

接球的方法有多种,常用的有脚内侧、脚背正面、脚背外侧、脚底、大腿、腹部、胸部、头部等部位的接球。

(1)脚内侧接球

脚内侧接球是用脚内侧部位接球的一种技术。由于脚触球面积大,动作简单,较易掌握,比赛中经常使用这种技术接各种地滚球、平球、反弹球、空中球。

(2)脚内侧接地滚球

支撑脚脚尖正对来球,膝关节微屈,同侧肩正对来球。接球腿提膝,大腿外展,脚尖微翘,脚底基本与地面平行,脚内侧正对来球并前迎,当脚内侧与球接触的一刹那迅速后撤,把球接在脚下。若需将球接在侧面时,支撑脚脚尖应向同侧斜指,脚内侧与来球方向成一定的角度触球,同时支撑脚提踵,以前脚掌为轴做适当转动,身体移动。当来球力量不大时,只需将脚提到一定的高度,并使脚内侧与地面形成锐角轻触球。也可在触球时用下切动作使球前进之力部分转变为旋转力,而将球接在脚下。

(3)脚内侧接反弹球

根据来球的落点,及时移动到位,支撑脚与球落点的相对位置在球的侧前方,支撑腿膝关节微曲,身体向接球后运行的方向偏移。接球腿提起小腿且放松,脚尖微翘,脚内侧对着接球后球运行的方向并与地面成一锐角,当球落地反弹刚离开地面时,大腿向接球运行的方向摆动,用脚内侧部位轻推球的中上部。用这种方法接球时,也可在触球时使球产生旋转以达到接好球的目的,但应注意球的旋转并及时加以调整。

(三)运球

运球技术从狭义上讲,仅是指运球的方法,即指用身体的某一部分触球,使球能随运球者一起运动;从广义上看,则不仅让球随人运动,还必须越过对方的防守,也就是说如何使用这些运球方法达到越过对方防守的目的。这里就包含了运球方法的运用问题。

1.技术动作结构分析

运球技术动作通常是由运球方法的选择与准备、跑动中间断触球和为下一动作的连接做好准备3个环节组成。

(1)运球方法的选择与准备

这一环节的进行是根据临场的情况瞬间做出的,而且随时根据需要改变运球的方法,所以这一环节仅仅指开始实施运球技术时所应进行的。

(2)跑动中间断触球

这一环节是运球技术的最关键部分，当开始实施运球技术后，应根据情况的需要使用适宜部位去间断触球，并使球始终处在自己的控制范围内，为了达到此目的，必须注意如何避开对手，注意触球时的力量及球运动的方向。运球跑动要自然、重心低、步幅小、频率快。这些要求是根据比赛的实际提出的。协调自然的跑动能使得动作自如，变向、变速较易进行。重心低，便于突停突起，变换方向，而且不易在对抗中失去平衡。频率快是为了有利于动作随时变换，并能随时触到球以保持对球的控制权。运球过程中眼睛不要只注视在球上而应注意周围的情况，这样才能在临场情况发生突然变化时迅速采取措施，并将球控制到所需要的位置上去。

(3)为下一动作的连接做好准备

这是主要指运球的任务已经结束，接着需要传球和射门时，球所处的最佳位置，以及身体应处于何种状态更有利于下一动作。这就需要在运球即将结束时迅速作好上述准备，这种准备应是在运球过程中自然协调地进行，从而使得运球与传球一气呵成。

2.技术动作要领

常用的运球技术有脚内侧、脚背正面、脚背外侧、脚背内侧运球。

(1)脚内侧运球

要求在运球前进时支撑脚始终领先于球，位于球的侧前方，肩部指向运球方向，支撑腿膝关节微屈，重心放在支撑腿上，另一条腿提起屈膝，用脚内侧推球前进，然后运球脚着地，如图 2-5 所示。

图 2-5

由于肩部指向运球方向，身体侧转，虽然移动速度较慢，但身体前倾有利于将对方与球隔开，因而这种技术多用在运球寻找配合传球时，或有对方阻拦需用身体做掩护时。

(2)脚背正面运球

运球时身体持正常跑动姿势，上体稍前倾，步幅不宜过大，运球腿提起，膝关节稍屈，髋关节前送，提踵，脚尖下指，在着地前用脚背正面部位触球后中部将球推送前进。

由于脚背正面运球时身体持正常跑动姿势，故可以发挥出较快的速度，因而这种技术多用在运球前方一定距离内无对手阻拦时。

(3)脚背外侧运球

运球时身体持正常跑动姿势，上体稍前倾，步幅不宜过大，运球腿提起，膝关节稍屈，髋关节前送，提踵，脚尖绕矢状轴向内旋转，使脚背外侧正对运球方向，在运球脚落地前用脚北外侧推拨球的后中部，如图 2-6 所示。

图 2-6

脚背外侧运球时，身体姿势与正常跑动时相同，因而可以发挥出较快的速度，故与脚背正面运球有相同的用途。另外，利用脚腕的动作可以很快的改变脚背外侧面所正对的方向，故在运球脚一侧改变方向时也多采用这种运球方法。这种方法能用身体将对手与球隔开，故掩护时也常使用。

(4)脚背内侧运球

身体稍侧转，并自然协调放松，步幅小，上体前倾，运球腿提起外展，膝微屈外转，提踵，脚尖外转，使脚背内侧正对运球方向，在运球脚落地前用脚背内侧推拨球，使球随身体前进。

脚背内侧运球由于身体稍侧转，不能采用正常跑动姿势，因而不适用于高速运球。但由于接触部位和支撑位置的特点易于完成向支撑脚一侧的转动，故多用于向支撑脚一侧的转动变向运球。

3.运球过人方法

前面所述仅是运球的基本方法，掌握了这些基本方法后，在无对手阻拦时可以将球控制在自己的周围。但若遇对手阻挡时要想越过对手的阻拦，必须恰当地综合使用这些方法，抓住对手瞬间出现的漏洞，达到越过对手的目的。

(1)利用速度强行过人

控球人利用突然的快速推拨球并与快速的奔跑相结合越过对手的阻拦。当符合以下几个条件时：对手身后的较大纵深内无其他的防守者；或其他防守者难以补位；或持球者高速运球，对手跑上来准备抢球；或持球者与防守者僵持时持球者突然推拨球启动等。

(2)利用身体的掩护强行过人

控球者接近对手时双方速度减慢，控球者侧身用身体靠住对手以另一侧脚将球拨出，同时转身将对手倚在身后并随球越过对手。这种方法一是要求持球队员有能力倚住对手而不被对方挤开；二是将球控制在远离对手一侧，对手伸脚时不能触及球；三是在抵住对手时不可将重心偏离支撑面，否则一旦对手闪开时自己也失去了平衡。

(3)利用变速运球过人

当对手在持球者侧面，持球者用另一侧脚运球，利用运球速度的变化达到甩掉对手或越过对手的目的。这种方法主要针对防守者是被动的，容易被运球者甩掉达到过人的目的。有时则采用突停突起甩掉对手，运球者必须能很好地控制球与自己的身体，做到球随人来，人随球走，才能达到过人的目的。

(4)恰当地组合推、拨、挑、扣、拉、颠等动作过人

以单脚或双脚轮流选用上述动作,使组合起来的运作适时地变化运球的方向与速度,使对手难于判断过人的方向与时机,或造成对手重心出现错误的移动,运球者抓住其漏洞而越过对手。

(5)人球分过

这种方法主要是利用防守者注意力集中在球上,并认为可以触到球的心理,达到过人的目的。因此当防守者出脚抢球时,运球者抢先将球推至前方,而防守者的抢球脚未触到球着地时,身体重心也移过来了,这时运球者迅速从防守的另一侧越过去控制球,防守者再转身启动已很难追上。若在推球时使用"蹭"的方法,蹭出弧线球来,就更有利于运球者越过防守者后控制球。

(6)运球假动作过人

这种方法是运球者利用腿部、上体的晃动使对手产生错觉,在对手做抢球动作时,使其重心产生错误的移动,运球者则抓住时机从另一方向越过对手。

比赛中运球过人的方法很多,只有熟练掌握上述各种运球方法和动作,才能在比赛中较有把握的完成运球过人。

(四)抢球

抢截球技术是指运动员在规则允许的范围内,使用身体的合理部位将对手的控球权夺过来或破坏掉。

1.技术动作结构分析

抢截球技术的动作结构是由:选位、抓住时机实施抢截动作、实施抢截动作后与下一动作紧密衔接3个环节组成。

(1)选位

选位包括对对方控制球情况和接应队员情况的观察以及对对方意图的分析判断。根据观察、分析和判断,及时移动到实施抢截球最有利的位置上,这一环节虽然短暂,但它是成功地实施抢截球的先决条件,不具备这些条件,抢截球则是盲目的。有时为了抢截成功,在条件允许的情况下,可以拖长这一环节的时间和过程,甚至引诱控球队员做出错误的决定,以达到抢截球的成功。

(2)抓住时机实施抢截动作

在实施动作时,时机是最重要的因素,过迟过早都会影响抢截的效果,甚至造成失败。一般说,抢截的时机可以为两种:一是对个人控球企图越过防守时的抢截时机,这种情况多是在控球者做触球动作后,触球脚步即将落地重心已移至将落地的触球脚时,此时实施抢截动作,持球者已无法再改变球的运球路线。另一种为对方传接球过程中的抢截时机,这种时机都是在对方将球传出后未被同伴接到前,抢先出去截获或触及球。时机的选择与选位直接有关,而使用的抢截动作又与时机的选择有密切的关系。

(3)在实施抢截动作后与下一动作紧密衔接

抢截技术需要在不同情况下使用不同的抢截动作,有时在实施抢截动作时会使身体呈现各种状态,可能不利于下一动作的连续,为了保证与下一动作的紧密连接,应使身体恢复到所需要的状态和位置。

2.技术动作要领

(1)正面抢球

当对手运球行进时,防守队员伺机而上,抢劫时机在对方控球脚刚刚触球后的瞬间,身体重心降低,支撑脚用力蹬地,抢球脚向前跨出,身体重心落在抢球脚上,触球后,支撑脚迅速跟上,随即上前控制好球,如图 2-7 所示。

图 2-7

(2)合理冲撞抢球

即为了抢处于双方控制范围内的球,双方可以运用肩关节以下,肘关节以上的臂侧部位,用适当的力量冲撞对方相应的部位,手臂应紧贴身体,力量不能过猛,如图 2-8 所示。

图 2-8

(3)正面铲球

移动接近控球者,膝关节微屈,重心下降,当控球者触球后尚未落地时,抢球者双脚沿地面向球滑铲,随即用手扶地做向一侧的翻滚,并尽快起身。

(五)头顶球

头顶球技术,可以进行传球、抢断球、高球射门。

1.技术动作结构分析

头顶球技术的动作结构是由移动选位、身体的摆动、头触球、触球后的身体平衡 4 个环节组成。

(1)移动选位

根据来球的高度和速度以及运行轨迹选好击球点,并及时到达顶球位置或起跳位置,才能保证完成顶球动作。

(2)身体的摆动

身体的摆动顺序是由下而上,这样才可以使击球部位获得最大的速度。

(3)头触球

一是用头的哪一部位接触球,二是用头的一定部位触球的哪一部位。

(4)触球后的身体平衡

主要因素是通过两臂合理摆动,脚步的移动,落地时屈膝、踝,以及来球的冲力,恰当协调四者关系维持身体平衡。

2.技术动作要领

(1)原地头顶球

身体正对来球方向,眼睛注视运动中的球,两脚左右开立,膝关节微屈,重心置于两脚间的支撑面上,两臂自然张开。当球运行到将垂直于地面的垂线时,两腿用力蹬地,迅速向前摆体,微收下颌,在触球瞬间颈部做爆发式振摆,用前额正面击球中部,上体随球前摆,如图2-9所示。

1 2 3 4 5 6

图 2-9

(2)跑动跳起头顶球

一般助跑跳起顶球时都使用单脚起跳。根据来球的速度、运行轨迹,选好起跳位置,及时跑到起跳点,起跳前一步稍大些,起跳脚用力蹬地跳起,同时另一腿屈膝上摆,两臂屈肘自然上提。其余各环节与原地跳起头顶球相同,如图2-10所示。

1 2 3 4 5 6

图 2-10

(六)掷界外球

当掷界外球时接球队员不受越位规则的限制,尤其是位于前场30米区域的范围内掷界外球，可以给对手带来很大的威胁，因此掌握好界外球的技术对于实现威胁区域的界外球进攻战术至关重要。

1. 技术动作结构分析

(1)掷界外球的动作是由下向上的摆体带动身体前摆的过程。

(2)根据身高和臂长掌握合理的掷出角。它是影响远度的重要因素。

(3)掷球时出手的速度越快，则掷出的球飞行的距离越远。

(4)充分利用助跑的初速度有助于将球掷远。

2. 技术动作要领

(1)原地掷界外球

两脚开立，与肩同宽，持球与头顶上后方，上体向后成弓形，上体快速前摆，同时膝关节迅速蹬直，双手持球从头后方向前上方摆出，挥直手臂，整个身体向前直至脚尖位置，在掷球时双脚不能离地，直至球出手，如图 2-11 所示。

图 2-11

(2)助跑掷界外球

两手持球放在胸前，在助跑迈出最后一步时，上体后仰成背弓，同时将球上举至头后，掷球时的动作与原地掷界外球动作相同。将球掷出后，后脚可在地面上向前滑行，但不得离地。

(七)假动作

足球比赛中，运动员为了争取时间、空间的优势，取得控球权或控制好球以达到射门的目的，常采用一些虚假动作掩饰自己的真实意图。虚假动作使对手产生错误的判断，造成重心错误的偏移，形成对自己有利的形势以实现自己的目的。

假动作渗透在各种技术中，如踢球、接球、顶球、运球、抢截球、掷界外球以及守门员技术等。

1. 技术动作结构分析

由于各类技术中均有假动作，为了分析方便，下面将按照假动作的特点，从两个方面进行概括分析。

(1)决定使用何种假动作并加以实施

比赛中根据临场的需要及时做出使用何种假动作的决定。如在运球过人时，要根据对手的技术特点、当时所处状况、周围对手的状况及同伴的情况选择运球过人假动作并加以实施。在实施假动作时动作必须逼真，假动作暴露的程度及实施假动作的速度要适当。假动作的实施并非都是一次性的，有时为了使对手重心产生不适当的移动，需要连续做几个假动作才能奏效。特别是实施假动作时最好能在活动中进行。

(2)假动作实施后的衔接动作

实施假动作后应根据对手的反应，迅速决定自己所采取的对策。当假动作实施成功后，即对手已经上当，重心发生了不适当的偏移时，应迅速实施真动作；当假动作实施后，对手并未上当，重心未发生偏移时，则可将实施的假动作当做真动作或继续实施假动作，以达到真真假假，真假结合的效果。

2.技术动作要领

(1)传球前的假踢

如传球前为了使堵住传球路线的对手闪开空当，可先向一方做假动作，当对手去堵假踢的传球路线时，突然改变踢球脚法将球从另一方向传出。

(2)接球前的假动作

如对手在体侧紧逼的情况下，可先向一侧做假接球的动作，当对手重心发生不适当的偏移时，突然改变向另一侧接球。

3.运球过人假动作

(1)运球过人时的虚晃假动作。如面对对手控球过人时，对手逼得较紧，可向一侧用身体或腿部做虚晃动作诱使对手跟随运球虚晃动作发生重心的偏移，然后迅速用另一侧脚背外侧向同侧拨球，并转身越过对手。

(2)用减速或停顿的假动作，再突然启动的方法越过对手。快速运球时，对手在自己一侧紧追不舍，待与自己跑平时，做一个减速或停顿的假动作，使对手产生错觉。当对手也减速或停顿时突然加速推球向前甩掉对手。

(3)当对手在侧后追抢时，运球者上前用异侧脚向前从球上跨过，诱使对手堵抢，用同一脚脚背外侧将球向另一侧扣回，甩掉对手。

(4)防守者从正面迎上准备抢球，运球者用一只脚假做向另一侧前方踢球，诱使对手上前堵截，此时改假踢脚为支撑脚，用另一脚内侧将球向另一侧推出或向对手胯下将球推过，接着迅速绕过对手运球前进。也可用脚背外侧做假踢将球从对手胯下拨过，运球继续前进。

4.抢球假动作

作为防守者，当对手运球向自己跑来时，如果防守者能调动进攻者，就可以变被动为主动，而抢截假动作就是达到此目的的一种手段。如先使用假动作去堵截某一方向，使进攻者不敢从这一方向出球或运球，而从另一方向出球或运球，即抢截真动作实施的方向，就可以将球截获。

由于高速运球较难抢截，稍一错移重心就会被运球者越过，因而防守者对高速向自己运球而来的进攻者可采取假动作前扑，当对手看到防守者猛扑时会拨球而过，但防守者假扑后立即转身将运球者拨出之球夺下来。使用这种假动作时应注意距离，离进攻者太远时对方不易上当；离进攻者太近易弄巧成拙，反被进攻者突破。

(八)守门员

1.接球技术动作要领

(1)接地滚球

①直腿式：两腿自然并立，脚尖正对来球，上体前屈，两臂并肘前迎，两手小指靠近，手掌对球。手触球的刹那随球后引屈肘、屈腕，两臂靠近将球抱于胸前，如图 2-12 所示。

图 2-12

②跪撑式:多用于向侧移步接球。接左侧球时,左腿屈,右腿跪撑于左脚附近,距离不得超过球的直径,其余动作与直腿式接球相同(如图 2-13 所示)。接右侧球时,动作相同,方向相反。

图 2-13

(2)平空球

指膝以上、胸以下的空中球。接球时面对来球,两手掌心向上,两手小指相靠,前迎接球。上体前屈,当手触球时两臂向后撤缓冲,将球抱于胸前(如图 2-14 所示)。

图 2-14

(3)高空球

面对来球,两臂上伸,两手拇指相对呈八字形,其余四指微屈,手掌对球(如图 2-15 所示)。在最高点手触球瞬间,手指、手腕适当用力,缓冲来球并将球接住,顺势转腕屈肘、下引将球抱于胸前,如图 2-16 所示。

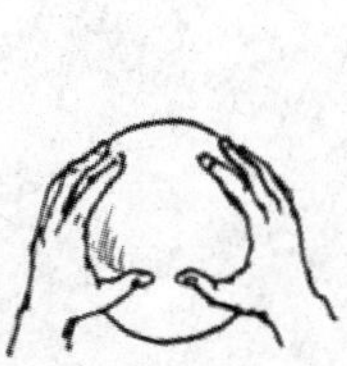

图 2-15

图 2-16

2.扑接球技术动作要领

(1)扑侧面球

异侧脚用力蹬地,双手快速向侧伸出,一手置于球后,另一侧手置于球的侧后上方。同时身体向同侧脚方向倒地,落地时以小腿、大腿、臀、肘外侧依次着地,落地后抱球团身,如图2-17 所示。

图 2-17

(2)扑平空球

近侧脚用力蹬地使身体跃起,身体在空中伸展,手指用力抓住球,接球后以球、肘、肩、上体、臀、腿外侧依次着地并迅速团身,如图 2-18 所示。

图 2-18

3.发球技术动作要领

(1)手掷球

①单手肩上掷球:两脚前后开立,两膝弯曲,单手持球,屈臂于肩上。掷球时,持球手臂后引,同时身体随之侧转,重心移到后脚上。掷球时,后脚向后蹬地,用转体和挥臂、甩腕的力量将球掷向预定的目标,如图 2-19 所示。

图 2-19

②侧身勾手掷球：两脚前后开立，身体侧对出球方向，单手持球后引，臂微屈，同时重心移到后脚上。掷球时，后脚用力向后蹬地，同时转体，重心由后脚移向前脚。当持球手臂由后经体侧沿弧线摆至肩上说，手指和手腕用力将球掷向预定的目标，如图 2-20 所示。

图 2-20

(2)脚踢球

①踢空中球：将球置于体前，在球自由下落过程中踢球。它多用于远距离或雨天场地泥泞时。

②踢反弹球：体前抛球，球落地后反弹起来的瞬间将球踢出。它比踢空中球准确性要高，速度较快，出球弧度低，隐蔽性强。

这两种踢球的动作与脚背正面踢球基本相同，但由于要求踢得远，所以守门员都是向前上方踢。

**三、足球基本战术**

足球战术是指在比赛攻守过程中，为了战胜对手而采用的个人行动、集体配合的组织方法和组织形式。战术的优劣与全队每个队员的技术、身体和心理品质紧密相关。分为进攻战术和防守战术。

(一)进攻战术

1.个人进攻战术

主要是指控球队员为完成局部或整体的战术而采取的个人战术，主要包括：一是能保护住球，保证球控制在自己脚下不被对手破坏；二是寻找时机，特别要运用上下肢的配合来欺骗对手；三是越过对手后，对手会拼命追抢，而控球人能运用身体来将对手挡在身后。

2.集体的局部配合进攻战术

集体战术是指两个或两个以上队员在比赛中为了完成全队攻防任务而采用的局部协同作战的配合方法，它包括“二过一”战术配合、“三过二”战术配合和反切配合等进攻战术。

(1)“二过一”战术配合

顾名思义，“二过一”是两个进攻队员，通过传球配合突破一个防守队员。“二过一”是集体配合的基础，可以在任何场区、任何位置上运用这种方法来摆脱对方的抢截或突破防线。“二过一”是进攻的两个队员之间相距 10 米左右，进行一传一切的配合。要求传球平稳及时，一般多用脚内侧、脚外侧等脚法，传地平球为主。传球的位置，尽可能是接球人脚下或前面二、三步远的地方。

(2)“三过二”战术配合

“三过二”是在比赛中局部地区3个进攻队员通过连续配合突破两个防守者的防守。由于这种配合有两个同队队员可以同时接应传球，因此使持球人传球路线更多，且进攻面扩大。

3.整体进攻战术

整队进攻战术是指比赛中一方获得球后，通过队员之间的传递配合达到射门的目的而采用的配合方法。与局部进攻战术相比较，全队进攻战术的进攻面比较广，参加进攻和快速反击等。

(1)边路进攻

利用球场两侧地区发起进攻的方法叫边路进攻。边路进攻是全队进攻战术的主要形式之一，其主要特点是有利于发挥进攻速度，打破对方防线，制造缺口。

(2)中路进攻

中路进攻是利用球场中间区域组织的进攻，这种进攻虽能直接射门，但难度最大，因中路防守最为严密，攻击手必须是反应极其敏锐、意识强、技术高、敢于冒险、速度快和善于策应的队员。

(3)快速反击

比赛中，当攻方进攻时，后卫线往往压至中场附近，防守人数也由于插上进攻和助攻而相对减少，此时如能抓住对方防区空隙较大和回防较慢的机会，乘其失球发动快速反击，往往能取得良好的效果。

快速反击是最有威胁的进攻手段，有效的进攻在于突然快速地反击，但其难度较大，即要冒险，又要有准确、快速的传切配合技能。快速反击要有组织，配合要极为默契，必须进行专门性的训练，否则很难在比赛中实施。

(4)定位球战术

定位球战术是指在比赛中，利用“死球”后重新开始比赛的机会，组织进攻与防守配合的战术方法。定位球战术包括中圈开球、角球、任意球、点球、掷界外球等。

在势均力敌的高水平比赛中，定位球战术有时起决定胜负作用。在配合上要利用简练的一次配合取得射门机会，配合越复杂成功率就越低。故要进行专门性的练习，才能在比赛中奏效。

(二)防守战术

1.个人防守战术

个人防守战术的重点是，防守队员的选位和盯人是否及时、准确。

2.集体的局部配合防守战术

(1)补位

补位是足球比赛中局部地区集体配合进行防守的一种方法。当防守过程中一个防守队员被对手突破时，另一个队员则立即上前进行堵封。

(2)围抢

围抢是指比赛中在某局部位置上，防守一方利用人数上的相对优势(通常是两三个队员)同时围堵对方的持球队员，以求在短暂时间内达到抢断或破坏对方进攻的目的。

(3)整体防守战术

防守战术可分为两种基本类型：盯人紧逼防守(盯人防守)，即在规定的范围内盯人紧逼，不交换看守；区域紧逼防守(盯人和区域相结合)，即现今流行的综合防守，紧逼和保护相结合，在个人的防区内紧逼，作交替看守。盯人防守即各自都有明确的防守对象，如对方左边锋大幅度地斜插至右路，则右后卫紧跟盯防，不交替看守。防守最根本的原则是紧逼和保护：只有紧逼才能有效地主动断抢，压制对方技术的优势而获取主动权；保护是为了更好地紧逼和控制空当。

(三)比赛阵型

1.阵型的发展和演变

为了适应攻守战术的需要，全队队员在场上的位置排列和职责分工，称为比赛阵型。各阵型的名称是按队员排列的形状而定。自19世纪中期世界上有了第一个足球比赛阵型至今日的“四三三”、“三五二”、“四二四”等，以及某些国家所采用的“水泥式”、“锁链式”等，都是沿着这一个客观规律演变和发展的。

2.各个位置的职责

(1)边后卫的职责

盯住进入本防区的进攻队员，不让对手个人运球突破或通过配合突破，保护中路防区。当球在异侧活动并且中卫队员靠向异侧时，及时向中路靠拢；当中路被突破时迅速补位，同其他后卫队员保持默契联系；当拖后中卫制造越位时，应同步行动。在对方边路进攻时要站在对方球员和球门的连线，防止对方球员远射。对方突破时要卡住内线的身位，将其迫向角旗区。对方反击时，不要轻易上扑。注意和中后卫相互补位。

(2)中后卫的职责

中后卫有突前中后卫和拖后中后卫之分。前者要看准时机，出脚准确，及时封堵。后者要留意场上的形势，一旦出现漏洞第一时间反应做出补位。

(3)前卫的重要职责

前卫通常称之为中场队员。中场是一个非常重要的区域，控制了中场也就是得到了比赛的主动权，因此比赛各队往往都在中场投入较大力量。

(4)前锋的跑位

优秀的前锋经常会用横向扯动，突然前插的方法来摆脱后防线。接应边路传中，尽量抢前点。接球尽量往中路停球(这个很重要，一个优秀的前锋，他的每一次停球都是有目的的，如停球往中路，为了争取更大的射门角度)。两个人同时抢点，需要有立体感，不能在同一条线。同一条线接应无论多少个人也意味着只有一个攻击点。

## 四、足球竞赛规则简介

(一)比赛场地

比赛场地及其设备如图2-21所示。

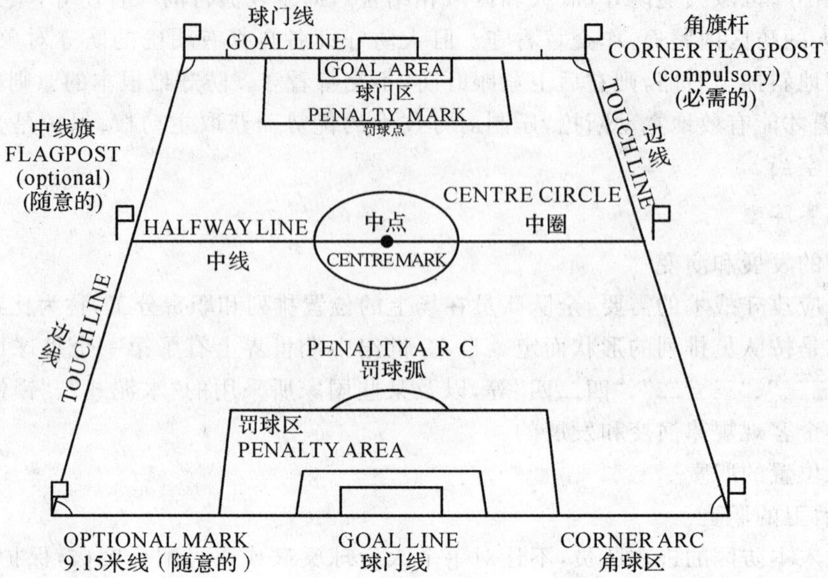


图 2-21

1. 场地面积

比赛场地应为长方形，其长度不得多于 120 米或少于 90 米，宽度不得多于 90 米或少于 45 米，在任何情况下，长度必须超过宽度。

2. 画线

比赛场地应按照平面图画出清晰的线条，线宽不得超过 12 厘米，不得做成"V"形凹槽。较长的两条线叫边线，较短的叫球门线。场地中间画一条横穿球场的线，叫中线。场地中央应当做一个明显的标记，并以此点为圆心，以 9.15 米为半径，画一个圆圈叫中圈。场地每个角上应各竖一面不低于 1.50 米高的平顶旗杆，上系小旗一面。相似的旗和旗杆可以各竖一面在场地两侧正对中线的边线外至少 1 米处。

3. 球门区

在比赛场地两端距球门柱内侧 5.50 米处的球门线上，向场内各画一条长 5.50 米与球门线垂直的线，一端与球门线相接，另一端画一条连接线与球门线平行，这三条线与球门线范围内的地区叫球门区。

4. 罚球区

在比赛场地两端距球门柱内侧 16.50 米处的球门线上，向场内各画一条长 16.50 米与球门线垂直的线，一端与球门线相接，另一端画一条连接线与球门线平行，这三条线与球门线范围内的地区叫罚球区，在两球门线中点垂直向场内量 11 米处各做一个清晰的标记，叫罚球点。以罚球点为圆心，以 9.15 米为半径，在罚球区外画一段弧线，叫罚球弧。

5. 角球区

以边线和球门线交叉点为圆心，以 1 米为半径，向场内各画一段四分之一的圆弧，这个弧内地区叫角球区。

6. 球门

球门应设在每条球门线的中央，由两根相距 7.32 米、与西面角旗点相等距离、直立门柱与一根下沿离地面2.44米的水平横木连接组成，门柱及横木的宽度不得超过12厘米。

（二）球

比赛用球应为圆形，它的外壳应用皮革或其他许可的材料制成，在它的结构中不得使用可能伤害运动员的材料。

球的圆周不得多于71厘米或少于68厘米。球的重量，在比赛开始时不得多于453克或少于396克。充气后其压力应相等于0.6～1.1个大气压力（海平面上），即相等于600～1100克/平方厘米。在比赛进行中，未经裁判员许可，不得更换比赛用球。

（三）球员

(1)每队上场队员为11人，任何一队少于7名队员时，该场比赛应为无效。

(2)队员在比赛开始前被罚令出场，可从已登记的替补队员中选一人替补，不能因进行替补而延迟开球。队员在比赛开始后被罚令出场者，不得替换。

（四）队员装备

(1)上场队员必需的装备是：运动上衣、短裤、护袜、护腿板和足球鞋。

(2)上场队员不得穿戴能危及其他运动员的任何物件。

（五）裁判员

每场比赛应委派一名裁判员执行裁判任务。在他进入比赛场地时，即开始行使规则赋予他的职权。

在比赛暂停或比赛成死球时出现的犯规，裁判员均有判罚权。裁判员在比赛进行中，根据比赛实际情况，诸如比赛结果等所作的判决，应为最后判决。他应当：

(1)执行规则。

(2)避免做出对犯规队有利的判罚。

(3)记录比赛成绩和比赛时间，使比赛赛足规定的时间或双方同意的时间，并补足由于偶然事故或其他原因所损耗的时间。

(4)因违反规则、遇风雨、观众或外界人员干扰及其他原因妨碍比赛进行时，裁判员有权暂停、推迟或终止比赛。事后须在规定的时间内按照有关要求将具体情况书面报告主办机构。

(5)裁判员从进入比赛场地起，对犯有不端和不正当行为的队员应给予警告并出示黄牌。事后须在规定的时间内，按照有关要求将该队员的姓名和具体情况书面报告主办机构。

(6)除参加比赛的队员及巡边员外，未经裁判员允许，任何人不得进入比赛场地。

(7)如裁判员认为队员受伤严重时，应立即停止比赛，须将受伤队员尽可能迅速地移至场外，并立即恢复比赛。如队员受轻伤，则比赛不应在成死球前停止。凡队员能自己走到边线或球门线接受任何护理者，不得在场内护理。

(8)裁判员对于场上队员的暴力行为、严重犯规、使用污言秽语或辱骂性语言，以及经警告后仍犯有不正当行为者，应罚令出场并出示红牌。

(9)在每次比赛暂停后，以信号指示恢复比赛。

(10)审定比赛用球是否符合规则的要求。

（六）助理裁判员

每场比赛应委派两名助理裁判员，他们的职责（由裁判员决定）应为示意：

(1)何时球出界成死球。

(2)应由哪一队踢角球、球门球或掷界外球；

(3)当要求替补时。

他们还应协助裁判员按照规则控制比赛。巡边员如有不正当行为或不适当地干扰比赛，裁判员应免除其职务并指派他人代替(裁判员应将此情况上报主办机构)。巡边员使用的手旗，应由比赛场地所属的俱乐部提供。

(七)比赛时间

比赛时间应分为两个相等的半场，每半场45分钟。特殊情况双方同意另定除外，并按下列规定执行：

(1)在每半场中由于替补、处理伤员、延误时间及其他原因损失的时间均应补足，这段时间的多少由裁判员决定。

(2)在每半场时间终了时或全场比赛结束后，如执行罚球点球，则应延长时间至罚完为止。

(八)比赛开始

(1)比赛开始前，应用投币方式选定开球或场地，先挑的一方应有开球或场地的选择权，比赛应在裁判员发出信号后，由开球队的一名队员将球踢入对方半场开始。在球被踢出前，每个队员都应在本方半场内，开球队的对方队员还应当保持距球不少于9.15米。球被踢出后，须滚动到它自己的圆周距离时，才应认为比赛开始。开球队员在球经其他队员触或踢及前不得再次触球。

(2)在进一球后，应由负方队员以同样方式，重新开球继续比赛。

(3)下半场开始时，两队应互换场地，并由上半场开球队的对方开球。

(九)越位

(1)凡进攻队员较球更接近于对方球门线者，即为处于越位位置。下列情况除外：

①该队员在本方半场内。

②至少有对方队员两人比该队员更接近于对方的球门线。

(2)当队员踢或触及球的一瞬间，同队队员处于越位位置时，裁判员认为该队员有下列行为，则应判为越位：

①在干扰比赛或干扰对方。

②企图从越位位置获得利益。

(3)下列情况，队员不应被判为越位：

①队员仅仅处在越位位置。

②队员直接得球门球、角球或界外掷球。

(4)队员被判罚越位，裁判员应判由对方队员在越位地点踢间接任意球。如果该队员在对方球门区内越位，那么这个任意球可以在越位时所在球门区内任何地点执行。

(十)犯规与不正当行为

队员故意违反下列9项中的任何一项者，即：

(1)踢或企图踢对方队员。

(2)绊摔对方队员，即在对方身后或身前，伸腿或屈体绊摔或企图绊摔对方。

(3)跳向对方队员。

(4)猛烈地或带有危险性地冲撞对方队员。

(5)除对方正在阻挡外,从背后冲撞对方队员。

(6)企图打对方队员,向对方吐唾沫。

(7)拉扯对方队员。

(8)推对方队员。

(9)用手触球,例如:用手或臂部携带、推击球(守门员在本方罚球区内除外)。

以上情况都应判由对方在犯规地点踢直接任意球。如犯规地点在对方球门区内,该任意球可以在球门区内任何地点执行。

队员犯有下列5项犯规中的任何一项者,即:

(1)裁判员认为其动作带有危险性,例如:企图去踢守门员已接住的球。

(2)当球并不在有关队员控制范围之内时,目的不是为了争球而用肩部去做所谓的合理冲撞。

(3)队员不去踢球而故意阻挡对方者,例如:在球与对方之间跑动或用身体阻挡对方。

(4)冲撞守门员,但下列情况除外:

①守门员抓住球时;

②守门员阻挡对方队员;

③守门员在本方球门区以外。

(5)比赛中守门员在本方罚球区内时:

①以手控制球后向任何方向持球、拍球或向空中抛球再接住,行走4步以上而未使球进入比赛状态。

②持球后在行走4步过程中及其前后,虽已使球进入比赛状态,但未经罚球区外的同队队员或罚球区内外的对方队员触球前,自己再次用手触球。

③同队队员故意将球踢给守门员后,守门员用手触球。

④裁判员认为由于战术上的目的,有意停顿比赛,延误比赛时间而使本队获得不正当的利益。

以上情况都应根据具体情况判由对方在犯规地点踢间接任意球。

队员出现下列情况时,应被警告并出示黄牌:

(1)比赛开始后,队员进场或重新进场加入比赛或在比赛进行中离场(意外事故除外),不论哪一种情况,事先未经裁判员示意允许。

(2)如果裁判员暂停比赛执行警告,则由对方在暂停比赛时球的所在地点,踢间接任意球恢复比赛。

如犯规队员另有更严重的犯规情节时,则应按规则的有关规定判罚。

(3)队员连续违反规则。

(4)用言语或行动对裁判员的判决表示不满者。

(5)有不正当行为者。

裁判员认为队员出现下列情况时,应罚令其出场并出示红牌:

(1)犯有暴力行为。

(2)严重犯规。

(3)用污言秽语或进行辱骂。

(4)经黄牌警告后,因犯规又被给予第二次黄牌警告。

(十一)任意球

任意球分两种:直接任意球(这个球可以直接射入犯规队球门得分)及间接任意球(踢球队员不得直接射门得分,除非球在进入球门以前曾被其他队员踢或触及)。

(十二)罚球点球

罚球点球应从罚球点上踢出,必须明确主罚队员。踢球时除主罚队员和对方守门员外,其他队员均应在该罚球区外及比赛场内,并至少距罚球点 9.15 米处。对方守门员在球被踢出前,必须站在两门柱间的球门线上(两脚不得移动)。主罚队员必须将球向前踢出,在其他队员踢或触及前不得再次触球。当球滚动至球的圆周距离时,比赛即为恢复。踢罚点球可直接射门得分。当比赛进行中执行踢罚点球,以及在上半场准全场比赛终了而延长时间执行或重罚点球时,如踢出的球触及或连续触及门柱、横木或守门员而进入球门,只要没有犯规现象发生,均应判为胜一球。

罚则:对违反规定者,应作如下处理:

(1)如守方队员犯规,如球未罚中应重罚。

(2)如踢罚点球队员以外的攻方队员犯规,则球罚中无效,应重罚。

(3)如踢罚球点球队员在比赛恢复后犯规,则应由对方队员在犯规地点踢间接任意球。

(十三)掷界外球

当球的整体不论在地面或空中越出边线时,应由出界前最后触球队员的对方队员,在球出界处掷向场内任何方向。掷球时,掷球队员必须面向球场,两脚均应有一部分站立在边线上或边线外,不得全部离地,用双手将球从头后经头顶掷入场内。球一进场内比赛立即恢复。掷球队员在球被其他队员踢或触及前,不得再次触球。掷界外球不得直接掷入球门得分。

罚则:

(1)如球不按规定的方法掷入场内,应由对方队员在原处掷界外球。

(2)如掷球队员掷球入场后在球被其他队员踢或触及前再次触球时,应由对方队员在犯规发生地点踢间接任意球。如队员在对方球门区内犯规或在本方球门区内犯规,则应根据具体情况踢间接任意球。

(十四)球门球

当球的整体不论在空中或地面从球门外越出球门线,而最后踢或触球者为攻方队员时,由守方队员在球门区内任何地点直接踢出罚球区恢复比赛。守门员不得将球接入手中后再踢出进入比赛。如球未被直接踢出罚球区,即未进入比赛,应令重踢。踢球门球的队员在球被其他队员踢或触及前,不得再次触球。踢球门球不得直接射门得分,踢球门球时,对方队员在球被踢出罚球区前都应站在罚球区外。

罚则:

踢球门球的队员将球踢出罚球区后,在球被其他队员踢或触及前再次触球,应判由对方队员在犯规发生地点踢间接任意球。如队员在球门区内犯规,则根据具体情况执行踢间接任意球。

（十五）角球

当球的整体不论在空中或地面从球门外越出球门线，而最后踢或触球者为守方队员时，由攻方队员将球的放在离球出界处较近的角球区内踢角球。踢角球时，不得移动角旗杆。角球可直接胜一球。踢角球队员的对方队员在球未进入比赛时，即球未滚动至球的圆周距离时，不得进入距球 9.15 米以内。踢角球队员在球被其他队员踢或触及前，不得再次触球。

罚则：

（1）踢角球的队员，在球被其他队员踢或触及前再次触球时，裁判员应判由对方队员在犯规发生地点踢间接任意球。如队员在球门区内犯规，则根据规则的具体情况执行。

（2）如有任何其他犯规，角球均应重踢。

## 第二节　篮球运动

### 一、篮球运动概述

篮球运动是 1891 年由美国人詹姆斯·奈史密斯发明的。当时，他在马萨诸塞州斯普林菲尔德基督教青年会国际训练学校任教。由于当地盛产桃子，这里的儿童又非常喜欢做用球投入桃子筐的游戏。这使他从中得到启发，并采用足球、曲棍球等其他球类项目的特点，创编了篮球游戏。

最初篮球游戏比较简单，场地大小和参加游戏的人数没有限制。比赛队员分成人数相等的两队，分别站在球场的两端，在裁判员向球场中央抛球后，双方队员立即冲进场内抢球，并力争将球投进对方的篮筐。因为桃筐是有底的，球投中以后就留在篮子里，人必须登上专设的梯子才能将球从篮筐里取出。

随着场地设施的不断改进，篮筐取消了筐底，并改用铁圈代替桃篮，用木板制成篮板代替铁丝挡网，场地增设了中线、中圈和罚球线，比赛改由中场跳球开始。与此同时，场上比赛队员也通常改为每队 5 人，开始有后卫、守卫、中锋、前锋、留守等位置之分。此外，奈史密斯制订了一个不太完善的竞赛规则，共 13 个条款，其中规定不允许带球跑、抱人、推人、绊人、打人等。这大大提高了篮球游戏的趣味性，并且吸引了更多的人来参加这一游戏，从而使篮球运动很快普及到了全美国。

1892 年，篮球运动首先从美国传入墨西哥，并很快在墨西哥各地得到开展。这样，墨西哥成为除美国外，第一个开展篮球运动的国家。此后，这项运动先后传入法国、英国、中国、巴西、捷克斯洛伐克、澳大利亚、黎巴嫩等国家，在世界范围内得到了开展、普及和发展。

1896 年，美国人鲍勃盖利将篮球传入中国，首先在天津、北京等城市青年会中开展起来。在 1910 年旧中国首届全国运动会上，篮球首次被列为表演项目。1913 年，篮球被列为我国国内正式比赛项目。篮球自 1951 年起一直是亚运会的正式比赛项目。

1932 年国际业余篮球联合会成立，男子篮球被国际奥委会承认为奥运会正式比赛项目。1946 年，美国出现职业篮球联赛，并发展为目前的 NBA。

女子篮球运动到 20 世纪初才开展起来。1976 年，女子篮球被列为奥运会正式比赛项目。

## 二、篮球基本技术

### (一)脚步的基本动作

在篮球运动中,无论进攻或防守均有其基本步法。

1.进攻的基本步法

(1)跨步急停

一足着地时,脚掌用力支撑身体以减轻向前冲的动力,另膝头微曲以减轻撞击力。身体同时向后仰以减低向前的冲力,使重心转移,稍微向后。另一足着地时亦需用力抓住地面以平衡身体,而重心在两足之间,如图 2-22 所示。

1　2　3

图 2-22

(2)跳步急停

双脚或单脚跳起后,上身微微向后仰以减低向前动力。当双脚着地时,双膝同时微曲以减低撞击力及降低重心。双足用力抓住地面以平衡身体,重心在两足之间,如图 2-23 所示。

1　2　3　4　5

图 2-23

(3)转身

双手持球,手肘向外下方以保护球。双膝微曲以降低重心。在转身前,自由足用力向内蹬使重心移到轴足。转身时,腰部转动以带动全身跟随自由足移动,但需保持重心平稳,不要起伏。转身后,自由足着地,重心移回两足之间。

(4)变方向跑

若在跑动中拟向右变方向,在左足着地时,脚尖稍微向右并用力蹬地。上身同时向右转,跟着右足迅速向右方踏进,重心即转移至右方,如图 2-24 所示。

图 2-24

2.防守的基本步法

(1)滑步

双脚分开至约肩宽距离,双膝微曲,重心降低并在两足间,两肘向外抬高至胸部水平,上身稍前倾。若向右滑动,左足用力向内侧蹬地制造动力。然后右足踏右,在右足着地时,左足迅速跟随滑行。跟着依次序重复以上动作,另在滑步时身体需持平稳,不要起伏,如图2-25所示。

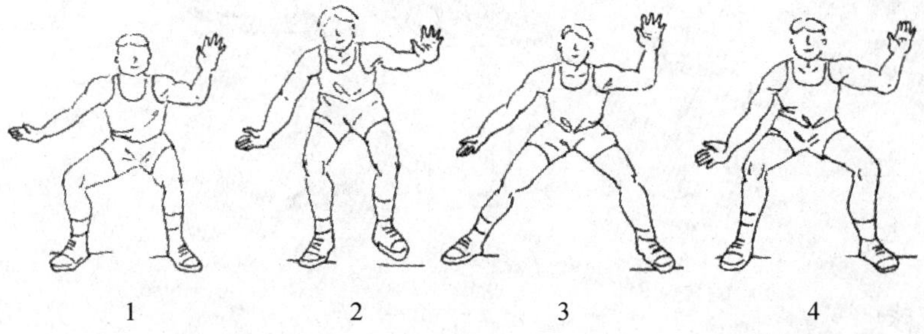

图 2-25

(2)交叉步

双脚分开至约肩宽距离,双膝微曲,重心降低并在两足间,两肘向外抬高至胸部水平,上身稍前倾。若向右移动,左足用力向内侧踏地使重心移向右足。跟着左足向右踏在右足右前方,两足成交叉状(称为前交叉),上身稍向右转(注:如左足向右踏在右足右后方,则称为后交叉)。当左足着地时,右足迅速地向右跨步,动作需快,身体需保持平稳。在练习时,可只单一作前交叉或后交叉的步法,亦可交替作前交叉及后交叉的步法,如图 2-26 所示。

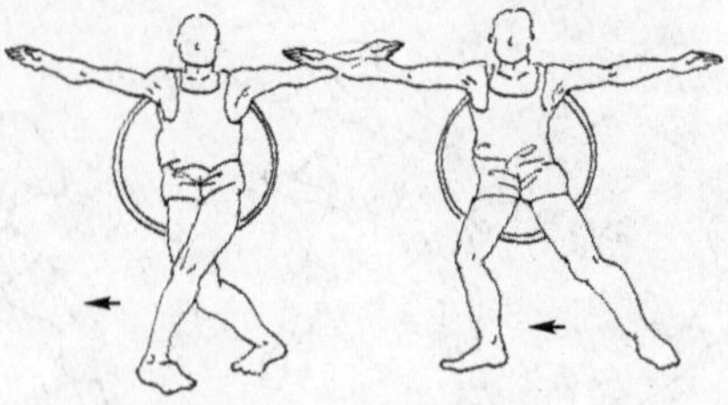

图 2-26

(二)传球

篮球的基本传球动作共有 4 种,分别为胸前传球,击地传球,过头传球及单手肩上传球。

1.基本持球动作

技术重点:双手五指自然分开,持在球的侧后方,拇指相对成八字形,虎口稍张大,双手拇指与食指形状近似三角形,用指根以上部位持球,并避免用手心持球,手肘自然屈曲并指向下方,将球置在胸前部位,如图 2-27 所示。

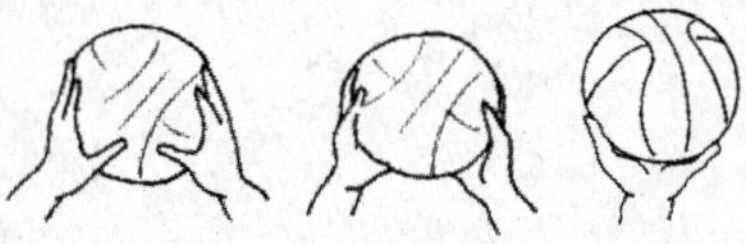

图 2-27

2.胸前传球

手部基本持球动作后,左足在前,右足在后,身体面向目标。右足向前踏,双手同时将球向目标直传。传球后,双手伸直,手心及拇指向下,其余四指向目标,如图 2-28 所示。

图 2-28

3.击地传球

手部基本持球动作后,右足在前,左足在后,身体面向目标。右足向前踏,双手同时将球,向自己与目标间,距离的三分之二处(离自己)直传。与胸前传球同,如图 2-29 所示。

图 2-29

4.过头传球

手部基本持球动作后，将球置于头上方。左足在前，右足在后，身体面向目标。右足向前踏，双手同时将球向目标直传。传球后，双手伸直，手心及拇指向下，其余四指向目标，如图 2-30 所示。

1 2 3 4

图 2-30

5.单手肩上传球

手部基本持球动作后，左足在前，右足在后，左肩指向目标。传球前，把球从胸前引至右肩后方，并以右手持球，手心向上，手肘约成 90 度。跟着迅速地用右手把球向目标直传。传球后，右脚踏前，右手手心及拇指向下，其余四指向目标，如图 2-31 所示。

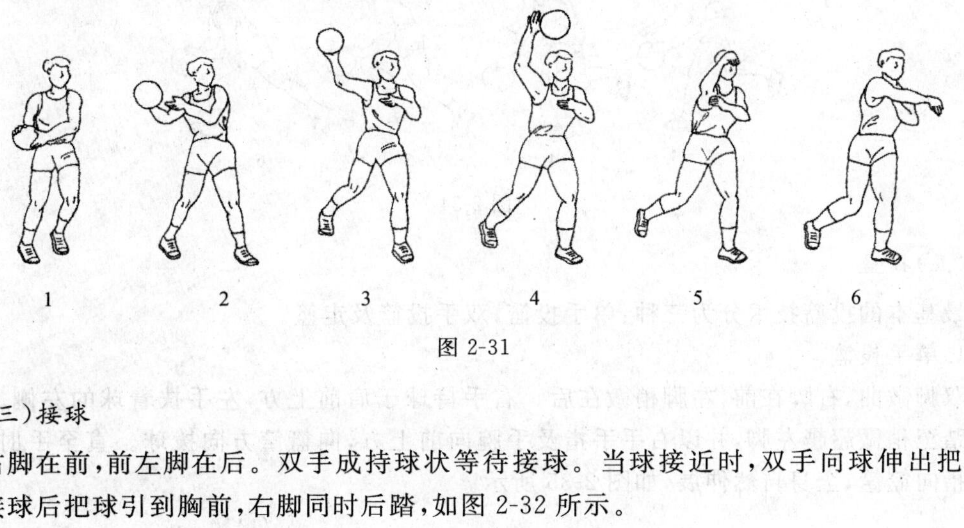

1 2 3 4 5 6

图 2-31

(三)接球

右脚在前，前左脚在后。双手成持球状等待接球。当球接近时，双手向球伸出把球接着。接球后把球引到胸前，右脚同时后踏，如图 2-32 所示。

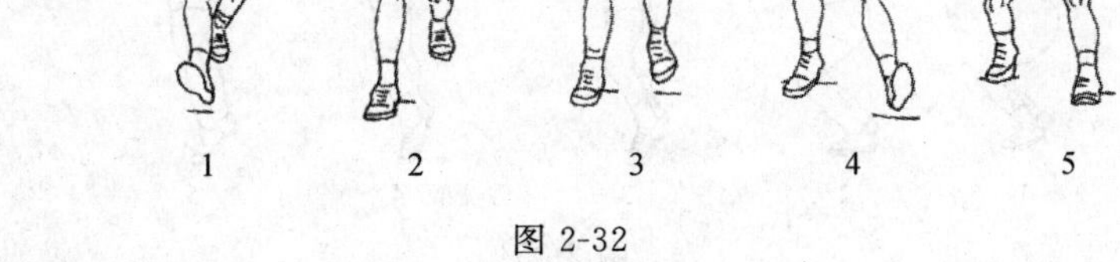

1 2 3 4 5

图 2-32

（四）运球

双脚微曲，前后站立，运球的手屈曲，手肘向后，手心向球，如图 2-33 所示。

图 2-33

运球时以手掌（手中心除外）触球并向下压去，直至手肘伸直及手指向地，非运球的手肘抬高以保护球，如图 2-34 所示。

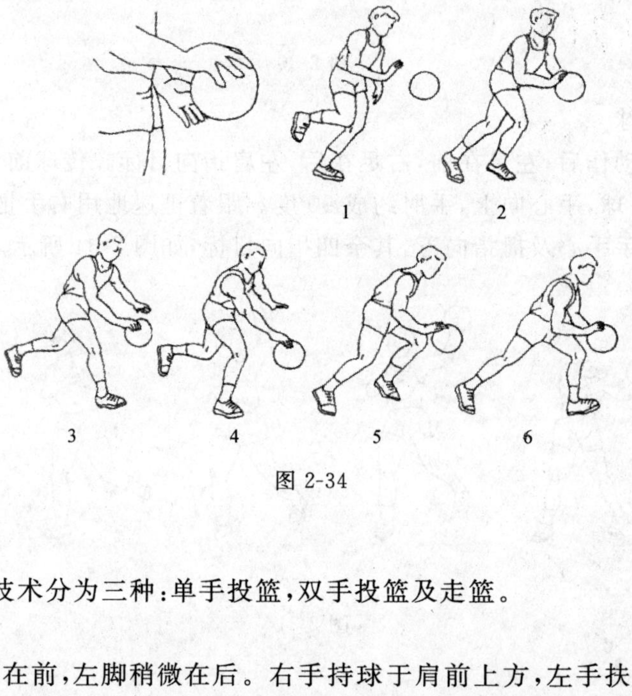


图 2-34

（五）投篮

最基本的投篮技术分为三种：单手投篮，双手投篮及走篮。

1. 单手投篮

双脚微曲，右脚在前，左脚稍微在后。右手持球于肩前上方，左手扶着球的左侧。右脚向前踏至稍微超越左脚，并以右手手指及手腕向前上方，向篮筐方向拨球。直至手肘伸直，手指指向篮筐，全身自然伸展，如图 2-35 所示。

图 2-35

2.双手投篮

双脚微曲,左脚在前,右脚稍微在后。双手持球于胸前或高些的位置。右脚前踏,双手手指及手腕向前上方(即篮筐的方向)拨球。直至手肘伸直,手指指向篮筐,全身自然伸展,如图 2-36 所示。

1 2 3 4

图 2-36

3.走篮

走篮集合了运球与投篮的技术在一身,一般分为上手走篮及下手走篮,两者分别在于出手的方法不同。

(1)下手走篮

运球后用双手接球,同时右脚踏地,如图 2-37 所示。

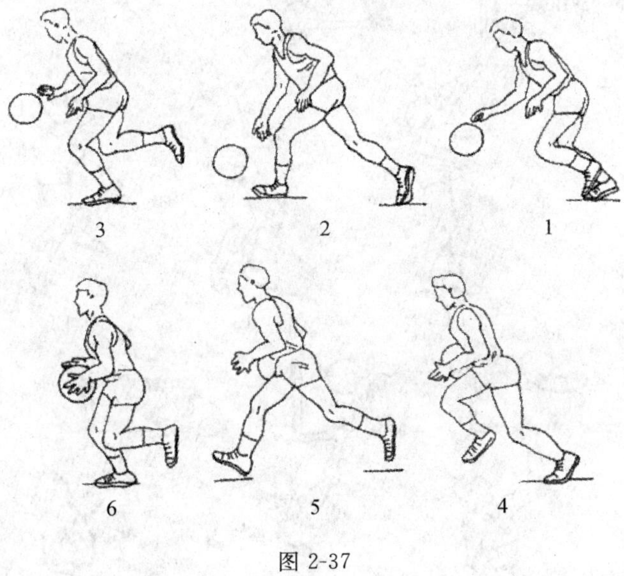

3 2 1

6 5 4

图 2-37

跟着左脚向前踏并用力向上跳,如图 2-38 所示。

图 2-38

右膝向上抬，双手同时把球向上引，并用右手托着球的下方，左手则护着球之左侧，将球升至最高点时用手指把球向篮板轻拨，如图 2-39 所示。

图 2-39

(2)上手走篮

运球后用双手接球,同时右脚踏地,如图 2-40 所示。

图 2-40

跟着左脚向前踏并用力向上跳,右膝向上抬,双手同时把球引至右肩前上方,如图 2-41 所示。

图 2-41

当跳至最高点时,以单手投篮方法将球投出,如图 2-42 所示。

图 2-42

（六）篮板球

1. 篮板球预备动作（如图 2-43 所示）

（1）预计球的落点，并抢占篮球与对手之间的有利位置。

（2）然后面向篮球，背向对手。

（3）双脚分开至约肩宽距离，双膝微曲，重心降低，上身稍前倾，两肘向外抬高，至胸前位置以阻挡对手抢球。

图 2-43

2.抢篮板球动作(如图2-44所示)

(1)当球降落在你预计的位置时,以双脚用力起跳,双臂同时向上摆,前臂向球的方向上伸。

(2)身体尽量伸展并保时平衡,然后以双手,或单手抓着球。

(3)把球拉到胸前位置,两肘同时向外抬,至胸前左右之水平以保护球。

(4)双足着地时,双膝微曲,以减低撞击力及保持平衡。

图2-44

## 三、篮球基本战术

### (一)快攻战术

快攻是篮球比赛中最快及最直接的得分方法。快攻有很多模式,可由2个至5个人组合而成。但越多人组织而成的快攻越复杂,且变化多端,故在此只介绍3种较简单的方法。

1.二人对传快攻(如图2-45所示)

二人互传同时以最快速度向前跑,最后以走篮形式投球。

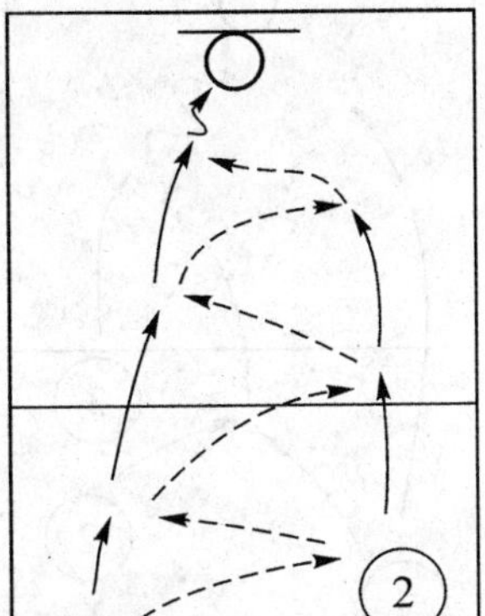


图2-45

2. 二人组织之长传快攻(如图 2-46 所示)

(1)当"队员 1"取得球后即传给"队员 2",跟着快速向前跑。

(2)"队员 2"接球后朝"队员 1"前进的方向长传。

(3)"队员 1"接到长传后以走篮形式投球。

(4)"队员 2"传球后随即跑前接应"队员 1"或抢篮板球。

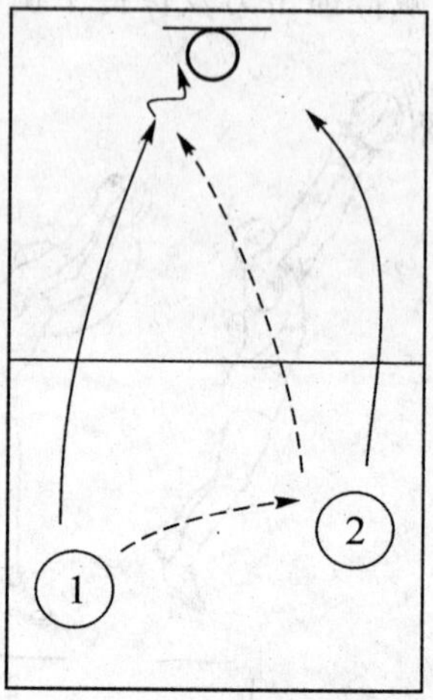


图 2-46

3. 三人组织快攻(如图 2-47 所示)

(1)"队员 1"抢到篮板球后,"队员 2"即跑到罚球线左右的位置接应"队员 1"的短传,而"队员 3"已快速向前跑等待接应"队员 2"的传球。

(2)"队员 1"传球后即向前跑,"队员 2"接球后便向"队员 3"前进的方向传去,跟着跑向前接应。

(3)"队员 3"接球后可选择自己走篮或传球给已跑上来的"队员 1"走篮(这视对方防守位置而定)。

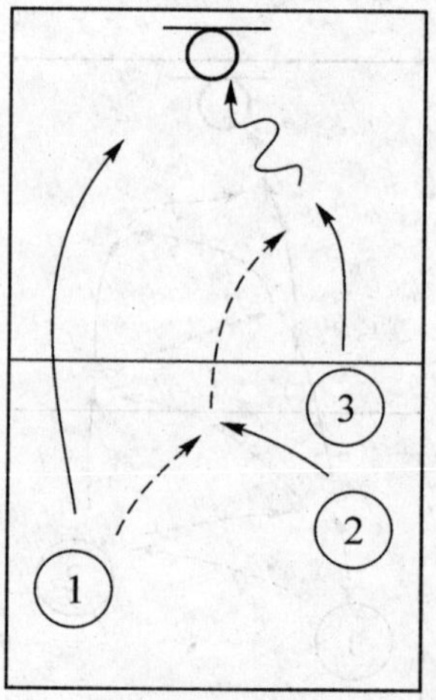


图 2-47

（二）进攻战术

1.传切配合

（1）传球者要及时准确地将球传递给同伴；切入者要善于掌握时机，合理运用假动作诱骗对方，动作要快而直，摆脱防守后立即准备接球上篮。

（2）“角 4”传球给同伴“角 5”后，快速切入篮下，接“角 5”的回传投篮，如图 2-48 所示。

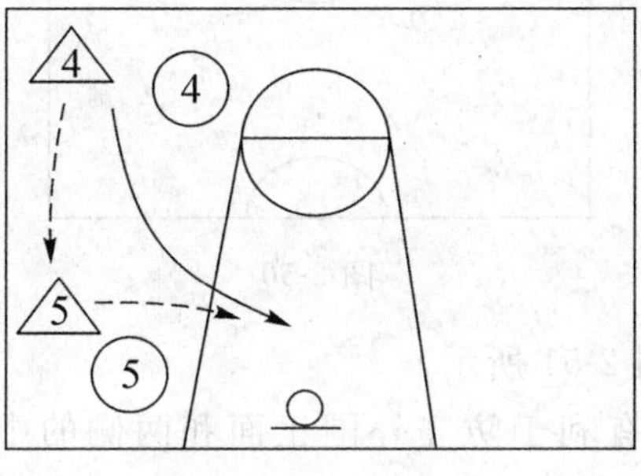


图 2-48

2.掩护配合

（1）掩护队员利用身体挡住同伴的防守者的移动路线，使同伴借以摆脱防守，或利用同伴的身体和位置使自己摆脱防守的一种配合方法。

（2）侧掩护配合：“角 5”传球给“角 4”后，主动跑到“角 4”侧后方做侧掩护，待“角 5”到掩护位后，“角 4”立即从“角 5”的右侧运球突破上篮，如图 2-49 所示。

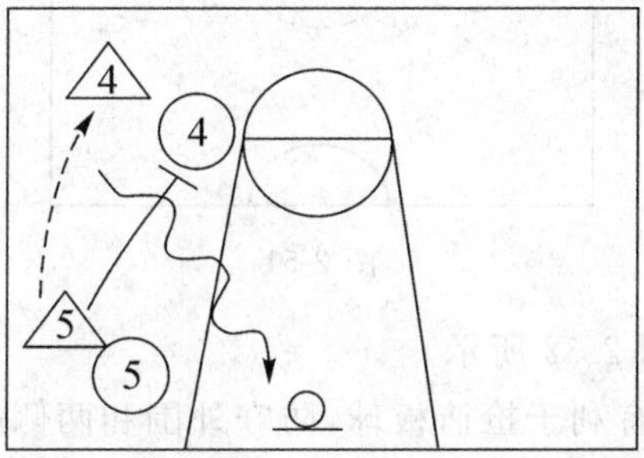


图 2-49

（三）防守战术

1.人盯人防守

优点：分工明确，没有固定队形，根据进攻情况及时调整防守，有效地控制对方进攻重点。

缺点：容易被对方在局部地区逐个击破，且队形易受对方的调动影响，体力消耗比区域联防大，犯规也比区域联防多。

2.“2—1—2”区域联防（如图 2-50 所示）

优点：分布均衡，移动距离近，便于相互协作，变化队形快，篮下三角区保护好，有利于抢篮板球和反击。

缺点：正面和两侧以及篮下底线防守薄弱，不利于防守外围三分区的中远距离投篮和追入底线篮下的防守。

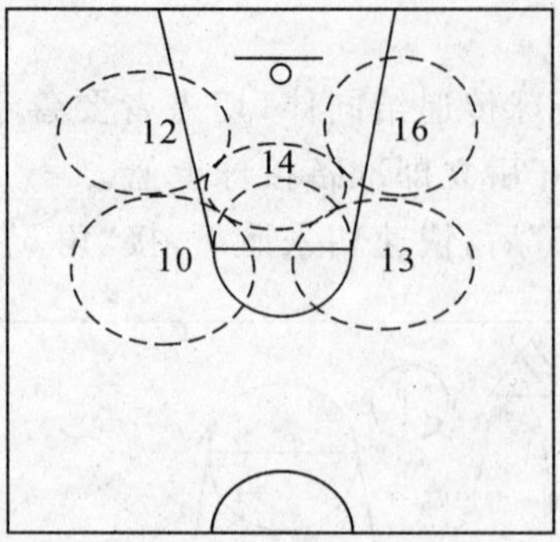


图 2-50

3.“3—2”区域联防(如图 2-51 所示)

优点:加强了外围防守,有利于防守外围正面和两侧的中距投篮,也有利于外围截球反击。

缺点:两个底角和罚球区内防守薄弱,也不利于抢篮板球。

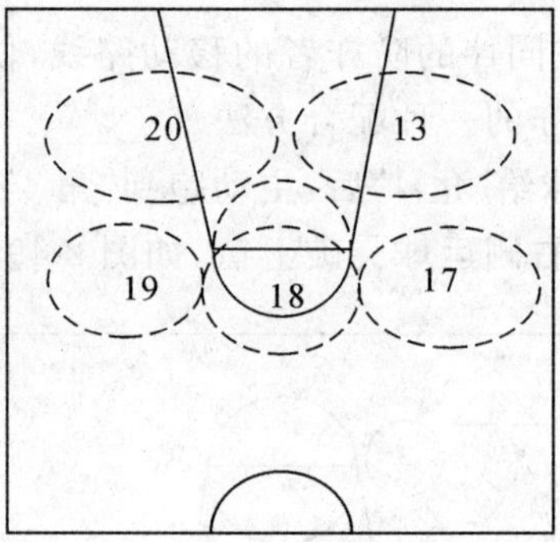


图 2-51

4.“2—3”区域联防(如图 2-52 所示)

优点:加强了内线防守,有利于抢篮板球,防守外围和两侧的正面突破,也有利于内线截球反击。

缺点:两个中距投篮不好防守,两个 45 度和整个外线防守薄弱。

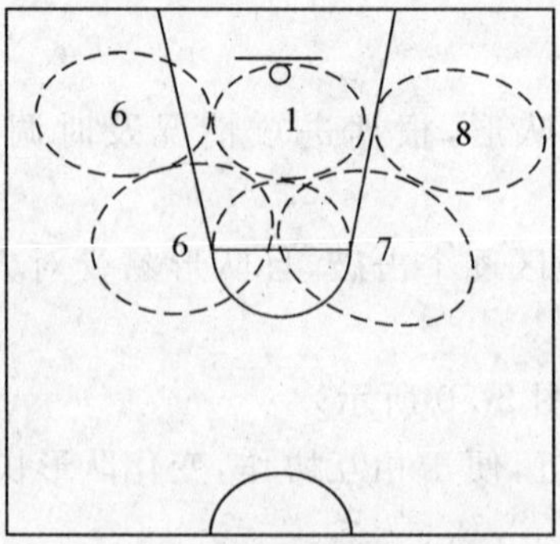


图 2-52

## 四、篮球竞赛规则简介

### (一)场地、设备、比赛时间、队员

1.场地

标准篮球场为长28米、宽15米的长方形,场地面积均从界线内沿量起,场地各线的宽度为0.05米。篮球场地分为若干个区。

(1)三分投篮区:以篮圈中心点的投影为圆心(距离端线中点的内沿1.575米),以6.25米为半径,划半圆弧,弧线两端接两条平行于边线的线,与端线交接。线宽包括在6.25米内。

(2)罚球区、限制区:罚球区在球场两端,在纵轴上以距端线5.80米的点为圆心,以1.80米为半径,划出罚球弧。在罚球弧内划一条平行于端线的直径,即为罚球线。以距离端线中点左右各3米的两点与罚球线两端相连,构成整个限制区。

2.设备

(1)篮板横宽1.80米,竖高1.05米。沿篮板四周画0.05米的线。在板面上篮圈后画长0.59米,高0.45米长方形(从外沿量起),线宽0.05米。底线上沿与篮圈上沿齐平。篮板应牢固地垂直安置在球场两端的地面上,并与地面平行,下沿距离地面2.75米。中心垂直落在场内距离端线中点1.20米的地方。篮架支柱应设在场外距离端线外沿至少1米处。

(2)球篮包括篮圈和篮网。篮圈内径0.45米,圈条的直径0.02米。篮圈应牢固地安装在篮板上,必须呈水平状态,离地面3.05米。篮网悬挂在篮圈上,长0.40米。

3.比赛时间

比赛时间全场分上、下两个半时。40分钟比赛:每半时为20分钟和4×12分钟比赛。1、2节为上半时;3、4节为下半时;中间休息10分钟或15分钟。全场比赛第1、2节和第3、4节中间的休息时间均为2分钟。比赛终场时,如两队得分相等,则须进行决胜期比赛。每个决胜期时间为5分钟。为了决出胜负,可以进行几个决胜期比赛,直到分出胜负为止。第一决胜期球权由跳球决定。以后每增加一次都应互换球篮。每次决胜期间休息2分钟。

4.队员

队员每队由10至12名运动员,1至2名教练员组成。比赛时,每队上场5人。比赛开始时,双方各一名队员在中圈跳球。

### (二)违例及罚则

1.违例

违反规则的行为,但未造成犯规称违例。违例包括持球移动、非法运球、拳击球、脚踢球、球回后场、干扰球、使球出界和时间上的违例等。罚则是违例队失去控制球权,由对方在就近的边线外掷界外球。

(1)持球移动(带球跑)

运球时,在球离手前,中枢脚不准离地;投篮或传球时,中枢脚可以提起,但在脚落地前,球必须离手,否则将判为违例。

(2)非法运球(两次运球)

运球后停球在手,未经投篮或其他队员转手又再次运球,即判违例。

(3)拳击球与脚踢球

凡用拳击球,或用脚故意踢球,或用腿的任何部位阻拦球,均判违例。脚或腿无意中触球不算违例。

(4)球回后场

控制球的队员在前场,不得使球回到后场(以中线为界),球回后场后,被同队队员触及时,判为违例。

(5)违反时间规则上的违例

时间上的违例有3秒、5秒、8秒、24秒四种。

①3秒违例。某队控制球时,持球队员或其同伴在对方限制区内停留超过3秒。

②5秒违例。分三种情况:第一种,掷界外球时5秒内未将球传给场内队员;第二种,持球队员被严密防守时,在5秒钟内没有传、投、滚或运球;第三种罚球队员得球后,5秒内未将球出手。

③8秒违例:一个队从后场控制球开始,必须在8秒之内使球进入前场,否则判为违例。

④24秒违例:一个队在场上控制球时,必须在24秒之内投篮出手,否则判违例。

2.罚则

判对方就近掷界外球,在罚球时判一次罚球失败,如果是最末一次,判对方就近掷界外球。

(三)犯规及其罚则

犯规:当违反规则涉及对方队员发生不合理的身体接触或不道德的行为。它包括侵人犯规、故意犯规、双方犯规、聚众犯规、技术犯规等。

1.侵人犯规

(1)比赛中,双方队员发生不合理的身体接触,有以下几种情况之一的,都应判为犯规:阻碍无球的对方队员行进而发生的身体接触;妨碍对方行动自由而发生的身体接触;从背后防守而发生的身体接触;队员通过伸展手臂、肩、髋、膝或过分地弯曲身体成不正常姿势;以拉、推、撞、绊来阻碍对手行进或使用粗野动作。触及对方;运球队员冲撞行进路线上的对方队员;队员掩护位置和距离选择不当发生的冲撞等。

(2)罚则:判犯规队员侵人犯规一次,并要登记,然后做出相应判罚。如被侵犯的队员未做投篮动作,应由被侵犯队的队员在犯规就近点的边线掷界外球继续比赛。如果被侵犯的队员在做投篮动作,则应根据投篮命中与否,分别再作处理:若投中,得分有效,再判给一次罚球;若未投中,在三分区投篮判三次罚球,2分区投篮判两次罚球。如该队员犯规已达五次(包括技术犯规)则取消继续参加该场比赛的资格。全队每半时累计犯规已达七次(4乘以12分钟比赛全队每节累计犯规达四次时)由受到侵犯的队员罚两次球。

2.故意犯规

(1)队员不是为了抢球,而是故意地去和对方队员发生身体接触,为故意犯规。

(2)罚则:登记该队员犯规一次,判给对方两次罚球。如对做投篮动作的队员犯规,投中有效,追加罚球一次;如未投中,判两次或三次罚球。无论罚球中与不中,均由罚球队在边线中点掷界外球。

3.双方犯规

(1)双方队员同时相互犯规,为双方犯规。

(2)罚则:如果发生双方犯规时某队已经控制球,则由该队就近掷界外球;如两队都未控制球，由双方犯规队员在就近的圆圈内跳球，继续比赛。如在犯规的同时某方投球中篮有效，则由另一方在端线外掷界外球，继续比赛。

4.聚众犯规

(1)两人或两人以上的同队队员几乎同时在对方一个队员身上发生侵人犯规为聚众犯规。

(2)罚则：登记每个犯规队员一次犯规，判给被侵犯的队员两次罚球。如对做投篮动作的队员聚众犯规投中则有效，再追加一次罚球。

(五)技术犯规

(1)故意地或连续地发生不遵守比赛规则，不服从裁判，做出不符合体育道德精神的行为，均视为技术犯规。技术犯规不仅包括场内和场上比赛队员的犯规，还包括场外替补队员、教练员、随从人员的犯规以及比赛中间休息期间的犯规。

(2)罚则：宣判队员技术犯规，由对方队长指定任一队员罚球两次；宣判教练员、助理教练员、替补队员、随从人员技术犯规要登记在教练员名下，由对方罚球两次；无论罚中与否，都由罚球队在边线中点掷界外球。犯规性质严重或坚持不改者，则取消比赛资格。

(四)暂停与换人

1.暂停

(1)上下半场各20分钟的比赛：

每队上半时内允许暂停两次，下半时允许暂停三次。

(2)全场4节各12分钟的比赛：

①每队在上半场(两节)和下半场(两节)的比赛时间内可以允许暂停三次。每一决胜期内允许暂停一次，每次暂停时间为1分钟。没有用完的暂停次数，不准挪到下半时或决胜期使用。每次暂停必须由教练员直接向记录台事先提出，遇到时机记录台立即发出信号。

②遇到下列情况之一者均可暂停：宣判跳球时；宣判犯规时；宣判对方违例，本队掷界外球时；教练员请求暂停后，如对方投篮得分，也可以给予暂停；因特殊情况裁判员可以鸣笛暂停，但教练员不能进行场外指导。

2.换人

(1)已达第五次(4乘以12分钟的比赛为第六次)犯规的队员或已被取消比赛资格的队员在30秒内被替换。替补队员必须做好准备，亲自到记录台前报告被替补队员的号码，然后坐在替补队员席上，经球场裁判准许后，方可进入场地替换。

(2)遇到下列时机，记录台鸣笛通知临场裁判员换人：

①请求暂停已被准许时。

②宣判争球时。

③宣判犯规时。

④队员受伤不能继续比赛时。

⑤裁判员因任何原因中断比赛时。

⑥掷界外球的队允许换人(另一方也可以请求换人)，但跳球的队员不能由其他队员替换。

# 第三节　排球运动

排球运动于19世纪末始于美国。1895年,美国马萨诸塞州霍利奥克市基督教男子青年会体育干事威廉摩根认为当时流行的篮球运动过于激烈,于是创造了一种比较温和的、老少皆宜的室内游戏。1897年,摩根制订了排球比赛规则,它有力地推动了排球运动的发展。排球运动约在1905年传入中国。1947年,排球运动世界性组织——国际排球联合会成立。1964年排球被列为奥运会正式比赛项目。

## 一、排球运动概述

排球运动是一项隔网相争的集体运动项目。它具有广泛的群众性,技术的全面性,激烈的对抗性,高度的技巧性,严密的集体性,功防技术的两重性,以及高雅的休闲性等特点。比赛形式多种多样,有沙滩上开展的2人制排球以及软式排球和6人制的排球。

经常参加排球运动,不仅能改善人的身体状况,发展身体素质,培养人体基本运动能力,还能培养学生的观察、思维、分析能力以及养成勤思、反映及时、当机立断的良好习惯。对改善学生的心理状况,发展个性心理素质也具有独特的作用。在排球运动不断的对抗竞争过程中,通过正确对待成功与失败而认识自我,充分发挥自己的潜力,提高自信心和承受挫折的能力,在与同伴的默契配合中,满足彼此交往、合作的需要,使紧张的学习压力得到消除,不安的心理情绪得到调整,学习生活得到提高。

## 二、排球基本技术

### (一)准备姿势

准备姿势根据身体重心的高低分稍蹲、半蹲和低蹲三种,最基本的是半蹲准备姿势。

1.动作方法

两脚左右开立比肩宽,膝关节保持一定弯曲度,上体前倾,两肘自然弯曲并下垂,两眼注视来球,保持移动待发状态。

2.要领

屈膝提踵,含胸收腹。

### (二)移动

移动技术由启动、移动步法和制动三个部分组成。

1.动作方法及要领

(1)启动:抬腿蹬地,破坏平衡。

(2)移动步法:移动步法有并步与滑步、交叉步、跨步和跨跳步、跑步、综合步等。

动作要领:抬腿弯腰提重心,第一步快。

(3)制动:跨大步,降重心。

2.要领

判断及时快反应,抬腿弯腰移重心;移步转换衔接好,身体快移,重心稳。

（三）发球

1. 侧面下手发球

（1）动作方法：侧对网，屈膝上体稍前倾，左手将球平稳抛送至右肩前方，右臂后引，利用右脚蹬地、身体左转力量带动手臂向前上方摆动，在腹前用掌跟或虎口侧平面击球后下方（如图 2-53 所示）。

图 2-53

（2）要领：球抛体前高度约 30cm，转体带动直臂挥动，掌跟或虎口击球中下部，重心随臂移至左前。

2. 正面下手发球

（1）动作方法：面对球网，左手托球于身前，将球平稳、垂直抛向右肩前方，右臂抬起，屈肘后引，抬头、挺胸、展腹，利用蹬地、转体、收腹带动手臂加速挥动，用全掌击球中下部。手腕主动推压（如图 2-54 所示）。

图 2-54

(2)要领:球抛右肩前上方,高度离手约1米,转体收腹带挥臂,弧形鞭打加力量,手掌击球后中下,手腕推压向前旋。

3.上手发球"飘球"

队员面对球网,两脚前后自然开立,左脚在前,将球平稳的垂直抛于右肩前上方,在左手抛球的同时,右臂抬起,屈肘后引,肘与肩平,上体稍向右传。击球,以手掌根短促击打球的中下部,使球在运行中变型,产生不规则的飘忽不定的运行,增加接发球难度。

(四)垫球

1.双手垫球

(1)动作方法:半蹲姿势站立,对正来球,双手抱拳互握,两臂快速前伸插入球下,直臂向前上方蹬地抬臂,同时配合蹬地送腰动作,身体重心随击球动作前移(如图2-55所示)。

图2-55

(2)要领:两臂夹紧插球下,抬臂送体腕下压;蹬腿跟腰前臂垫,轻球重球要变化。

2.背垫

(1)动作方法:判断来球落点、方向和离网距离,迅速移动到球的落点处,背对出球方向,两臂夹紧伸直、插到球下。击球时,蹬地、抬头挺胸、展腹,直臂向后上方摆动击球(如图2-56所示)。

图2-56

(2)要领:击球点高于肩,抬头挺胸展腹,适当控制好用力。

(五)双手传球

1.动作方法(如图 2-57 所示)

图 2-57

(1)准备姿势:采用稍蹲准备姿势,待看到来球后,迅速移动到球的落点上,对正来球。

(2)击球点:击球点应在额的前上方约一球距离处。

(3)传球手形:手触球时,十指应自然张开,指关节微屈,两手掌心相对,两拇指相对成"一"字形,或"八"字形,使两手成半球状。手腕稍后仰,以拇指内侧、食指全指和中指的第二、三指节触球的后下部,无名指、小指的指尖触球。拇指、食指和中指主要承担球的压力;无名指、尖指在球的两侧,辅助控制传球的方向,两手之间要有一定的距离,一般来讲,手掌愈小,距离愈大;手掌愈大,距离愈小。目的在于扩大控制球的面积,但不能过大而漏球,两肘适当分开,自然下垂(如图 2-58 所示)。

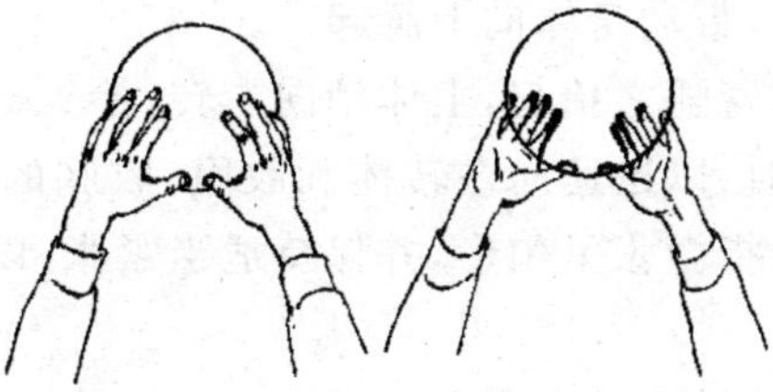

图 2-58

(4)击球动作和用力:传球前,手指、手腕要放松。在球落到距击球点约 10cm 处时,要作蹬地伸膝向上展体和伸臂的动作,主动地去迎击球,球触手的瞬间手指手腕要保持一定的紧张程度,因为传球的力量取决于蹬地展体,伸臂和手指手腕的弹力。传球时要根据来球力量,速度的大小和要传出的球的远近,适当地控制伸臂的速度及手指、手腕的紧张程度,并要有意识地运用手指手腕的紧张程度缓冲球的压力,加强对球的控制。

2.要领

额前迎接球,触球手张开,蹬地伸臂送,指腕缓冲弹(一对,二迎,三送)。

(六)扣球

1.动作方法(如图 2-59 所示)

图 2-59

(1)准备姿势:两脚自然开立,一脚在前,一脚在后,两膝稍蹲,双臂自然置于体侧。

(2)助跑:左脚先向前自然迈出一步,接着右脚再迅速跨出一大步,左脚迅速并上,落在右脚的前面,两脚之间距离与肩同宽,膝关节弯曲。同时两臂迅速向体侧后下方划弧摆动,以脚后跟先着地,迅速过渡到全脚掌落地。

(3)起跳:两膝弯曲并稍内扣,上体前倾,在两脚迅速用力蹬地的同时,两臂由体侧后迅速向体前上方摆动,迅速展腹,带动身体向上腾起。

(4)空中击球:起跳后,右臂随之抬起,上体稍向右转,抬头挺胸并展腹,击球手臂后引肘部自然弯曲略高于肩。挥臂时,以迅速向左转体和收腹、收胸的动作带动手臂挥动,快速向右肩前上方挥击。击球时,五指微张呈勺形,并保持适当紧张,以全手掌包住球,手掌心为击球中心。

(5)落地:以前脚掌先落地过渡到全脚掌。

2.要领

助跑步子先小后大,摆臂起跳展腹抬臂,振腹发力快速挥臂,向上振动腕成鞭打,全掌包球向前推压,前掌着地屈膝缓冲。

(七)拦网

1.动作方法(如图 2-60 所示)

(1)准备姿势:面对球网,两脚平行开立同肩宽,两膝稍屈,两臂自然屈肘。

(2)移动:采用并步、交叉或跑步的移动步法。

(3)起跳:起跳时,重心降低,两膝弯曲,用力蹬地,使身体垂直起跳。

图 2-60

(4)空中击球:起跳时,两手从额前贴近并平行球网向网上沿的前上方伸出,两臂伸直,尽量上提,保持平衡。拦网时,两臂尽量过网伸向对方上空,两手自然张开,屈指屈腕成勺型。当手触球时,两手要突然紧张,手腕用力下压盖住球的前上方。

(5)落地:如已将球拦回,则可面向对方,屈膝缓冲,双脚落地。如未拦到球,则在下落时要随时转头,并以转头方向相反的一只脚先横过来落地,随即转身面向后场,准备接应来球或做下一个动作的准备。

2. 要领

垂直上跳,含胸收腹,提肩伸臂,过网拦击。

## 三、排球基本战术

(一)进攻战术

1. 发球个人战术

把球发给对方接发球差的队员;把球发给插上准备二传的队员;把球发给接发球连续失误而表现紧张、急躁的队员;把球发给技术发挥不好而情绪低落,士气不旺的队员;把球发给刚上场的队员;把球发给最强的进攻队员或打快攻的队员,使其难于参与进攻;把球发到几人之间的空当,造成对方让球或抢球的现象;把球发到进攻线前面的 2 或 4 号区,使队员接球后难于跑动进攻;把球发到底线附近或发到两侧死角,使对方即使接到球也难以到位;把球发在插上队员附近,破坏对方预期战术配合;把球发到二传不便于组织战术的地方;时而发到对方后场区,时而发到对方前场区;时而发大力旋转球,时而发飘球;时而发重球,时而发轻球;时而以进攻性发球为主,时而以准确性发球为主。

2. 二传个人战术

传球瞬间突然改变传出方向,让对方事先看不出传球方向;以眼睛或手势示意某一扣球队员,引起对方的注意,但突然把球向后或向前传出;看准来球先做转体动作,佯做向前或向后传球,但突然把球向前或向后传出;采用跳传、晃传动作传球,迷惑对方;佯作二传,突然改为单手吊球、两次球进攻、传到对方空当或跳传转移。

3. 扣球个人战术

运用转体、转腕扣球技术，达到突然改变扣球路线的目的；运用高点超手扣球，或改为轻扣或吊入空挡；运用起跳后在空中的停留时间延迟扣球时机，使拦网难以奏效；运用向两侧打手出界，破坏对方拦网；运用平打使球触拦网手后飞向后场；运用轻扣或吊球将球打到拦网手上，使球随对方拦网人一同落下；运用轻扣将球打到对方拦网手上弹回再次组织进攻；避开身材高大和技术好的拦网队员，选择身材矮、弹跳差的为突破口；将球扣到对方防守差的队员，或场上的空当。

4. 进攻中小组和全队的配合

个人战术是掌握队友间协作配合的基础，但个人战术要通过小组和全队战术练习来提高，而小组和全队配合的关键是使设计的各种练习尽量接近比赛中的实际；不论进攻还是防守中队员之间的协同配合，是按照一定的信号联系进行的，在这种练习中逐步建立熟练的战术配合。

在进行小组和全队战术配合的练习中，要不断改变队员的位置和出球方向，参加配合练习的队员人数逐渐增加，以增加队员间的相互协作能力。

(1)“中一二”

传球队员(二传手)在 3 号位球网附近，扣球队员分别站在 4 号和 2 号位进攻线附近准备扣球。3 号位的传球队员(二传手)根据对方的栏网情况，将球传给 4 号或 2 号位扣杀。

(2)“边一二”

传球队员(二传手)在 2 号位，扣球队员在 3 号位和 4 号位，2 号位的传球队员(二传手)根据对方的栏网情况，将球传给 4 号或 3 号位扣杀。

(二)排球防守战术

1. 接发球战术

接发球是进攻的基础，它是由守转攻的转折点。如果没有可靠的一传作保证，就难以组织成有效的进攻战术，甚至还会造成直接失分。

接发球时，队员的注意力要高度集中，充分做好接发球的准备，根据对方的发球动作、性能、力量及速度，迅速做出正确的判断，及时移动取位，对准来球路线，运用合理的垫球技术将球垫给二传队员。

接发球时，每一个接发球队员都应明确接发球防守的范围。划分范围不仅是平面的，还应根据来球的弧度高低进行立体空间划分。接发球队员之间应既有分工，又有配合，注重整体接发球的实效性，接发球能力好的队员范围可大些，后排队员接球范围可大些。

2. 接扣球战术

接扣球防守包括拦网、后排防守两个环节。其中拦网是第一道防线，有效的拦网不仅可以遏止对方的进攻能力，减轻后排防守的压力，还能为反攻创造机会。

(1)拦网

拦网分为单人和集体两种形式，集体拦网必须建立在单人拦网技战术的基础上才能更好地发挥威力。这里重点论述集体拦网的基本要求。

集体拦网时，要确定拦网的主拦网员，如拦对方两翼进攻，本方分别以 2、4 号位队员为主拦，其他队员密切协同配合，防止各行其是。

起跳时，相互之间要保持一定的间隔距离，并控制好身体重心，避免互相干扰和冲撞。

拦网时，尽可能扩大拦阻面，但拦网队员手与手之间的距离不能太大，以免漏球。

人盯区的拦网战术，是一种对付定位进攻及一般进攻配合较为有效的拦网战术。其特点是把球网分成左、中、右三个区，每一名队员负责一个区，以保证每一个区域至少有一名拦网队员拦网，并在可能的情况下，协助同伴组成集体拦网。

人盯人的拦网战术：拦网队员各自负责拦对方与自己相对位置的进攻队员，进行固定人员的拦网。但当对方进行交叉进攻时，需要及时交换人盯人拦网，以免造成无人拦网的被动局面。

对方中间近体快，两翼拉开进攻时，本方 3 号位队员负责拦中间快球，2、4 号位队员分别负责拦两翼的拉开进攻，并在此基础上尽可能组成双人拦网。对方采用交叉进攻及背后拉开进攻时，本方 4 号位队员拦对方 2 号位的拉开进攻。2 号位队员在盯住对方 4 号位进攻队员时，一旦发现 4 号位队员内切进行快攻，应立即与本方 3 号位队员相呼应，盯住人，即：3 号位队员拦对方快球，2 号位队员拦对方 3 号位队员的交叉进攻。

(2)后排防守

后排防守是一种第二道防线，是减少失分和争取反攻得分的基础。虽然拦网技术有了很大的提高，但仍有很多球突破拦网后进入本方场区，成功的防守不仅争取了得分机会，还能鼓舞士气。后排防守要与前排拦网密切配合，相互弥补和保护。

## 四、排球运动竞赛基本规则

### (一)比赛场地设施

比赛场地包括比赛场区和无障碍区，其形状为对称的长方形。比赛场区为 18 米×9 米的长方形。其四周至少有 3 米宽的无障碍区。比赛场区上空的无障碍空间从地面量起至少高 7 米，其间不得有任何障碍物。

(1)球网高度。球网架设在中线上空，高度为男子 2.43 米，女子 2.24 米。

(2)标志杆高出球网 80 厘米，如图 2-61 所示。

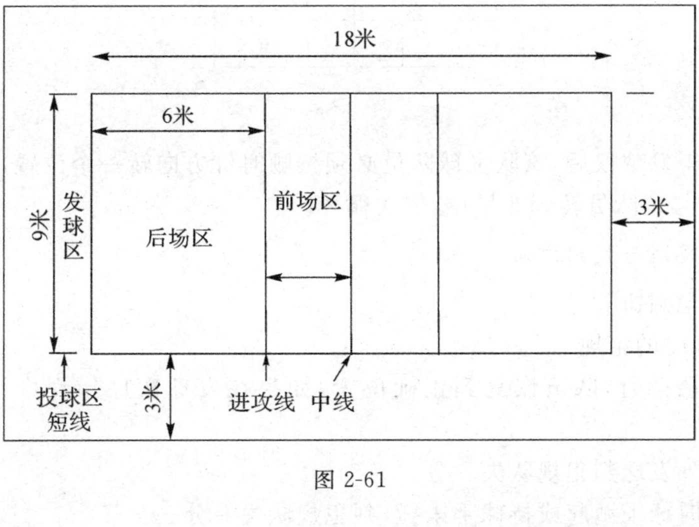


图 2-61

### (二)球

球是圆形的，由柔软皮革或合成革制成外壳，内装橡皮或类似质料制成的球胆。颜色：

应是一色的浅色或彩色。圆周：65～67 厘米。重量：260～280 克。气压：0.30～0.325 千克/平方厘米(294.3～318.82 百帕)。

(三)比赛方法

1.胜一球的结果

一球是指从发球击球起至该球成死球止。

如果发球队获胜，则得一分，继续发球；如果接发球队获胜，则获得发球权，同时得一分。

2.胜一局

每局先得 25 分并同时超出对方 2 分的队胜一局。当比分为 24∶24 时，比赛继续进行至某队领先 2 分(26∶24、27∶25 等)

3.胜一场

胜三局队胜一场。

如果 2∶2 平局时，决胜局(第五局)打至 15 分并领先对方 2 分获胜。

4.队员场上位置(如图 2-62 所示)

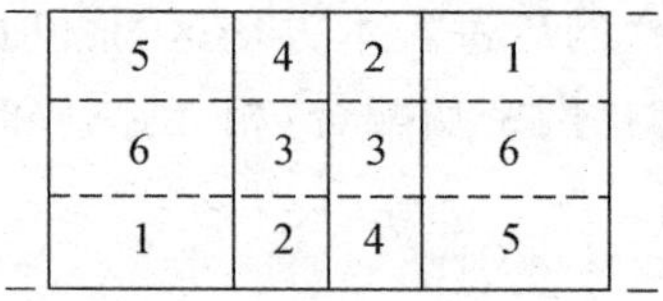


图 2-62

上图中 1 为 1 号位队员，2 为 2 号位队员，以此类推。2、3、4 号位为前排，5、6、1 号位为后排。

5.发球轮转(如图 2-63 所示)

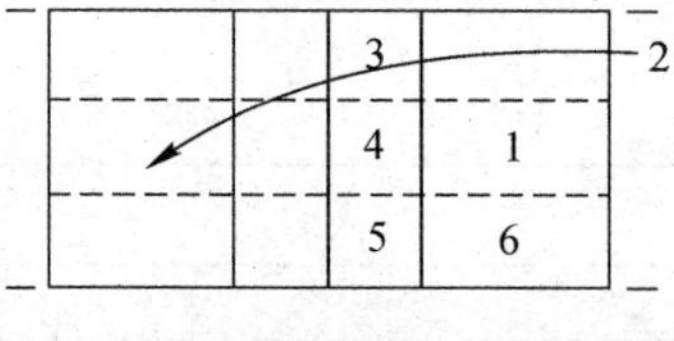


图 2-63

接发球队获得发球权后，该队发球队员必须按顺时针方向转一个位置，即 2 号位队员转到 1 号位发球，1 号位队员转到 6 号位，依次循环。

(四)技术性规则与裁判方法

1.发球犯规与判罚

(1)发球击球时的犯规

①发球次序错误时，队员恢复到正确位置，如果在发球次序错误中没有得分则判失一分。

②发球区域外发球判犯规队失一分。

③发球击球时球未抛起或持球手未撤，判犯规队失一分。

④发球 8 秒犯规，判犯规队失一分，换由对方发球。

(2)发球击球后的犯规

①界外球:球的落点完全在场区界线以外的地面上;球触及场外物体、天花板。

②球触及标志杆或通过非过网区进入对方场区,判发球出界的队失一分。

③掩护:任何一名发球队方的队员,以挥臂、跳跃或左右晃动等动作妨碍对方接发球,而且发出的球从他的上空飞过,则构成发球掩护犯规。判犯规队失一分换由对方发球。

(3)位置错误与判定

发球击球瞬间,双方任何一名队员不在规则规定的位置上,则构成犯规。

依据:在发球的击球瞬间,同排、同列队员之间的脚的着地点为依据。

当发球队员击球时的犯规和对方位置错误同时发生时,应判发球犯规在先。如果发球队员击球后出现位置错误,应判位置错误犯规。

2.击球时的犯规

(1)四次击球犯规

一个队连续触球四次(拦网除外)为四次击球犯规。

(2)持球犯规

球必须击出,不得接住或抛出,击出的球可以向任何方向弹出。击球是一个单一的动作,而持球犯规先是使球停滞再将其抛出;吊球时不得有用手改变球的方向;拦网时不得有推、扔、携带等动作;比赛中精彩动作和多回合过程中运动员在困难的条件下进行的击球动作,则应从鼓励的角度考虑可放宽尺度。

(3)连击

一名队员连续击球两次或球连续触及身体的不同部位为连击犯规(拦网除外)。

3.队员在球网附近的犯规

(1)过网击球犯规

对方进行进攻性击球前或击球时,在对方空间触及球或对方队员为过网击球犯规。判断依据是击球点是否在对方场区空间。如果击球点尚在本方场区上空,击球后手随球过网则不判犯。

(2)过中线犯规

比赛进行中,队员整个脚、整个手或身体任何部分越过中线并接触对方场区时,为过中线犯规。

判断:过中线犯规由第二裁判员主要负责判定,发现犯规后立即鸣哨,做出手势。第一裁判员同样有权判定。判犯规队失一球。要注意清楚地判断先死球还是先过中线。

(3)触网犯规

比赛进行中,任何队员触及9.50米以内的球网、标志杆、标志带为触网犯规。判断时注意是否主动或非动。

注意:规则规定球的整体或部分从过网区以外进入对方无障碍区,队员在不进入对方场区的情况下,将球从同侧过网区以外击回是允许的。

4.拦网犯规

(1)过网拦网犯规

在对方进攻性击球前或击球时,在对方空间拦网触球为过网拦网犯规。判断依据是进攻队员与拦网队员触球时间的先后。所谓进攻性击球是指除发球和拦网以外,所有直接向对方的击球。包括扣球、吊球、第三次击球以及本队队员之间进行的有过网趋势的传球，并在球网附近没有同队队员准备击球或不可能击球时。

(2)后排队员拦网犯规

后排队员靠近球网，将手伸向高于球网处阻拦对方来球，并触及球，为后排队员拦网犯规。依据是必须具备三个条件：后排队员在靠近球网处；手在高于球网上沿处阻拦对方来球；触及了球。

(3)拦发球犯规

拦对方发过来的球为拦发球犯规。只要队员在球网附近，手高于球网上沿阻拦对方发过来的球，不论拦起、拦死，只要触球既为犯规。

5.后排队员进攻性击球犯规

后排队员在前场区内，或踏及进攻线，击整体高于球网上沿水平的球，并使球的整体由过网区通过球网垂直面或触及对方拦网队员，则为后排队员进攻性犯规。

(五)暂停与换人

1.暂停

技术暂停，第1～4局，每局有两次技术暂停，各为1分钟，当领先队达到8或16分时自动执行。

普通暂停，每个比赛队每局还有两次机会请求30秒的暂停。

2.换人

规则规定在每局比赛中，每队最多允许请求6人次换人(一名队员下场、另一名队员上场为一人次换人)。

(六)积分与决定名次的方法

1.积分

正式的排球比赛是采用5局3胜制，胜一场得2分，负一场得1分，弃权取消全部比赛成绩。比赛的前4局以先得25分，并同时超过对方2分的队为胜一局。决胜局以先得15分，并同时超过对方2分的队获胜。

2.决定名次

循环赛中决定名次方法是，积分多者名次列前。如遇到两队或两队以上积分相等，采用下列方法决定名次：

(1)$A/B=C$，既胜局总数除负局总数所得的$C$值，高者名次列前。

(2)如果$C$值也相等时看$X/Y=Z$，既总得分数除总失分数所得的$Z$值，高者名次列前。

## 第四节 乒乓球

### 一、乒乓球运动简介

乒乓球运动起源于英国，是从网球运动派生出来的。它球小、速度快、变化多，设备简单，趣味性强，不受年龄性别限制。经常参加练习，可以发展人的灵敏、协调、机智沉着、勇于拼搏、敢于胜利等品质,可以提高人的反应能力和应变能力。

乒乓球的国际赛事有:奥运会乒乓球比赛,世界乒乓球锦标赛、世界杯乒乓球赛、国际乒乓球公开锦标赛、国际乒乓球职业巡回赛年度总决赛以及中国国际乒乓球公开锦标赛等。

## 二、乒乓球基本技术

### (一)握拍法

不同的打法采取不同的握拍方法,下面是最基本的握拍方法也是预备姿势的握拍方法。

1.直握法

大拇指和十指张开,虎口对准拍柄底部的正中处,两手指自然弯曲,拍后中指、无名指和小指并拢弯曲,中指、无名指指尖贴住拍。

2.横握法

大拇指和食指张开,虎口对准拍柄上角处,两手指自然贴在拍的正反面,三个手指自然弯曲握住拍柄。

要点:拍不要握得太紧、太松或太浅,这样影响手腕的灵活性、击球的准确性。

### (二)基本姿势

两脚左右开立与肩宽,两膝弯曲,重心放在两脚之间,上体前倾,两臂自然弯曲,各置于髋前。近台:身体离台:30～50cm,中近台:50～70cm,远台:1米以外。

要点:重心不要过高,上体过直,全脚着地。

### (三)基本步法

灵活的步法是抢占位置,及时移动到位完成各种击球动作。

1.单步

以一脚为轴,另一脚向前、后、左、右移动一步。

特点:来球离身体较近时使用,移动范围小,重心平稳。

2.并步

一脚先向另一脚并半步或一小步,另一脚在并步脚落地后随即向来球方向移动一步。

特点:移动范围大,重心移动迅速。

3.跨步

以来球同方向脚向侧跨出一大步,另一脚迅速跟上。

特点:移动范围比单步大,来球离身体较远时使用。

4.交叉步

来球方向脚蹬地,另一脚在身前交叉跨一大步,蹬地脚迅速跟上去。

特点:移动范围比其他步法大,来球离身体远时使用,用于主动发力进攻,上下肢配合完成。

### (四)反手平击发球与推挡球

1.反手平击发球

站在左半台离台30cm,右脚稍前,球拍横放在腹前,直握法:食指弯曲扣住拍,大拇指扶在球拍上角处,拍后三个手指弯曲并拢,用中指第二关节顶住拍,手腕前旋,球拍前倾。左手掌张开,球置于掌心上,将球垂直向上抛起,球拍向身体后上方引拍,拍面前倾,球下落时手臂向前推出，击球中上部，落点在本台的中央，身体重心从左脚移到右脚。

要点：球抛起高度适中，拍面前倾，击球时间要对。

2.挡球

近台中偏左站位，两脚左右开方，上臂靠近身体，屈膝，上体前倾。球拍横放在腹前，借助对方的反弹力将球挡回，在上升期击球的中部，拍形与台面垂直，击球后迅速收回球拍，成还原姿势。

3.推挡球

近台中偏左站位，右脚稍前，直拍击球时，将球拍上提后引到胸前向前推，在上升期或高点期击球中上部，手腕外旋大拇指在拍后顶住拍，使球拍前倾，向前用力。横拍：击球时，前臂带动大臂向斜上方拨球。

要点：

(1)击球前靠近身体前臂适当后撤引起。

(2)在前臂向前推送的过程中，完成外旋动作，动作不要过大。

(五)正手平击发球与攻球

1.正手平击发球

直拍握拍方法：大拇指充分放在拍前压拍，食指自然弯曲拢住拍。拍后三个手指并拢弯曲，食指、无名指尖贴在拍上，小拇指靠拢。站位中近台偏右，左脚稍前成预备姿势站好。抛球、转体、引拍同一时间完成，球拍前倾，围绕腰间向后引拍，球下落时右臂向左前方挥动，击球的中上部，右臂顺势向左前方挥动，身体重心从右脚转到左脚上。

要点：

(1)拍球、转体、引拍同一时间完成。

(2)抛球高度适中，击球时间掌握好。

(3)前臂、手腕、球拍在一条直线。

2.正手攻球

特点：攻球力量大，速度快、攻击性强，是争取主动，克敌制胜的主要手段。

动作：近台中偏右站位，左脚稍前，身体斜对球台，持拍手自然放松置于髋前，顺来球路线向后引拍，拍面前倾，前臂与台面举行。当球从台上弹起时，持拍手由右向左前上方挥动，手腕内旋，拍面前倾，在上升期击球的中上部，击球后，拍挥至额前高度。

要点：

(1)保持拍面前倾。

(2)球拍后引。

(3)挥至额前。

(4)不要抬肘臂，手腕不要下垂。

(5)全身协调配合。

(六)发旋转球与搓球

1.正手发下旋球

特点：球速度较慢，旋转变化大，通过旋转变化迷惑对方，使其回接困难，造成下网，出界或搓出高球。

动作:两脚前后开方,上体前倾,重心放在前腿上,膝关节弯曲,握拍手腕关节放松,将球垂直向上抛起,向右转体,球拍向身体后上方引拍,拍面后仰,球抛到右髋前,当时下落时,前臂加速向左前下方发力,用球拍的底部摩擦球的中下部,重心随之前移到左脚,迅速还原成预备姿势的动作。

要点:拍面后仰,手腕放松,抛球,转体,引拍同一时间完成。迅速还原。

2.反手发下旋球

右脚稍前,身体略向左偏,将球向上抛起,右臂内旋,直握拍手腕作屈,横握拍手腕做外展,拍面角度后仰,向身体左后上方引拍,当球下落时,右臂从身体左上方向右前下方发力。击球中下部向底部摩擦,迅速还原。

3.反手搓下旋球

由预备姿势开始,来球时,右腿向前插上,身体重心降低,球拍后仰,向身体左上方引拍,手臂向左下方挥动,下降期击球的中下部,迅速还原。

要点:步法移动要快,重心要低,每搓完一球都要还原成预备姿势。

4.正手搓下旋球

由预备姿势开始,右腿向右前方插上、球拍向右上方引拍,球拍后仰,手臂向左前方挥动,在球下降期,击球的中下部,迅速还原成预备姿势。

5.正手发左侧上旋球

两脚前后开立,重心放在前腿上,膝关节弯曲球放在掌心上,手掌张开,抛球引拍,转体在同一时间完成,球向上抛起,右臂外旋,球拍立起来。横握法,捏住球拍(大拇指在拍前,四指在拍后),向后上方引拍,腰部向右转动、当球下落时,前臂加速后左方挥动,腰部向左转,击球的中部向左侧上方摩擦,迅速还原。

要点:身体重心从右脚移至左脚,腰部转动。发力部位以前臂、手腕为主、握拍手腕放松,灵活。接球方法:采用推挡。

6.正手发左侧下旋球

与左侧上旋球动作相同,区别在于:引拍向右后上方,手臂向左前下方挥摆,击球中下部向左侧下方摩擦。接球方法:上右脚,身体稍左转,手腕内收。球拍向内倾斜,搓对方正手位。

7.反手发右侧上旋

右脚稍前,身体向左偏斜,将球向上抛起、右臂内旋、拍面角度几乎垂直,向左后方引拍,腰部向左转动,当球下降时,右臂从左后方向向上方挥动、腰部配合向右转、击球中部向右侧上方摩擦、迅速还原。

要点:发力部位的前臂、手腕为主、腰部转动、身体重心从左脚移至右脚。

8.反手发右侧下旋

动作大致与右侧上旋发球动作相同。区别在于:引拍向左上方,手臂向右前下方挥摆,击球中下部向右侧下方摩擦。

(七)正手中远台攻

特点:站位稍远,照顾范围大,主动发力击球,力量重。

动作:左脚稍前,身体离台约1米。手臂自然弯曲并作内旋、拍面接近垂直,随着腰、髋向右转动。手臂大幅度向右摆动,将球拍引至身体右后方,当来球跳至下降前期,上臂带动前臂同时加速向左前上方挥动,腰髋向左转动配合发力,拍面接近垂直击球中部并向上摩擦，手臂继续向左前上方随势挥动，迅速还原成预备姿势。

要点：上臂带动前臂发力。腰髋配合，动作过程中，身体重心从右脚移至左脚。

（八）正手扣杀

特点：动作大，力量重，球速快，攻击性强。

动作：左脚稍前，站位近台，手臂自然弯曲并作内旋，拍向前倾。随着腰、髋转动，手臂向后移动将球拍引至身体右后上方，当来球跳至高点时，上臂带动前臂同时加速向左前下方发力挥动。腰、髋向左转动配合发力，拍面前倾击球中上部，手臂继续向左前下方挥动，迅速还原成预备姿势。

要点：发力主要部位以上臂、前臂为主，腰、髋配合，动作过程中身体重心从右脚移至左脚。

（九）弧圈球

弧圈球是一种上旋力非常强的进攻技术，它能产生适宜的弧线。比攻球有更多的发力击球时机。

动作：左脚稍前，根据来球选择站位远近，手臂自然下垂稍内旋，手腕放松，拍面前倾角度大，腰、髋向右转动，球拍引至身体的右后下方，当来球跳至下降前期时，腰髋向左上方转动，上臂带动前臂，手腕作伸，加速向左前上方发力，拍面前倾击球的中部偏上，手臂继续向前上方随势挥动，迅速还原成预备姿势。

要点：上臂带动前臂发力，腰、髋配合，动作过程中身体重心从右脚移动至左脚。

## 三、乒乓球快攻型打法的基本战术

我国的快攻打法：由于贯彻了“快、准、狠、变”的技术指导思想，充分显示了积极主动、快速多变，攻势凌厉的特点。以快速为主、旋转为辅。由攻球、推挡、快拨、发球、拉球和搓球等多种基本技术组成。

（一）发球抢攻战术

是以旋转、线路、落点以及速度不同的发球来增加对方回击的难度，使其出现机会球，或降低回球质量，然后抢先进攻，以争取主动或直接得分，这是乒乓球所有打法特别是进攻型打法的主要战术和得分手段。

方法：

(1)急球与轻球结合落点变化进行抢攻。

(2)上旋或下旋结合落点变化进行抢攻。

(3)侧上、下旋结合落点变化进行抢攻。

(4)转与不转结合落点变化进行抢攻。

(5)急球与侧上、下旋相结合进行抢攻。

注意事项：

(1)发球要有线路和落点变化，以使对方前、后、左、右走动中接发球。

(2)发球后要有抢攻准备。

（二）接发球抢攻战术

与发球抢攻战术同样重要，在某种意义上讲，接发球水平的高低可以反映运动员的实战能力以及各项基本技术的应用程度。事实上，接发球者只是暂时处在被控制状态，如果你破坏了发球者的抢攻意图或者为他制造了障碍，减弱了对方抢攻的质量，也就意味着已经脱离被控制状态，变被动为主动了。控制与反控制是辩证的统一。

常用的接发球战术：

(1)稳健保守法。

(2)接发球抢攻。

(3)盯住对方的弱点处，寻找突破口。

(4)控制接发球的落点。

(5)正手侧身接发球。

(三)快搓攻战术

主要运用"转、低、快、变"的搓球控制对方，以寻找战机，然后采用低突、点或拉攻等技术展开攻势并进入连续进攻。在搓球中遇到机会球时进行扣杀，常常带有突然性，往往可以直接得分。搓攻战术是乒乓球各种打法都不可缺少的辅助战术。

方法：

(1)正、反手搓球结合正手快拉、快点、突击或扣杀。

(2)正、反手搓球结合反手快拉、快点、突击或扣杀。

(四)拉攻战术

连续运用正手快拉创造进攻机会，然后采用突击和扣杀来作为得分手段。

方法：

(1)正手拉后扣杀。

(2)反手拉后扣杀。

注意事项：

(1)拉、扣的力量要有较大的差别，以使对方措手不及。

(2)拉球要有线路和落点变化以调动对方，争取主动和创造进攻机会。

(3)遇到机会球时要大胆扣杀或突击。

(4)采用拉攻战术要有耐心，不要急于求成，对没有把握的机会球不要过凶。

(五)推攻战术

要运用正手攻球和反手推挡的速度和力量，并结合落点变化和节奏变化来压制和调动对方，以争取主动或得分。推攻战术是以左推右攻打法对付攻击型打法的主要战术。

方法：

(1)左推右攻。

(2)推挡侧身攻。

(3)推挡、侧身攻后扑正手。

(4)侧身攻后扑正手。

注意事项：推、攻都要有线路变化、落点变化和节奏变化。

## 四、乒乓球竞赛规则简介

### (一)发球

(1)发球开始时,球自然地置于不持拍手的手掌上,手掌张开,使球保持静止。

(2)发球时,发球员须用手将球几乎垂直地向上抛起,不得使球旋转,并使球在离开不执拍手的手掌之后上升不小于16厘米,球下降到被击出前不能碰到任何物体。

(3)球从抛起的最高点下降时,发球员方可击球,使球首先触及本方台区,然后越过或绕过球网装置,再触及接发球员的台区。双打中,球应先后触及发球员和接发球员的右半区。

(4)从发球开始到球被击出,球要始终在台面以上和发球员的端线以外,而且不能被发球员或其双打同伴的身体或衣服的任何部分挡住。

(5)在运动员发球时,球与球拍接触的一瞬间,球与网柱连线所形成的虚拟三角形之内和一定高度的上方不能有任何遮挡物,并且其中一名裁判员要能看清运动员的击球点。

### (二)击球

对方发球或还击后,本方运动员必须击球,使球直接越过或绕过球网装置,或触及球网装置后再触及对方台区。

### (三)失分

(1)未能合法发球。

(2)未能合法还击。

(3)击球后,该球没有触及对方台区而越过对方端线。

(4)阻挡。

(5)连击。

(6)用不符合规则条款的拍面击球。

(7)运动员或运动员穿戴的任何物件使球台移动。

(8)运动员或运动员穿戴的任何物件触及球网装置。

(9)不执拍手触及比赛台面。

(10)双打运动员击球次序错误。

(11)执行轮换发球法时,发球一方被接发球一方或其双打同伴,包括接发球一击,完成了13次合法还击。

### (四)一局比赛

在一局比赛中,先得11分的一方为胜方;10平后,先多得2分的一方为胜方。

### (五)一场比赛

单打的淘汰赛采用七局四胜制,双打淘汰赛和团体赛采用五局三胜制。

### (六)次序和方位

(1)在获得2分后,接发球方变为发球方,以此类推,直到该局比赛结束,或直至双方比分为10平,或采用轮换发球法时,发球和接发球次序不变,但每人只轮发1分球。

(2)在双打中,每次换发球时,前面的接发球员应成为发球员,前面的发球员的同伴应成为接发球员。

(3)在一局比赛中首先发球的一方，在该场比赛的下一局中首先接发球，在双打比赛的决胜局中，当一方先得5分后，接发球一方必须交换接发球次序。

(4)一局中，在某一方位比赛的一方，在该场比赛的下一局应换到另一方位。在决胜局中，一方先得5分时，双方应交换方位。

(七)间歇

(1)在局与局中，有不超过1分钟的休息时间。

(2)在一场比赛中，双方各有一次不超过1分钟的暂停。

(3)每局比赛中，每得6分球后，或决胜局交换方位时，有暂停的时间。

## 第五节　网球运动

### 一、网球运动

(一)起源发展

网球运动发展到今天已经成为世界第二大球类运动，与高尔夫球、保龄球、桌球并称为四大绅士运动。

古代网球运动起源于法国，12至13世纪时称为“掌球戏”。球是用布裹头发制成，双方用手将球打来打去。以埃及坦尼斯镇所产的布最为著名，英文网球“Tennis”大概即由此而得名，并一直流传下来，直到现在我们所用的网球还保留绒毛的表面。

近代网球起源于英国。1873年，英国人温菲尔德(近代网球创始人)将早期的网球打法加以改进，使之成为夏天在草坪上进行的一种体育活动，并取名“草地网球”。后来，由英国板球俱乐部在温布尔顿举办了第一届旱地网球赛，并制定了比赛规则，确定了场地的大小、球网的高度、记分方法。

从1896年到1924年，网球为奥运会的比赛项目。此后，国际网联因运动员参赛资格问题而与国际奥委会发生冲突，网球不再是奥运会项目，直到1988年才重新进入奥运会。

(二)现代著名网球赛事

1. 网球四大满贯

(1)澳大利亚网球公开赛；

(2)法国网球公开赛；

(3)温布尔登网球公开赛；

(4)美国网球公开赛。

2. WTA四大皇冠明珠赛事；

(1)印第安威尔斯赛；

(2)迈阿密公开赛；

(3)马德里公开赛；

(4)中国网球公开赛。

3. ATP1000 大师系列赛

(1)印第安威尔斯;(2)迈阿密;(3)蒙特卡洛;(4)罗马;

(5)马德里;(6)辛辛那提;(7)加拿大;(8)上海;(9)巴黎。

## 二、网球的基本技术

### (一)握拍方法

握拍方法是所有网球技术中最基本的技术动作,它直接影响球拍面与球接触的角度。

1. 正手握拍主要包括

(1)大陆式握拍。

(2)东方式正手握拍。

(3)半西方式正手握拍。

(4)西方式正手握拍(见图 2-64)。

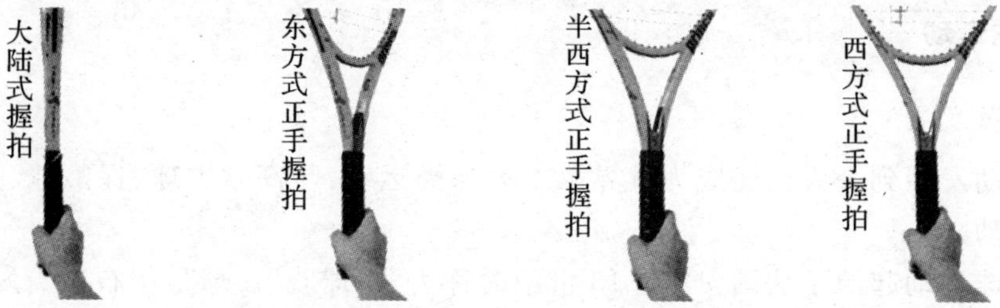


图 2-64

### (二)反手握拍主要包括

(1)东方式反手握拍 。

(2)双手反手握拍(见图 2-65)。

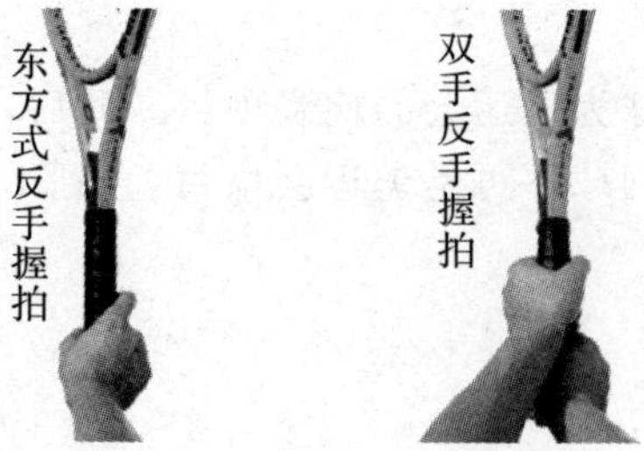


图 2-65

### (二)准备姿势

面对对方场区站立,双脚开立略比肩宽,膝关节微屈。上身稍向前倾,重心位于两腿中间并落在前脚掌上。右手轻握拍柄,左手扶住球拍,球拍置于肚脐与胸的高度之间。两肘轻触腰侧部,目光注视着球,如图 2-66 所示。

重要的是身体要放松,肩部和握拍要放松,过于用力就无法顺利地进入挥拍动作。要根据来球迅速地做出反应,判断是正手球还是反手击球,要能随时进行跑、跳动作。

图 2-66

(三)正手抽击球

正拍击球指的是在本人握拍手同侧的地方对落地球的击打,是网球基本技术中最常用的击球方法,是初学者最先学习的技术。下面以右手握拍者为例介绍(准备动作基础上)正拍击球的动作要领(见图 2-67)。

图 2-67

动作要领:

1.后摆引拍

当判断来球需用正拍回击时,转动双脚,左脚跟抬起并向右前方上步,右脚向右转 90 度与底线平行,同时转肩转髋带动右手向后摆动引拍(此为关闭式步法,适用于初学者转体;另一为开放式步法,左脚不必上步,两脚平站但需要更多的向右转体动作),引拍时肘部弯曲、自然下垂,拍头低于膝盖,左手伸向前方,保持身体平衡,后摆引拍时身体重心移向右脚,左肩对着右侧的网柱,手腕固定,挥拍转动约 180 度拍头指向后挡网。

2.挥拍击球

从后摆进而向前挥动时紧握球拍,手腕后伸、固定,用力蹬脚,转动身体和挥拍,正拍的击球点在身体的右侧前方不超过腰的高度,击球时的挥拍速度最快,球打在拍面的中心,击球挥拍时的拍头是自上而下的臂挥动使球稍带上旋球。

3.随挥收拍

球触拍后,使拍面平行于网的时间尽量长些,挥拍沿着球飞行的方向前送,重心前移落在左脚,身体也随着转向球网,挥拍动作在左肩上方结束(左手顺势接住球拍,右臂手腕有明显翻腕动作,右手掌心向外),随挥跟进结束,立即恢复准备姿势,准备下一次击球。

(四)反手抽击球

网球反拍击球指的是与握拍手相反的落地球打发,它和正拍击球一样,也是网球的基本技术中最常用的击球方法。初学者一般先学习正拍后再学反拍，这是因为，用右手的人，习惯于在身体的右侧做事，正拍的拉拍动作既方便又容易，身体向右转动已成习惯。正拍有了一定的基础，对球的弹跳规律已熟悉，再学习反拍就比较容易。反拍的许多动作要领与正拍相似，只是方向相反（见图 2-68）。

图 2-68

动作要领：

1. 后摆引拍

向左肩转髋带动右手向左后方摆动，左脚向左转 90 度与底线平行，同时右脚向左前方上步，左肩对着球网，手腕绷紧、后伸，双肩夹紧，右手拇指靠近左腿的上部。后摆时肘关节自然弯曲，下垂，重心移向后方的脚上。反拍的后摆动作应比正拍后摆更早地完成。单手反拍时，左手可轻托拍颈，伴随着向左转的协调动作；若是双手反拍挥臂，需要更充分的转体动作，右肩转向左侧的网柱。

2. 挥拍击球

从后摆进入向前挥动时应紧握球拍，手腕固定，右脚与网成 45 度角，转动双肩、躯干和臀部，挥拍向球，反拍的击球点应在身体的左侧前方，击球时球拍于右脚应在一条直线上。击球瞬间，挥拍头的挥动最快，对准来球把球打正，肘部应伸直，球拍与手齐平，双眼盯住球。随着身体重心从后脚移向前脚。反拍上旋球的击球动作其拍头轨迹是自上而下的。

3. 随挥收拍

球击出后，拍面平行于网的时间尽量长些，挥拍沿着球飞行的方向前送，球拍随球向前的距离小于 60 厘米，重心前移，落在右脚，身体也随着转向球网，挥拍在右肩上方结束，拍头指向上方（削击球则不同），完成好随挥动作有助于控制球的落点和方向。随挥动作要比后摆动作大而充分，从而保证击球动作的完整和稳定。随挥跟进动作结束，身体转向球网，迅速恢复原来的准备姿势，准备下一次击球。

（五）发球

在现代网球运动中，发球技术是非常重要的，是唯一由自己掌握的击球法。它可以不受对方制约，能够在较大的程度上发挥出个人的特点，用以控制对方，为自己的进攻创造有利条件。为此，要求运动员必须比较全面地掌握各种发球技术，以利于在比赛中争取主动。

动作要领：

1. 握拍

可用大陆式握拍和半东方式反手握拍。

2.准备动作与站位

双脚齐肩宽,在端线后侧身站立。右脚与底线基本上平行。左脚正对右网柱。手腕和手臂放松握拍于身体前。左手在拍颈处托住拍。两脚尖的对角线对着目标。

3.抛球与引拍

两手臂一同向下和向上运动。球从伸展的左手中向上垂直抛出。位置在身体前面和左脚上部。握拍手掌在向后拉拍时朝下。身体重心平稳地向前脚移动。抛球的高度应能满足击球手臂的充分伸展,并使击球感到舒适。

4.挥拍击球

抛球后,身体开始向前转动,球拍在身后做环绕动作,并最后向前挥动击球,击球点在最高点刚刚开始下落瞬间,握拍臂充分伸直击球。

5.随挥跟进

击球后,球拍继续做弧形运动,屈肘收拍于身体左侧,身体随惯性自然跟进来完成发球整套动作(见图 2-69)。

图 2-69

(六)接发球

接发球是为了夺回场上的主动权,所以要判断发球者的打法和技术特点以及发球的类型,从而采用有效的接发球策略。

动作要领:

1.站位

接球员在准备动作基础上,一般位于底线附近。

2.判断

在接发球时,眼睛始终注视来求,一直到完成回击动作。

3.接球

根据来球的力量、速度、旋转、落点等情况,选择接球的位置、动作的幅度及拍面的角度。

(七)截击球

截击球是网前进行的一种攻击性击球方法,(分正反手截击技术),即在球落地之前,便将来球击回对方场地。

动作要领：

1.握拍

可用大陆式握拍和半东方式反手握拍。

2.站位

准备动作基础上，击球位置在中前场。

3.引拍

拍拉动作要小，要用举拍转肩、转体来带动上臂，肘要离开身体，不要夹臂。

4.击球

击球时看上去以肘为轴，肩关节固定，随身体向前转动，封闭腕关节，使手掌、网拍和球在一条直线上，击球刹那屏住呼吸。

5.随挥

击球后随挥动作很小，身体重心移动不大。

(八)高压球

所谓高压球，是指在头上用扣压的动作完成的一种击球方法。分为原地高压、跳起高压和后退高压。

动作要领：

1.握拍法

多采用大陆式握拍法。

2.击球动作

高压球和发球动作相似，但有一个主要区别在于它后摆动作比发球简短。

(九)挑高球

挑高球分为防守性和进攻性。防守性是为了赢得时间，摆脱被动。进攻性是在对方上网时，将球挑到对方后场底线处，使其被动。

动作方法与正反手抽击球动作相似，区别在于击球时向前上方挥拍打球的下部，手腕绷紧，挥拍动作要尽量地向前、向上送出。

## 三、网球基本战术

(一)单打战术

1.发球战术

发球是完全靠自己支配的技术，可通过力量、速度、旋转和准确性达到得分目的；针对对方弱点，利用不同的发球方式，随球上网截击；运用相似手法，发不同性能的球，使对方不易识破；利用外界自然条件(如风向、阳光、硬地和草地等)发球，给对方接发球制造困难。

2.接发球战术

接发球一般是处于被动地位，但处理得好可减少被动，甚至化被动为主动。首先接球员应站在对方可能把球发到的角度的角分线上。其次，一般采用平击抽球，将球回击到对方底线两角；也可运用旋转使球旋向两边线外，造成对方左右奔跑；或运用切削球打到近网两角；或运用挑高球挑过发球上网者头顶等。

3.底线战术

以进攻型打法为前提，用快速、力量、准确、凶狠取胜对方，常用的有逼右攻左、逼左攻右，大角度变线或打对方不喜欢打的球。

4.网前截击战术

当队员处于较有利的情况下，可采用网前截击。如发球接网前截击，底线大角度变线打发接网前截击。

(二)双打战术

双打比赛，站位一般是正拍好的站右边，反拍好的站左边，理想的是一个右手握拍一个左手握拍。

1.发球战术

发球者站在底线后面的中线与边线之间的一半处，比单打站位稍靠边线，因为另一边有同伴防守，同时可使发出的斜线球角度更大。同伴站位，应在离网2～3米，离边线3米左右处，把守半边场区，伺机截击或高压击球。

2.接发球战术

站在对方可能把球发到角度的分角线上。回球时应平击、切削、旋转三种交替运用，使对方无规律可循。球要过网低、角度斜、落点深。压制对方上网，利用时机自己上网。

3.网前比赛战术

上网位置约在离网2～3米处，两人各站半场中间稍靠中线位置。这样站位，便于进退和防“中间球”。来球在两人之间，由正拍击球者回击；球在两人之间，又是斜线球时，由距离近的运动员迎击；挑高球在两人之间，由正拍击球者进行高压；对方接发球回击过来的是中场球，由上网运动员争取截击，发球运动员随时准备补漏。

4.底线比赛战术

双打应争取机会上网，一旦被压在底线，只能考虑防守，伺机反攻，或诱使对方失误。可用挑高球，回击短而低的球，或打平直线球快速穿过对方中央场区，或运用侧旋直线球打对方两侧。

## 四、网球比赛的方法及规则简介

(一)场地

标准网球场的长度是23.77米，宽度为10.97米(双打)，单打宽度为8.23米。中间由一条挂在最大直径为0.8厘米粗的钢丝绳上的球网分开。网的两端应挂在两个网柱顶端，网柱应是边长或直径不超过7.5厘米的正方形方柱或圆柱。网球两端的高度为1.07米，中间高度为0.914米。球场两端的界线称为“端线”，球场两边的界线称之为“边线”；在球网两侧6.40米处的场内各画一条与边线平行的横线为“发球线”；连接两发球线的中点画一条与边线平行的线称“中线”；中线与球网成“十”字形，将发球线与边线之间的地面分成四个相等的区域，称为“发球区”；在端线的中心，向场内画一条垂直于端线的短线称为“中点”；全场除端线可宽至10厘米外，其他各线的宽度均在2.5～5厘米范围之内；全场各区的丈量，除中线外都从各线的上沿计算；场上所有的线应是同一颜色(如图2-70所示)。

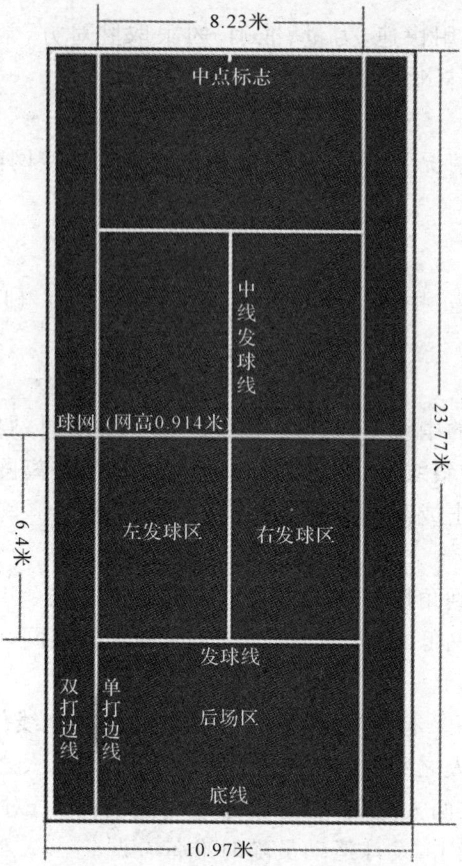


图 2-70

(二)竞赛规则

1. 发球

在网球正式比赛前，需要确定比赛由谁先发球。整个比赛中，双方球员轮流发球。发球员在发球前应先站在端线后，中点和边线的假定延长线之间的区域里。发出的球应从网上越过，落在对角的对方发球区内。每局开始先从右区端线后发球，得或失一分后，应换到左区发球。以此类推。每一分发球有 2 次发球机会，如第一次发球失误后，应在原来的位置上进行第二次发球。一局结束后交换发球权。

2. 双打

(1)双打发球次序

每盘第一局开始时，由发球方决定由何人首先发球，对方则同样地在第 2 局开始时，决定由何人首先发球。第 3 局由第 1 局发球方的另一球员发球。第 4 局由第 2 局发球方的另一球员发球。余下各局均按此秩序发球。

(2)双打接球次序

先接球的一方，应在第 1 局开始时，决定何人先接发球，并在这盘单数局，继续先接发球。双方同样应在第 2 局开始时，决定何人接发球，并在这盘双数局继续先接发球。他们的同伴应在每局中轮流接发球。

(3)双打还击

接发球后,双方应轮流由其中任何一名队员还击。如运动员在其同队队员击球后,再以球拍触球,则判对方得分。

3.交换场地

(1)双方应在每盘的第1、3、5等单数局结束后,以及每盘结束双方局数之和为单数时交换场地。

(2)决胜局(抢七)中,双方比分和为6的倍数时交换场地。

4.失分

比赛过程中,发生下列任何一种情况,均判失分。

(1)在球第二次着地前,未能还击过网。

(2)还击的球触及对方场区界线以外的地面、固定物或其他物件。

(3)还击空中球失败。

(4)故意用球拍触球超过一次。

(5)运动员的身体、球拍,在发球期间触及球网。

(6)过网击球。

(7)抛拍击球。

5.计分方法

(1)分

0、15、30、40代表0分、1分、2分、3分。

(2)局

①每胜1球得1分,先胜4分者胜1局。

②双方各得3分时为“平分”,平分后,净胜两分为胜1局。

(3)盘

①一方先胜6局为胜1盘。

②双方各胜5局时,一方净胜两局为胜1盘。

(4)决胜局计分制

在每盘的局数为6平时,有以下两种计分制。

①长盘制:一方净胜两局为胜1盘。

②短盘制(抢七):决胜盘除外,除非赛前另有规定,一般应按以下办法执行。

A.先得7分者为胜该局及该盘(若分数为6平时,一方须净两分)。

B.首先发球员发第1分球,对方发第2、3分球,然后轮流发两分球,直到比赛结束。

C.第1分球在右区发,第2分球在左区发,第3分球在右区发。

D.每6分球和决胜局结束都要交换场地。

(5)短盘制的计分

①第1个球(0∶0),发球员A发1分球,1分球之后换发球。

②第2、3个球(报1∶0或0∶1,不报15∶0或0∶15),由B发球,B连发两分球后换发球,先从左区发球。

③第4、5个球(报3∶0或1∶2,2∶1,不报40∶0或15∶30,30∶15),由A发球,A连发两球后换发球,先从左区发球。

④第6、7个球(报3∶3或2∶4,4∶2或1∶5,5∶1或6∶0,0：6),由B发1分球之后交换场地,若比赛未结束,B继续发第7个球。

⑤比分打到5∶5,6∶6,7∶7,8∶8……时,需连胜两分才能决定谁为胜方。但在记分表上则统一写为7∶6。

6.赛制

实行淘汰赛。一场比赛中,男子比赛除大满贯赛事和部分大师系列赛决赛采用五盘三胜制以外,均使用三盘两胜制。女子比赛全部采用三盘两胜制。

## 第六节　羽毛球运动

### 一、现代羽毛球运动起源与发展

现代羽毛球运动诞生于英国。1873年,英国公爵鲍弗特在格拉斯哥郡伯明顿镇的庄园里进行了一次羽毛球游戏表演。从此,羽毛球运动便逐渐开展起来,"伯明顿"即成了羽毛球的名字,英文的写法是"Badminton"。那时的活动场地是葫芦形,两头宽中间窄,窄处挂网,直至1901年才改作长方形。

目前,国际羽联已拥有一百多个会员国。国际羽联管辖的世界性比赛有:汤姆斯杯赛(世界男子团体锦标赛),从1948年开始,每3年举办一次(1984年起改为每两年举行一次);尤伯杯赛(世界女子团体锦标赛),从1956年开始,每3年举办一次(1984年起改为每两年举行一次);世界锦标赛(单项比赛),从1977年开始;全英锦标赛(非正式传统单向比赛),早在1899年开始每年举办一次。

### 二、羽毛球场地

羽毛球场地是一个长13.40米,双打宽6.10米,单打宽5.18米,场地中央被球网(两边柱子高1.55米,中间网高1.524米)平均分开的长方形场地。羽毛球场地横向被中线平分为左右两个半区;纵向被分为前场、中场、后场。前场就是从前发球线到球网之间的一片场地;后场是指从端线到双打后发球线之间的一片场地;中场是前发球线与双打后发球线之间的一片场地。

羽毛球网长6.10米、宽76厘米,为优质深色的天然或人造纤维制成,网孔大小在15～20毫米之间,网的上沿应缝有75毫米宽的双层白布(对折而成),并用细钢丝绳或尼龙绳从夹层穿过,牢固地张挂在两网柱之间。标准球网应为黄褐色或草绿色。网柱高1.55米,无论是单打或双打,两根网柱都应分别立在双打场地边线的中点上。正式比赛时,球网中部上沿离地面必须为1.524米高,球网两端高为1.55米。球网的两端必须与网柱系紧,它们之间不应该有缺缝。

## 三、羽毛球运动基本技战术与打法类型

### (一)羽毛球基本技术

1.羽毛球握拍法

(1)正手握拍法

握拍之前,先用左手拿住球拍,使拍面与地面垂直。再张开右手,使手掌下部靠在球拍的握柄底托部位,虎口对着球拍框。小指、无名指、中指自然并拢,食指与中指稍稍分开,自然弯曲并贴在拍柄上。

①正手搓球握拍法:在正手握拍的基础上,拇指、食指、中指和无名指稍松开,使拍柄离开掌心,拇指斜贴拍柄内侧的上小棱边上,食指稍向前伸,使第二指带斜贴在拍柄外侧的宽面上。

②正手勾对角握拍法:正手握拍的基础上,拍柄稍向外转,拇指斜贴在拍柄内侧的宽面上,食指第二指关节和其他三指的指根贴在拍柄外侧的宽面上,拍柄不贴掌心。

(2)反手握拍法

反手一种是有正手握拍法把球拍框往外转(即往左方向转),拇指前内侧部位贴在拍柄的窄面部位,食指往中指、无名指、小指并拢。通常反手握拍的时候,手心与拍柄之间有一定的空隙,这样握拍法有利于手腕力量和手指力量的灵活运用。

①反手搓球握拍法:在正手握拍的基础上,拇指、食指、中指和无名指稍松开,拍柄离开掌心同时使球拍向内转,拇指贴在拍柄内侧的上小棱边上,食指第三关节贴在拍柄外侧的下小棱边上。

②反手勾对角握拍法:在正手握拍的基础上,拇指、食指、中指和无名指稍松开,拍柄离开掌心,同时将拍柄向内转动,拇指第二关节的内侧贴在拍柄的上小棱边上,食指第二指关节贴在拍柄的下中宽面上,其余三指自然抓在下中宽面和拍柄内侧的宽面上。

对于握拍来说并不是我们一定要怎么握的,无论哪种握法,最终目的也就是使自己的手腕能更加灵活转动,手指能最大限度地发挥力量。

2.羽毛球发球技术

发球技术可分为正手和反手发球技术。一般来说,发网前球、发平快球、发平高球、发高远球均可采用正手发球法。

(1)发高远球

所谓高远球是把球发的又高又远,使球向对方后场上方飞去,球的飞行路线与地面形成角度要大于45°角,使球在对方场区底线附近垂直下落。

(2)正手发平高球

姿势、动作和发正手高远球一样,只是发力方向和击球点不同,高平球时球运行的抛物线不大,使球迅速地越过对方场区空中而落到底线附近,球在空中的路线和地面形成的仰角是45°左右。

(3)正手发网前球

发网前球就是把球发到对方发球区内的前发球线附近,球拍触球时,拍面从右向左斜切击球,使球刚好越网而过,落在对方前发球线附近。

(4)反手发网前球

反手发网前球就是运用反手发球技术把球发至对方发球区内前发球线附近,击球时球拍由后向前推送击球,使球运行的弧线最高点略高于网顶,球拍触球时,拍面呈切削式击球,使球落到对方场区的前发球线附近。

(5)反手发平快球

反手发平快球与发正手球的球路、角度、落点一样。发球时,球拍的挥动方向也与反手发网前球一样,只是在击球的一刹那,手腕有弹性的击球,拍面与地面的角度接近垂直,将球击到双打后发球线以内的区域。

3.接发球的站位和姿势

单打站位一般是在离发球线1.5米处。如在右发球区则站在靠近中线的位置,在左发球区则站在中间的位置。这样站的主要是防备对方直接进攻反手部位。一般左脚在前,右脚在后,双腿微屈,收腹含胸,身体重心放在前脚上,后脚脚跟稍抬起。身体半侧向球网,球拍举在身前,双眼注视对方。

4.羽毛球场上步法

(1)启动

从中心位置上准备接球姿势转为向击球位置出发,称为启动。一场比赛要启动几百次(基本上是每回击一拍启动一次)。要做到启动快,必须反应敏捷、判断准确和启动的准备姿势正确。准备姿势脚前掌着地,脚跟提起,膝关节微屈,上体稍前倾,重心落在两脚之间,持拍于腹前,整个姿势要协调放松,保持一触即发的启动姿态。

(2)移动

主要指从中心位置启动后到击球位置的移动方法。移动的基本步法有垫步、交叉步、小碎步、并步、蹬转步、蹬跨步和腾跳步等。

①垫步:当右(左)脚向前(后)迈出一步后,后脚跟进,紧接着以同一脚向同一方向再迈一步。垫步一般作为调整步距用。

②交叉步:左、右脚交替向前、向侧或向后移动为交叉步。经另一脚前面超越的为前交叉步,经另一脚后面超越的为后交叉步。交叉步一般在后退打后场球时使用得较多。

③小碎步:以小的交叉步移动称为小碎步。由于步幅小,步频快,一般在启动或回动起始时用。

④并步:右脚向前(或向后)移动一步时,左脚即刻向右脚跟进一步,紧接着右脚再向前(向后)移动一步。

⑤蹬转步:以一脚为轴,另一脚作向后或向前蹬转。

⑥蹬跨步:在移动的最后一步,左脚用力向后蹬的同时,右脚向来球的方向跨出一大步。它多用于上网击球,在后场底线两角移动抽球时也常采用。

⑦腾跳步:起跳腾空击球的步法为腾跳步。它可分为两种,一种是上网扑球或向两侧移动突击杀球时,以领先的脚(或双脚)起跳,作扑球或突击杀球;另一种是对方击出高远球时,用右脚(或双脚)起跳到最高点时杀球。

(3)回动(回中心位置)

击球后,应尽力保持(或尽快恢复)身体平衡,并即刻向中心位置移动,以便在中心位置上做好迎击下一个来球的准备,称为回动。

5.羽毛球后场击球技术

击高球是后场击球技术之一，高球是从高远球分为高远球和平高球。击高远球就是把球打得又高又远，球飞至对方底线。平高球是从高远球发展而来，它飞行的速度比高远球快，弧线比高远球低。击高球可分为正手、头顶、反手击直线和对角线高球。

(1)正手击直线高球和对角线高球

起跳后手腕控制球拍对准来球路线，快速挥拍击打球的后部，球即沿着直线飞行；若手腕控制拍面击球托的右下方，球则沿着对角线方向飞行。击球后，手臂随惯性自然回收至胸前。

(2)头顶击直线高球和对角高球

如果对方过来的球飞往后场区，那么击球点应该选择在头顶正前方的部位，用力挥拍鞭击球托后部，使球沿直线高飞过网。

头顶击对角线高球，握拍手法略有不同，用拇指和食指向左捻动拍柄，使虎口对准拍靠外的小棱边，球拍仍由右后绕过头顶，小臂向前方内旋带动手腕收发力，形成鞭击，击球托的左后部。击球后，小臂内旋较为明显，惯性作用较大，手臂自然往前摆动。

(3)反手击高远球

如果对方的来球向左后场区的时候，要迅速把身体转向后方，移动到适合的击球位置，背对球网，反手握拍，沿半弧形击球，把球击向后上方。

(4)吊球

如果对方击来高球，本方可以从后场轻击、轻切、轻劈到对方的近网附近，这叫吊球。吊球根据其动作方法，球的飞行弧线的不同可分为轻吊、拦吊、劈吊；根据出手的位置和球落向的位置又可分为：

①正手吊直线球和对角线球。吊直线球时，击球用力的方向是朝前下方，但是击球瞬间，小臂突然减速，用手腕的闪动向下轻轻切击球托的右侧后下方，使球越网后即下落；吊对角线球时，击球用力的方向是对角线斜下方。

②头顶吊直线球和头顶吊对角线球。击球动作几乎和头顶直线高远球相似，只是击球的瞬间，小臂突然内旋并往前下方挥拍，手腕外伸后展带动球拍轻点球托的左侧后下部，球沿直线飞行。

③反手吊直线球和反手吊对角线球。反手吊直线球和反手吊对角线球的击球前的动作同反手击高球动作类似。不同的是小臂要上摆，用拇指内侧顶住拍柄，手腕向后“甩腕”轻击球托的后下部位，使球的飞行方向朝着直线和对角线方向落到对方网前。

6.杀球

(1)头顶扣杀球

头顶扣杀直线球的准备姿势同头顶击高球类似，不同之处在挥拍击球时，要靠腰腹带动大臂，协调小臂、手腕的综合力量形成鞭击动作，全力往下方击球，拍面与水平面的夹角小于90度，头顶扣杀对角线的动作方法基本同上，只是击球时要全力向对角线方向击球才行。

(2)反手扣杀球

反手扣杀球的准备动作与反手击高球相同，不同之处是击球前的挥拍用力要大，跳起后身体反弓，加上手臂、手腕的延伸、外展的鞭打用力，可向对方的直线或对角线的下方用力，击球瞬间球拍与扣杀球方向的水平夹角应小于90度。

(3)腾空突击扣杀

除了上述三种扣杀技术外，还有一种扣杀是比赛中经常会用到的，就是腾空突击扣杀技术。当对手击出弧度较低的平高球时，身体腾空，上体后仰成反弓形，肩尽量后拉，击球时，小臂快速举起，手腕从后伸到旋内、小臂跟着屈收、压腕鞭打，高速向前下击球。

7.羽毛球中场击球技术

(1)挡网前球技术

正手挡网前球技术：用接杀球的步法移至球场的边线、身体右倾，手臂右伸，前臂外旋，手腕外展。持拍准备接球。击球时，前臂内旋稍外翻，带动球柏由内右下向前上方推送击球，把球推向直线网前。

另一种是击球时前臂中外旋到内收，带动球拍由右向前切送挡直线网前。击球后，身体左转成正面对网，然后右脚上前一步，球拍随身体向左转收至体前。

①正手挡对角网前球：挥拍击球时，在肘关节屈收时前臂稍有内旋，手腕由后到内收闪动击球托的右侧。击球点在右侧前，手腕手指控制拍面角度，使球向对角线网前坠落。

②反手接杀挡直线网前球：用接杀球的步法移至左场区边线，身体左转前倾，右肩对网，手腕外展，引拍至左肩前上方。击球时借对方来球的冲力，以前臂带动球拍由左上方向左前方，用拇指的顶力挥拍轻击球托，把球挡回直线网前。击球后，身体右转成正面对网，球拍随身体的移动收至体前。

(2)接杀

①反手接杀勾对角网前球：用反手按杀勾对角握拍法，击球时，手腕由外展到外伸闪动挥拍击球托的左侧下部，使球向对角飞行。

②正手接杀挑直线后场高球：击球前右臂稍向右后拉，前臂外旋，手腕尽量后伸，引拍于身体后侧。击球时，前臂内旋，手腕从后伸到收腕闪动，急速向前挥拍将球挑到对方后场。击球后前臂内旋，球拍经体前上方挥动，再回收到体前。

③反手接杀挑后场高球：击球前，小臂内旋，手腕外展，引拍至左侧前。当对方杀左边线球时，快速移到球前，大臂支撑，小臂急速往右前方挥摆，手腕由外展至后伸闪动，握紧球拍，加上拇指的顶力，全速挥拍击球，使球向直线方向飞行。若向对角线方向挥拍，则球向对角线方向飞行。

(3)抽球技术

①正手平抽球：站在右场区的中部，两脚平行站立稍宽于肩，重心在两脚间，微屈膝收腹，正手握拍举于右肩前。击球前肘关节前摆，前臂稍往后带外旋，手腕稍外展至后伸，引拍至体后。击球时前臂内旋，手腕伸直闪动，手指抓紧拍柄，球拍由右后往右前方高速平扫盖击来球。击球后手臂左摆，左脚往左前方迈一步，右脚跟一步回中心位置。

②反手平抽球：右脚前交叉在左侧前，重心在左脚上，右手反手握拍在左侧前。击球前肘稍上抬，前臂内旋，手腕外展，引拍至左侧。击球时，在髋的右转带动下，前臂外旋，手腕由外展到伸直闪动，挥拍击球托的底部。击球后，球拍随身体的回动收回到右侧前。平抽球易出现的错误：身体重心不稳，影响了手臂的击球动作；击球时间掌握不准确；击球时没有完成前臂带动腕部，手指抽鞭式地向前闪动，影响了爆发力。

③正手平抽(快打)：两脚分开，右脚稍前，左脚在后，两膝弯曲成半蹲式，正面握拍(虎口对宽面)，举起球拍，拍面超过头顶。当判断来球是在头顶上时，身体稍往前移，同时左脚往

前跨一小步，右脚稍微伸直，成左弓箭步，把击球点选在右肩的前上方。上臂向前上方抬起，肘弯曲，前臂稍后摆带有外旋，引拍于头后。击球时前臂向前，手腕由后伸至前屈闪动挥拍击球托的后部，使球平直、急速地飞向对方中间场区附近。击球后，球拍随势前盖，右脚往左前方迈一步，站在中线两侧稍偏后的位置上，球拍由左下回举至前上方，准备迎击第二次来球。

④反手平抽（快打）：两脚平行站在左场区，重心在右脚，举柏于右侧前。当判断来球是在左场内时，右前臂往左摆，身体稍向左转至右肩对网，左脚也往左侧迈一小步，前臂内旋，手腕外展引拍于左侧后。击球时，前臂外旋，手腕伸直闪动，手指突然抓紧柏柄，击球托后部，使球比较平直地向前飞进。

8. 羽毛球前场击球技术

前场技术包括网前的放、搓、推、勾、扑、挑球等。其中搓、推、勾、扑属进攻技术，要求击球前期动作有一致性，击球刹那间产生突变。握拍要活，动作细腻，手腕、手指要灵巧，以控制好球的落点。前场击球的威胁较大，因球飞行距离较短，落地快，常使对手措手不及而直接得分。即使不能直接得分，也能迫使对方被动回球，创造下一拍的机会。若网前进攻和中后场进攻能机紧密结合起来，则能发挥前后场的连续进攻，掌握主动权。

（1）放网前球

①正手放网前球：当对方将球击至自己正手网前时，以正手握拍法，用球拍轻轻切、托，将球向上弹起恰好一过网就朝下坠落，其一般的动作是：侧身向球的方向移动，上身稍前倾，右手握拍于体前。步法移动的最后一步是右脚向来球方向。跨大弓箭步，身体重心要提高，前臂伸向来球，要往前上方举，稍上仰，斜对网。争取高点击球，握伯放松稍收腕，向球托斜侧击或搓切。击球过程中左手要向后平举以协调动作。挥拍的力量、速度和拍面角度的大小，主要取决于来球离网的远近和速度的快慢。来球离网远，速度快些，则放球时的力量要大些，反之则力量要小些。放网后，身体还原准备姿势。

②反手放网前球：击球前的动作要领同正手放网前球动作，只是方向相反。反手握拍，反面迎球，击球时，主要靠小臂的前伸、外旋和手腕由内收至外展的合力，轻托底部将球轻松过网。击球后，整个动作还原成下次击球的准备姿势。

（2）网前搓球

①正手网前搓球：击球前，小臂稍外旋，手腕由后伸至稍内收闪动；击球时在正手放网前球动作基础上，加快挥拍速度，搓切来球的右下部，使球旋转滚过网。

②反手网前搓球：击球前，小臂前伸外旋，手腕由内收至外展状；搓击球的右侧后底部，使球侧旋滚动过网。另外还可以小臂稍伸直，手腕由外展到内收，带动球拍向前切送，击球托的后底部，使球下旋滚动过网。

（3）网前推球

①正手推直线：站在网前，当球飞过来，球拍向右前侧上举。在肘关节微屈回收时，小臂稍外旋，手腕稍后伸，球拍也随着往右稍下后摆，拍面正对来球。小指和无名指稍松开，使拍柄稍离开手掌鱼际肌。拇指和食指稍向外捻动拍柄，拍面更为后仰。要推击球托的后部，使球沿直线方向飞去。

②正手推对角线球：推对角线技术的准备姿势和击球前动作与推直线相同，但是击球时击球点在右肩前，要推击球托的右侧后部，使球沿对角线方向飞去。这时，手腕控制拍面角

度,闪腕时手臂不要完全伸直。

③反手推直线球:在网前较高的击球点上,以反手握拍法,用推击的方法向对方底线击出弧度较平,速度较快的球,其击球动作是:用反手握拍法,前臂伸时稍外旋,手腕由外展至伸直闪腕,中指、无名指和小指突然握紧拍柄,拇指顶压球拍,往前挥拍,推击球托的左侧面。

④反手推对角线:反手推对角线的击球动作基本与推直线相同,区别点是在击球一刹那要急速向右前方挥拍,推击球的左侧后部,使球沿对角线方向飞行。

(4)网前勾球

①正手网前勾对角线球:勾球一般采用并步加蹬跨步上网的步法。在步法移动的同时,球拍随着前臂往右前上方举起。前臂前伸的同时,稍有外旋,手腕微后伸,这时的握拍稍有变化——将柏柄稍向外捻动,使拇指贴在拍柄的宽面上,食指的第二指节贴在与其相对的另一个宽面上,拍柄不触及掌心。击球时,靠前臂稍有内旋往左拉收,手腕由稍后伸至内收。球拍拨击球托的右侧下部,由手腕和手指控制拍面角度,击球后,球拍回收至胸前。

②反手网前勾对角线球:随着步法移动的同时,手臂向左侧前方平举(注意手臂不要伸直,稍弯即可)。击球时,随着肘部下沉,前臂回收外旋的同时,食指和拇指协调用力捻动拍柄,使拍面拨击球托的左侧后部,将球沿对角线飞越过网,击球后,球拍回收至胸前,为下次的来球作积极的准备。

(5)扑球

扑球是当来球在网顶上方时,能以最快的速度上网扑压来球的技术动作。扑球可分为正手扑球和反手扑球两种,扑球在网前进攻技术中是威胁较大的一种技术。扑球的关键在于"快"。首先取决于判断快。一经作出判断,即要求启动快并采用蹬跨步或跳步上网,同时出手快,抓住来球在网顶的最高点机会出手,以迅雷不及掩耳之势,一举结束战斗。

①正手网前扑球:身体腾空跃起或右脚蹬跨的同时,前臂往前上方举起,球拍正对来球方向。击球时,随着手臂由屈至伸,手腕由后伸至向前闪动及手指的顶压,将球扑下。其中手腕是控制力量的关键,挥拍距离短,动作小,爆发力强,扑击的球才会具有一定威胁。如果球离网顶较近,就采用"滑动式"扑球方式,用手腕从右向左将球扑压下去,这样可以避免球拍触网犯规。扑球后,注意腿上的缓冲,控制重心,以免身体触网。

②反手网前扑球:反手握拍,持于左侧前。当身体跃起跨步上网时,球拍随前臂前伸而举起,手腕微屈,拇指顶压在拍柄宽面上,其他四指自然并拢,拍面正对来球。击球时,手臂由屈至伸,手腕由微曲至后伸并用力闪动,拇指顶压,加速挥拍扑击。击球后,球拍随手臂回收至体前。

(6)挑球

①正手网前挑球:准备动作同正手放网动作。击球前,前臂充分外旋,手腕尽量后伸。击球时,从有下向右前方至左上方挥拍击球。在此基础上,若球拍向右前上方挥动,挑出的是直线高球;若球拍向左前方挥动,挑出的则是对角高球。

②反手网前挑球:准备姿势同反手放网动作。击球前,右臂往后拉,抬肘引拍。击球时,前臂充分内旋,手腕由屈至后伸闪动挥拍击球。若球拍由左下向左前上方挥动,则球向直线方向飞行;若球拍由左下向右前上方挥动,则球向对角线方向飞行。

(二)羽球战术简介

战术与打法的关系是很密切的。在实战中,战术是根据双方的打法和场上的具体情况而定的。“以己之长，攻彼之短”是原则，现简单介绍一些常用的战术：

1.单打战术

(1)发球抢攻战术

从发球的第一拍起，争取控制对方，以攻杀得分。这种战术，一般为发网前低球结合平快球、平高球，争取第三拍的主动进攻。用这种战术对付应变能力较差的对手，或实施于比赛的关键时刻，效果往往很好。实施这一战术时，应有高质量的发球予以保证，否则很难成功。

(2)攻后场战术

此战术是通过击高球、重复压对方的底线两角，造成对方的被动，然后寻找机会进攻。用它来对付初学者，或后场还击能力较差，或后退步较慢以及急于上网的对手是很有效的。

(3)攻前场战术

对网前技术较差的对手，可运用此战术先将其吸引到网前，然后再攻击其后场。采用此战术，自己首先要有较好的网前击球技术。

(4)打四方球战术

若对手步子较慢、体力较差、技术不全面，可以快速准确的落点攻击对方场区的四个角落，寻找机会向空当进攻。此战术的主要目的是通过打落点，逼迫对方前后奔跑、被动应付，并在其回球质量下降或露出破绽时乘虚而入而攻之。

(5)杀、吊上网战术

对对手打来的后场高球，本方先以杀球配合吊球把球下压，落点选在场区的两条边线附近，致使对手被动回球。若对手回网前球时，本方迅速上网搓球、勾对角球或平推球，创造在中场大力扣杀的机会。这种战术必须能很好控制杀、吊球的落点，在使对方被动回球时，才能主动迅速上网。

(6)打对角线战术

对付身体灵活性差、转体较慢的对手，不论是进攻还是防守，均应以打对角线球为主。这样，对方移动困难而被动，为我方创造进攻机会。

(7)防守反击战术

在对方主动进攻、我方被动防守时，我方可高质量地接杀挡网；或抓住对方攻杀力量减弱，或落点不好之机会，以平抽底线球还击对方后场，扭转被动局面，并进行反击。

2.双打战术

双打比赛不仅仅是竞赛双方在技术、战术、体力上的较量，同时也是双打同伴相互配合程度的较量。因此，在学习双打战术之前，首先要了解两人之间站位形式上的配合。一般情况下，有两人一前一后站位和两人分边(左、右)站位两种形式。一前一后站位即在后场的人分管后半场的球，站在前场的人则负责后半场的球。这种站位形式有利于进攻，而不利于防守。所以，一般在本方进攻时多采用此站法。分边站位多在防守时采用，这样，各人分管半边场地，在防守时就没有什么空当了。站位形式不是固定不变的，它在比赛中随着进攻与防守之间的不断转换而变化，双打轮转站位多在配对选手水平相差不大时采用。如果技术水平悬殊较大，则水平高者固定站在后场，他除了主要负责后半场的来球之外，同时还兼顾中场附近或前场的球。在混双打中，这种前后固定站位形式是较普遍的(男队员站后场，女队员站前场)。

(1)攻人战术

集中攻击对方中有明显弱点的人,并伺机攻击另一人因疏忽而露出的空当,或对此人偷袭。双打比赛中的配对选手的技术,一般总有一人好,另一人稍差些。即便两人水平相差不多,但若能集中力量攻击其中一人,也可给其造成很大的心理压力,从而使其出现失误。

(2)攻中路战术

当对方分边站位防守时,将球攻击对方两人的中间;当对方前后站位时,可将球下压或平推两边半场。这样可使对方防守时互相争抢或互让而出现失误。

(3)攻后场战术

对方扣杀能力差,本方可采用平高球、推平球、接杀挑底线,把对方一人紧逼在底线两角移动。当对方被动还击时,则抓住机会大力扣杀。如另一对手后退支援时,即可攻网前空当。

(4)后攻前封战术

当本方处于主动进攻前后站位时,站在后场的队员见高球就杀或吊网前球,迫使对方接球挡网前,这为本方前场队员创造了封网扑杀机会。前场队员要积极封锁网前,迫使对方被动挑高球。一旦对手挑高球达不到后场,就为本方创造了再进攻的机会。

(5)防守反攻战术

在防守中寻找反攻的机会,以便摆脱困境,转被动为主动。例如:挑底线高球,即不论对方从哪里进攻,本方都应设法把球挑到进攻者的另一边底线。如对方正手后场攻直线,就挑对角线,如对方攻对角就挑直线。这是一种较容易争得主动的防守战术,在女子双打中运用更为有效。时机有利,即可运用反抽或挡网前回击对方的杀球,转守为攻,争得主动权。运用此战术时,注意挑高球一定要挑到底线,否则将会出现对方连续攻杀而本方无力反击的局面。

## 三、羽毛球比赛规则与比赛方法

### (一)计分

(1)类似曾经的乒乓球记分方法,采用21分制,即双方分数先达21分者胜,3局2胜。每局双方打到20平后,一方领先2分即算该局获胜;若双方打成29平后,一方领先1分,即算该局取胜。

(2)新制度中每球得分,除特殊情况(比如地板湿了,球打坏了),球员不可再提出中断比赛的要求。但是,每局一方以11分领先时,比赛进行1分钟的技术暂停,让比赛双方进行擦汗、喝水等。

(3)得分方有发球权,如果本方得单数分,从左边发球;得双数分,从右边发球。在第三局或只进行一局的比赛中,当一方分数首先到达11分时,双方交换场区。

### (二)站位

1.单打

(1)发球员的分数为0或双数时,双方运动员均应在各自的右发球区发球或接发球。

(2)发球员的分数为单数时,双方运动员均应在各自的左发球区发球或接发球。

(3)如“再赛”,发球员应以该局总的分数来确定站位。若总分为15分(单数),双方运动员均应在各自的左发球区发球或接发球；若总分为16分(双数)，双方运动员均应在各自的右发球区发球或接发球。

(4)球发出后，双方运动员就不再受发球区的限制而自由击到对方场区的任何位置，运动员的站位也可以在自己这方场区的界内或界外。

2.双打

(1)一局比赛开始，应从右发球区开始发球。

(2)只有接发球员才能接发球；如果他的同伴去接球或被球触及，发球方得一分。

①在发球方得分为0或双数时，应该由发球方站在右侧的运动员发球，接发球方站在右侧的运动员接发球；发球方得分为单数时，则应站在左发球区的运动员发球或接发球。

②每局开始首先接发球的运动员，在该局本方得分为0或双数时，都必须在右发球区接发球或发球；得分为单数时，则应在左发球区接发球或发球。

③上述两条相反形式的站位适用于他们的同伴。

(3)任何一局的本方发球员失去发球权后，同时对手获得一分，接着由他们的对手之一发球，如此传递发球权，注意，此时双方4位运动员都不需要变换站位。

(4)运动员不得有发球错误和接发球的错误，或在同一局比赛中有两次发球。

(5)一局胜方的任一运动员可在下一局先发球，负方中任一运动员可先接发球。

(6)球发出后就不再受发球区的限制了。运动员可在本方场区自由站位和将球击到对方场区的任何位置。

(三)比赛

1.交换场区

(1)第一局结束。

(2)第三局开始。

(3)第三局中或只进行一局的比赛进行至一方达到11分时。

(4)运动员未按以上规则交换场区，一经发现立即交换，已得分数有效。

2.合法发球

(1)发球时任何一方都不允许非法延误发球。

(2)发球员和接发球员都必须站在斜对角线发球区内发球和接发球，脚不能触及发球区的界限；两脚必须都有一部分与地面接触，不得移动，直至将球发出。

(3)发球员的球拍必须先击中球托，与此同时整个球必须低于发球员的腰部。

(4)击球瞬间球杆应指向下方，从而使整个球框明显低于发球员的整个握拍手部。

(5)发球开始后，发球员的球拍必须连续向前挥动，直至将球发出。

(6)发出的球必须向上飞行过网，如果不受拦截，应落入接发球员的发球区。

3.羽毛球的违例

(1)发球不合法违例。

(2)发球员发球时未击中球。

(3)发球时，球过网后挂在网上或停在网顶。

(4)比赛时：①球落在球场边线外。②球从网孔或从网下穿过。③球不过网。④球碰屋顶、天花板或四周墙壁。⑤球碰到运动员的身体或衣服。⑥球碰到场地外其他人或物体。

(5)比赛时，球拍或球的最初接触点不在击球者网的这一方(击球者击球后，球拍可以随球过网)。

(6)比赛进行中:①运动员球拍、身体或衣服触及网或网的支持物。②运动员的球拍或身体,以任何程度侵入对方场区。③妨碍对手,如阻挡对方紧靠球网的合法击球。

(7)比赛时,运动员故意分散对方注意力的任何举动,如喊叫、故作姿态等。

(8)比赛时:①击球时,球夹在或停滞在拍上紧接着又被拖带。②同一运动员两次挥拍连续击中球两次。③同一方两名运动员连续各击中球一次。④球碰球拍继续向后场飞行。⑤运动员违反比赛连续性的规定。⑥运动员行为不端。

4.重发球

(1)遇到不能预见或意外的情况,应重发球。

(2)除发球外,球过网后,球挂在网上或停在网顶,应重发球。

(3)发球时,发球员和接发球员同时违例,应重发球。

(4)发球员在接发球员未做好准备时发球,应重发球。

(5)比赛进行中,球托与球的其他部分完全分离,应重发球。

(6)司线员未看清球的落点,裁判员也不能做出决定时,应重发球。

(7)"重发球"时,最后一次发球无效,原发球员重发球。

5.死球

(1)球撞网并挂在网上,或停在网顶上。

(2)球撞网或网柱后开始在击球这一方落向地面。

(3)球触及地面。

(4)"违例"或"重发球"。

6.发球区错误

(1)发球顺序错误。

(2)从错误的发球区发球。

(3)在错误的发球区准备接发球,且对方球已发出。

7.发球区错误的裁判方法

(1)如果错误在下一次发球击出前发现,应重发球;只有一方错误并输了这一回合,则错误不予纠正。

(2)如果错误在下一次发球击出前未被发现,则错误不予纠正。

(3)如果因发球区错误而"重发球",则该回合无效,纠正错误重发球。

(4)如果发球区错误未被纠正,比赛也应继续进行,并且不改变运动员的新发球区和新发球顺序。

8.比赛中的出界

单打的边线,是在边界的里面一条。双打的边线就是最外面一条。单打的前发球线,就是最前面的一条线,后发球线就是底线。发球在这两条线之间才有效。双打的前发球线和单打一样,都是最前面一条,后发球线就是底线前的那一条线。发球在这两条线之间才有效。

(四)裁判

(1)裁判长对比赛全面负责。

(2)临场裁判主持一场比赛并管理该球场及其周围。裁判员应向裁判长负责。

(3)发球裁判员应负责宣判发球员的发球违例。

(4)司线裁判对球在其分管线的落点宣判“界内”或“界外”。

(5)临场裁判员对其所分管职责内的事实的宣判是最后的裁决。

## 第七节　健美操运动

### 一、健美操运动概述

20世纪80年代,世界性的健美操传到我国,随着我国教育制度改革的不断深入,“美育”教育在学校教育中逐渐占有一席之地。因此,健美操的引进与兴起为美育教育提供了一个重要的手段。1984年,北京体育学院成立了健美操研究中心。由其编排并推广的“青年韵律操”,迅速传遍全国各大专院校,无数青年学生投入了学习“青年韵律操”的热潮,使健美操在全国迅速得到普及。让许多人第一次认识了健美操。此后不久,许多高校将健美操引入教学大纲,为健美操的普及打下了良好的基础。

健美操是集音乐、舞蹈、体操、美学于一体的新型体育项目。它自身固有的价值和魅力,风靡世界,深受广大青年学生及群众的喜爱。目前,健美操已引入我国学校体育教学大纲,成为学校体育教学的重要项目。

### 二、学校健美操

健美操是以人体为对象,以健美为目标,以肢体锻炼为内容,以艺术创造为手段,融体操、舞蹈、音乐为一体的体育锻炼项目。健美操的重要教学目的是将丰富多彩的动作传授给学生。使之通过学习养成正确的身体姿态,发展学生的协调性、灵活性、柔韧性和耐久性,改善心血管系统功能,提高人体的有氧代谢能力,培养节奏感及现代美的气质。

随着社会的进步,改革开放的不断深入,现代学生参加体育锻炼过程中所表现出来的“求新心理”以及求趣、求知、求动的心理活动,使昔日的传统体育运动项目及教学已经不能满足他们的要求。他们需要呼吸新的时代气息,需要尝试新的体育活动方式。而健美操作为一项正在我国蓬勃兴起的新兴体育运动项目,它的丰富的内涵以及运动性与艺术性的有机结合,加上鲜明的节奏,多变化的动作,满足了当今学生求新求异的心理特点及精神需求。

### 三、健美操基本动作

#### (一)健美操基本动作概念

健美操基本动作是健美操运动的基础,是最小单位的元素动作。千姿百态的健美操组合动作都是在基本动作的基础上变化和发展起来的。将健美操基本动作按一定的需要进行不同的组合和编排则会产生不同难度、不同程度、不同风格及不同视觉效果的动作。健美操基本动作并不复杂,只要我们掌握了元素动作及变化规律,健美操的学习过程就变得简单的多了。

#### (二)健美操基本动作作用

(1)练好健美操基本动作,可以掌握正确的动作规格,通过健美操基本动作练习,使健美操练习者尽快建立正确的动作技术概念。

(2)练好健美操基本动作是建立良好基本姿态的有效方法。只有正确的动作才会给人美的感觉，良好的基本姿态能反应练习者的精神面貌及艺术造诣，是美的意识的直接反映。

(3)练习健美操基本动作，是进行动作韵律"开法儿"较好的手段。在开始进行基本动作练习时，一般多以局部单个动作反复练习。教会练习者如何发力，用力及控制，体会动作的节奏及内在感觉，使之掌握整个动作的韵律过程，达到真正的练习效果。

(三)健美操基本动作的重要内容

健美操基本动作主要由下肢动作、上肢动作及躯干动作组成，是基本步法、肌肉的伸展和力量练习。

基本手位操

**第一节**

第一个八拍(如图 2-71 所示)

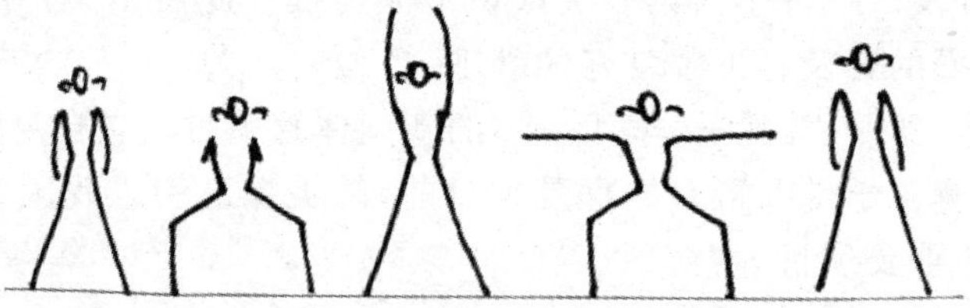


图 2-71

1－2 拍两臂前举，基本手型，掌心相对，同时屈膝半蹲。

3－4 拍两臂上举直立。

5－6 拍两臂侧举，屈膝半蹲

7－8 拍平臂下举，直立。

第二个八拍(如图 2-72 所示)

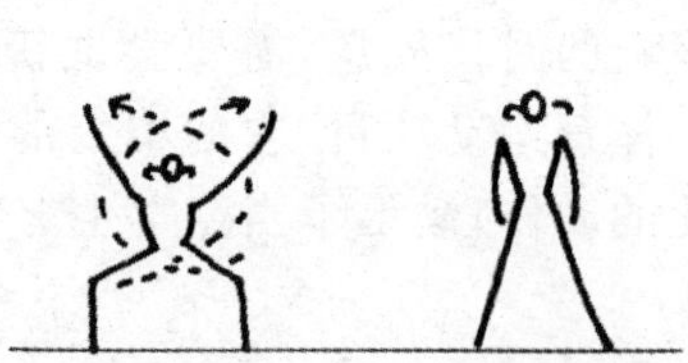


图 2-72

1－2 拍两臂经体前交叉绕至侧上举，掌心相对，同时屈膝半蹲。

3－4 拍两臂体侧下垂成分腿直立。

5－6 拍重复 1－2 拍动作。

7－8 拍重复 3－4 拍动作。

第三个八拍

重复一、二个八拍的动作，动作速度加快一倍。

第四个八拍同第三个八拍动作。

**第二节**

第一个八拍(如图 2-73 所示)

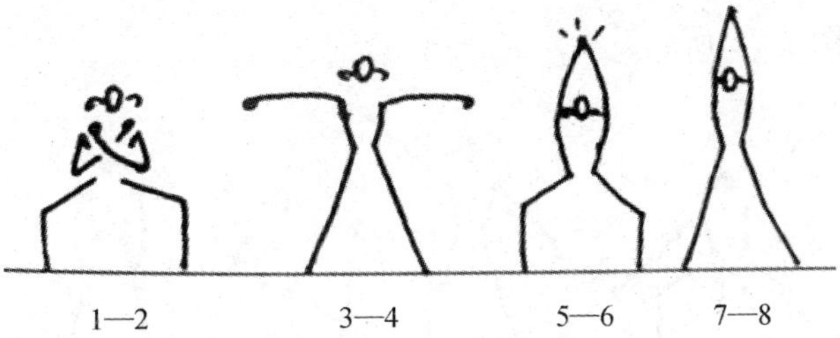


图 2-73

1—2 拍两臂胸前屈交叉,拳心向后,左臂在外,同时屈膝半蹲。

3—4 拍两臂侧举,成分腿直立。

5—6 拍两臂摆至上举击掌互推手,同时屈膝半蹲。

7—8 拍两臂保持上举互握,两腿伸直成开立。

第二个八拍(如图 2-74 所示)

图 2-74

1—2 拍两肘后拉至腰侧屈,拳心向上,同时屈膝半蹲。

3—4 拍两臂前举交叉,左臂在上,拳心向下,同时两腿伸直成开立。

5—6 拍两臂侧下举,拳心向内,同时屈膝半蹲。

7—8 拍两臂保持 5—6 拍动作,两腿伸直成开立。

第三个八拍

重复第一、二个八拍动作,动作速度加快一倍。

第四个八拍同第三个八拍动作。

**第三节**

第一个八拍(如图 2-75 所示)

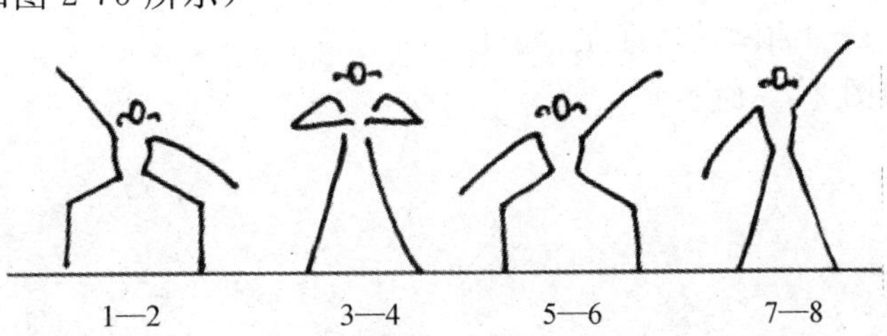


图 2-75

1－2 拍两臂经胸前平屈至右臂侧上举，左臂侧下举，掌心向下，基本手型，屈膝半蹲。

3－4 拍两臂摆至胸前平屈，掌心向下，直立。

5－6 拍同 1－2 拍动作，方向相反。

7－8 拍平臂保持动作、直立。

第二个八拍(如图 2-76 所示)

图 2-76

1－2 拍同第一个八拍 1－2 拍动作。

3－4 拍两臂摆至右臂侧下举，左臂侧上举，掌心向下，直立。

5－6 拍两臂前屈掌互握，屈膝半蹲。

7－8 拍两臂体侧下垂，直立。

第三个八拍

重复第一、二个八拍动作，动作速度加快一倍。

第四个八拍同第三个八拍动作。

**第四节**

第一个八拍(如图 2-77 所示)

图 2-77

1－2 拍右臂肩侧上屈，握拳，屈膝半蹲。

3－4 拍右臂保持，左臂同 1－2 拍右臂动作，直立。

5－6 拍两臂由上至下向内交叉环绕一周，屈膝半蹲。

7－8 拍手臂同 3－4 拍动作、直立。

第二个八拍(如图 2-78 所示)

图 2-78

1－2 拍左臂不动，右臂成肩侧下屈，拳心向内，屈膝半蹲。

3－4 拍左右臂动作互换、直立。

5－6 拍右臂微屈时，拳至外侧，左臂向右上方冲拳，拳心向后，屈膝半蹲。

7－8 拍还原成预备姿势。

第三个八拍

重复第一、二个八拍动作，动作速度加快一倍。

第四个八拍同第三个八拍动作。

**第五节**

第一个八拍（如图 2-79 所示）

图 2-79

1－2 拍右臂胸前平屈，左臂侧举，基本平行，掌心向下，屈膝半蹲。

3－4 拍两臂动作同 1－2 拍动作，方向相反、直立。

5－6 拍两臂胸前交叉，掌心向下，屈膝半蹲。

7－8 拍手臂同 1－2 拍动作、直立。

第二个八拍（如图 2-80 所示）

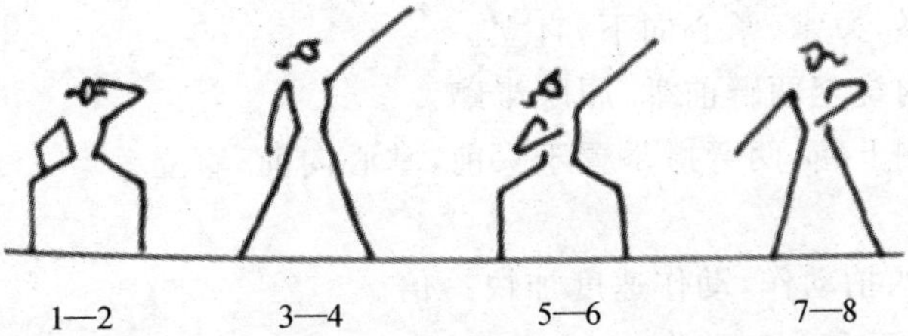


图 2-80

1－2 拍右臂体侧下垂，左臂成军礼姿态，基本平行，屈膝半蹲。

3—4 拍右臂不动，左臂伸至斜前上举，直立。

5—6 拍左臂不动，右臂屈肘，前臂胸前侧举，屈膝半蹲。

7—8 拍右臂后下举，左臂屈时前臂胸前呈侧下举，直立。

第三个八拍

重复第一、二个八拍动作，动作速度加快一倍。

第四个八拍同第三个八拍动作。

**第六节**

第一个八拍（如图 2-81 所示）

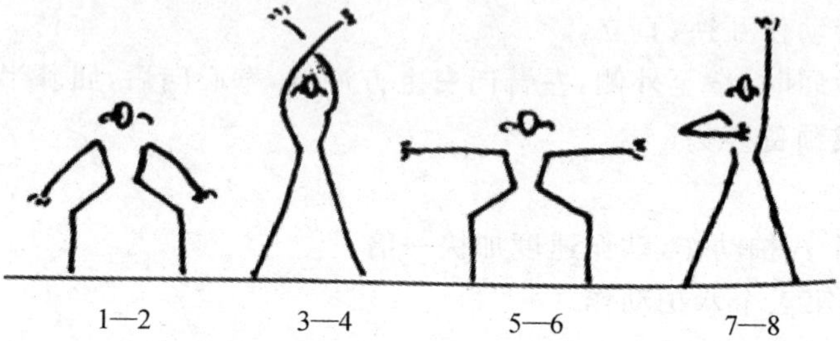


图 2-81

1—2 拍两臂侧下举，撑掌，拳心向前，屈膝半蹲。

3—4 拍两臂摆至头上直臂交叉，掌心向前，屈膝半蹲。

5—6 拍两臂侧举，撑掌，掌心向前，屈膝半蹲。

7—8 拍左臂上举，掌心向前，右臂胸前平屈，掌心向后，直立。

第二个八拍（如图 2-82 所示）

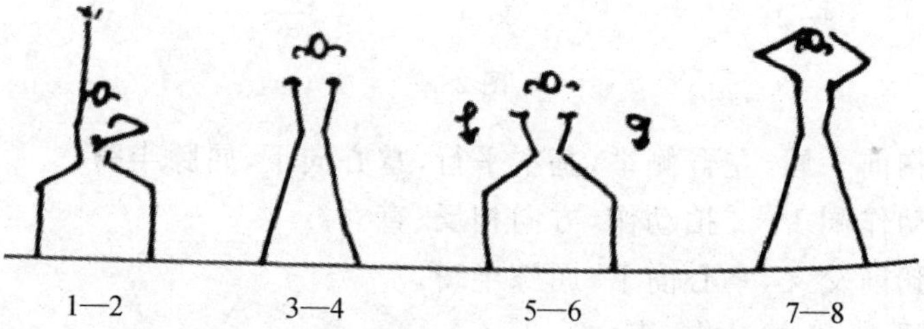


图 2-82

1—2 拍右臂上举，左臂胸前平屈，屈膝半蹲。

3—4 拍两臂平举，撑掌，掌心向下，直立。

5—6 拍两臂向内绕至两臂前举，屈膝半蹲。

7—8 拍两臂肩侧上屈，两臂撑举置于头前，掌心向前，直立。

第三个八拍

重复第一、二个八拍动作，动作速度加快一倍。

第四个八拍同第三个八拍动作。

## 四、健美操套路

### (一)体能操

**第一节**

从左脚开始原地踏步一个八拍,迈左脚向前走四步,迈左脚向后退四步,迈左脚向前走三步,第四步抬右腿成 90 度。做一次跳步,然后反方向做一次,迈左脚向后退三步,第四步抬左腿成 90 度做一次跳步。以上动作反复做两个八拍,最后一拍抬左腿屈腿后踢接弹踢跳。

**第二节**

第一个八拍上肢

1 身体向左转 45 度,同时两臂上举。

2 两臂胸前弯曲 90 度。

3 身体向右转 45 度,同时两臂侧平举。

4 右臂自然下垂。

5 左臂经前平举,右臂经前向上。

6 向后,向下绕 360 度。

下肢动作是踏点跳。

第二个八拍身体向右转 90 度,动作和前一个八拍一样,方向相反。4 乘以 4 个八拍。

**第三节**

上肢

1 左臂胸前弯曲 90 度。

2 右臂胸前弯曲 90 度。

3 左臂向左侧冲出变成侧平举。

4 右臂向右侧冲出变成侧平举。

5 两臂同时上举。

6 两臂同时胸前弯曲 90 度。

7 两臂同时上举。

8 两臂经两侧还原向下。

下肢

后踢腿跑,按节奏一拍一换腿。4 乘以 4 个八拍。

**第四节**

上肢

1 两臂胸前弯曲 90 度。

2 两臂上举。

3 两臂侧平举。

4 两臂上举。

5—8 拍动作同 1—4 拍动作。

下肢

原地后踢腿跑,按节奏一拍一换腿。4 乘以 4 个八拍。

**第五节**

上肢

1 两臂体前交叉。

2 两臂向两侧 30 度打开，掌心向后。

3 两臂胸前弯曲 90 度。

4 两臂上举。

5—8 拍动作同 1—4 拍动作。4 乘以 4 个八拍。

下肢

原地后踢腿跑，按节奏一拍一换腿。

**第六节**

上肢

1 左平扶右肩。

2 左臂前平举。

3 右手扶左肩。

4 右臂前平举。

5 双手抱肩。

6 双手胸前肩上屈。

7 两臂前平举。

8 还原立正。

下肢

左右踏点步。4 乘以 2 个八拍。

(二)大众健身操

**第一小节**

右脚开始踏步，一个八拍，迈右脚向前走四步，迈右脚向后退四步。

1 半蹲一次，同时两臂胸前弯曲 90 度。

2 还原立正。

3 再半蹲一次，同时两臂扩胸弯曲 90 度。

4 还原立正。

5—8 拍重复 1—4 拍动作。

左脚开始踏步一个八拍，迈左脚向前走四步，迈左脚向后退四步。

1 半蹲一次，同时两臂胸前弯曲 90 度。

2 还原立正。

3 再半蹲一次，同时两臂扩胸弯曲 90 度。

4 还原立正。

5—8 拍重复 1—4 拍动作。

1 右脚向右侧迈一步，同时两臂扩胸弯曲 90 度。

2 左脚靠右脚，同时两臂侧腰间弯曲。

3—4 拍动作一样，方向相反。

5—8 拍重复 1—4 拍动作。

1 右脚向右迈，两臂上举。

2 左脚靠右脚，两臂屈于腰间。

3 同 1。

4 同 2。

5—8 拍动作一样、方向相反。

三次交叉步右一次，左一次，再右一次，两臂自然交叉打开。

1—4 拍向右交叉。

5—8 拍向左交叉。

1—4 拍再向右交叉。

5 左脚向左迈一步，两臂前平举。

6 右腿向后弯曲，同时两腿屈于腰间。

7—8 拍动作一样。方向相反。

**第二小节**

1—2 拍右脚向前一步，左脚跟上，同时两腿弯曲，两臂胸前弯曲 90 度。

3—4 拍先退右脚，还原左脚，同时两臂胸前交叉打开成侧平举。

5—8 拍重复一次。

先迈右脚走“V”字步。

1 右脚向右方 45 度，迈一步，同时右臂斜上举，屈腿。

2 左脚向左前方 45 度，迈一步，同时左臂斜上举，屈腿半蹲。

3 退右脚还原，同时两臂抱肩。

4 还原立正。

5—8 拍动作一样，重复一次 4 个跳步。

1—2 拍右脚向右侧跳一步，同时右臂侧平举，左臂头后弯曲。

3—4 拍动作一样，方向相反。

5—6 拍同 1—2 拍动作。

7—8 拍同 3—4 拍动作。

然后，

1 右脚向右迈一步，半蹲，两臂腰间弯曲。

2 两腿蹬直，同时左臂向右侧冲拳一次。

3—4 拍动作一样，方向相反。

5—6 拍两腿半蹲，双平扶膝。

7—8 拍收右脚，击掌两次。

**第二小节　相反方向**

1—2 拍左脚向前一步，右脚跟上，同时两腿弯曲，两臂胸前弯曲 90 度。

3—4 拍先退左脚，同时两臂胸前交叉打开成侧平举。

5—8 拍重复一次先迈左脚走“V”字步。

1 左脚向左前方 45 度，迈一步，同时左臂斜上举，屈腿。

2 右脚向右前方 45 度，迈一步，同时右臂斜上举，屈腿半蹲。

3 退左脚还原，同时两臂抱肩。

4 还原立正。

5—8 拍动作一样，重复一次。

四个跳步。

1—2 拍左脚向左侧跳一步，同时左臂侧平举，右臂头后弯曲。

3—4 拍动作一样，方向相反。

5—6 拍同 1—2 拍动作。

7—8 拍同 3—4 拍动作。

然后，

1 左脚向左迈一步，半蹲，两臂腰间弯曲。

2 两腿蹬直，同时右臂向左侧冲拳一次。

3—4 拍动作一样，方向相反。

5—6 拍两腿半蹲，双平扶膝。

7—8 拍收左脚，击掌两次。

**第三小节**

抬右脚原地后踢跑一个八拍。

1—2 拍跳起来两脚分开，同时两臂斜下打开，拳心向后。

3—4 拍跳起来两脚并拢，同时两臂体前交叉。

5 跳起来两脚分开，同时两臂斜下打开，拳心向后。

6 跳起来两脚并拢，同时两臂体前交叉。

7 同 5。

8 同 6。

1 右脚向前一步，同时两臂前平举。

2 左脚向前成 90 度，同时两臂屈于腰间。

3 左脚后退，同时两臂前平举。

4 右脚靠左脚，还原立正。

5—8 拍动作一样，左脚开始重复一次。

1 右脚向前一步，左腿弯曲，两臂体前打开。

2 还原立正。

3 左脚向前一步，右腿弯曲，两臂体前打开。

4 还原立正。

5 右腿向后 45 度。伸直左腿弯曲，同时两臂斜下 45 度打开，拳心向后。

6 还原立正。

7 同 5。

8 同 6。

**第三小节　相反方向**

抬左脚原地后踢跑一个八拍。

1—2 拍跳起来两脚分开，同时两臂斜下打开，拳心向后。

3—4 拍跳起来两脚并拢，同时两臂体前交叉。

5 跳起来两脚分开，同时两臂斜下打开，拳心向后。

6 跳起来两脚并拢，同时两臂体前交叉。
7 同 5。
8 同 6。
1 左脚向前一步，同时两臂前平举。
2 右脚向前成 90 度，同时两臂缩于腰间。
3 右脚后退，同时两臂前平举。
4 左脚靠右脚，还原立正。
5—8 拍动作一样，右脚开始重复一次。
1 左脚向前一步，右腿弯曲，两臂体前打开。
2 还原立正。
3 右脚向前一步，左腿弯曲，两臂体前打开。
4 还原立正。
5 左腿向后 45 度伸直，右腿弯曲，同时两臂斜下 45 度打开，拳心向后。
6 还原立正。
7 同 5。
8 同 6。
最后两臂同时上举结束。

## 四、自编操

### 第一节　放松运动

（8 拍乘以 2）
预备姿势：直立。
1 双手体侧平举（掌心向下）。
2 头微微向上抬，同时双手经胸前向上举，轻轻呼吸。
3 恢复直立，双手体侧平举，慢慢下蹲。
4 恢复直立。
连续两个八拍。

### 第二节　扩胸运动

（8 拍乘以 4）
预备姿势：直立。
1 左脚向左跨一步。
2 左手叉腰，同时右手胸前平举（握拳）。
3 右手经胸前向后平行展开（至最大负荷）。
4 恢复直立。
5—8 同 1—4，但方向相反。
要求及注意事项：动作要连贯。

### 第三节　腰部运动

（8 拍乘以 4）
预备姿势：直立。

1 双手叉腰。

2 腰向右扭,肩膀向左倾。

3 与 2 同方向相反。

4 腰部顺时针旋转一圈,恢复直立。

要求及注意事项:2 3 4 动作要连贯。

**第四节　踢腿运动**

(8 拍乘以 4)

预备姿势:直立。

1 双手叉腰。

2 左脚体侧水平踢,恢复直立。

3 右脚胸前正踢,双手水平打开,掌心向下。

4 恢复直立。

5—8 同 1—4,但方向相反。

要求及注意事项:2 3 4 动作要连贯。

**第五节　击掌运动**

预备姿势:直立。

1 左腿向左侧一步,双手在体前击掌。

2 双手经体前经体侧向后移,双手在背后击掌。

3 双手经体侧向上移,双手在头上击掌。

4 恢复直立。

5—8 同 1—4,但方向相反。

**第六节　头手运动**

预备姿势:直立。

1 成直立,两手在胸前左侧平举,掌心向下,同时头向左看。

2 向头上平举,掌心相对,同时头向上看。

3 两手向右侧平举,掌心向下,同时头向右看。

4 恢复直立。

5—8 同 1—4,但方向相反。

**第七节　全身运动**

预备姿势:直立。

1 成直立,下蹲,双手搭于膝盖上。

2 体前屈,双手手指搭于脚面上。

3 左腿向前一步成弓步,双手头上举,掌心相对。

4 恢复直立。

5 右腿向前一步成弓步,双手头上举,掌心相对。

6 体前屈,双手手指搭于脚面上。

7 下蹲,双手搭于膝盖上。

8 恢复直立。

**第八节　整理运动**

预备姿势：直立。

1 成直立，左手左侧握拳体侧平举，拳心向下。

2 左手握拳屈臂在胸前。

3 右手右侧握拳平举，拳心向下。

4 右手握拳屈臂在胸前。

5 双手体前握拳屈肩。

6 双手握拳头经体侧上举，拳心相对。

7 双手分别体侧平举，掌心向下。

8 恢复直立。

## 第八节　太极拳

### 一、太极拳简介

24 式太极拳也叫简化太极拳，是国家体委（现为国家体育总局）于 1956 年组织太极拳专家汲取杨氏太极拳之精华编串而成的。尽管它只有 24 个动作，但相比传统的太极拳套路来讲，其内容更显精练，动作更显规范，并且也能充分体现太极拳的运动特点。

演练太极拳要注意以下几点：

（一）心静体松

所谓“心静”，就是在练习太极拳时，思想上应排除一切杂念，不受外界干扰。所谓“体松”，可不是全身松懈疲沓，而是指在练拳时保持身体姿势正确的基础上，有意识地让全身关节、肌肉以及内脏等达到最大限度的放松状态。

（二）圆活连贯

“心静体松”是对太极拳练习的基本要求。而是否做到“圆活连贯”才是衡量一个人功夫深浅的主要依据。太极拳练习所要求的“连贯”是指多方面的。其一是指肢体的连贯，即所谓的“节节贯穿”。肢体的连贯是以腰为枢纽的。在动作转换过程中，则要求：对下肢，是以腰带跨，以跨带膝，以膝带足；对上肢，是以腰带背，以背带肩，以肩带肘，在以肘带手。其二是动作与动作之间的衔接，即“势势相连”——前一动作的结束就是下一个动作的开始，势势之间没有间断和停顿。而“圆活”是在连贯基础上的进一步要求，意指活顺、自然。

（三）虚实分明

要做到“运动如抽丝，迈步似猫行”，首先要注意虚实变换要适当，使肢体各部在运动中没有丝毫不稳定的现象。若不能维持平衡稳定，就根本谈不上什么“迈步如猫行”了。一般来说，下肢以主要支撑体重的腿为实，辅助支撑或移动换步的腿为虚；上肢以体现动作主要内容的手臂为实，辅助配合的手臂为虚。总之虚实不但要互相渗透，还需在意识指导下变化灵活。

（四）呼吸自然

太极拳练习的呼吸方法有自然呼吸、腹式顺呼吸、腹式逆呼吸和拳势呼吸。以上几种呼吸方法，不论采用哪一种，都应自然、匀细，徐徐吞吐，要与动作自然配合。初学者采用自然呼吸。

## 二、二十四式简化太极拳

（一）套路基本动作名称

(1)起势；(2)野马分鬃；(3)白鹤亮翅；(4)搂膝拗步；(5)手挥琵琶；(6)倒卷肱；(7)左揽雀尾；(8)右揽雀尾；(9)单鞭；(10)云手；(11)单鞭；(12)高探马；(13)右蹬脚；(14)双峰贯耳；(15)转身左蹬脚；(16)左下势独立；(17)右下势独立；(18)左右穿梭；(19)海底针；(20)闪通臂；(21)转身搬拦捶；(22)如封似闭；(23)十字手；(24)收势。

（二）套路基本内容

1. 起式

(1)身体自然并步直立，右脚轻轻提起，向左开步，与肩同宽，脚尖向前；两臂自然下垂，两手放在大腿外侧。眼向前平视。（见图 1）

(2)两臂慢慢向前平举，两手高与肩平，与肩同宽，手心向下。（见图 2、3）

(3)上体保持正直，两腿屈膝下蹲；同时两掌轻轻下按，两肘下垂与两膝相对。眼平视前方。（见图 4）

图 2-83

（二）左右野马分鬃

(1)上体微向右转，身体重心移至右腿上；同时右臂收在胸前平屈，手心向下，左手经体前向右下划弧放在右手下，手心向上，两手心相对成抱球状，左脚随即收到右脚内侧，脚尖点地。眼看右手。（见图 5、6）

(2)上体微向左转，左脚向左前方迈出，右脚跟后蹬，右腿自然伸直成左弓步；同时上体继续向左转，左、右手随转体分别慢慢向左上、右下方分开，左手高与眼平，肘微屈；右手落在右胯旁，肘也微屈，手心向下，指尖向前。眼看左手。（见图 7、8、9）

(3)上体慢慢后坐，身体重心移至右腿，左脚尖跷起，微向外撇（大约 45°～60°），随后脚掌慢慢踏实，左腿慢慢前弓，身体左转，身体重心再移至左腿；同时左手翻转向下，左臂收在胸前平屈，右手向左下划弧放在左手下，两手心相对成抱球状，右脚随即收到左脚内侧，脚尖点地。眼看左手。（见图 10～12）

(4)右腿向右前方迈出，左腿自然伸直成右弓步；同时上体右转，左右手随转体分别慢慢

向左下、右上分开，右手高与眼平，肘微屈；左手落在左胯旁，肘亦微屈，手心向下，指尖向前。眼看右手。(见图 13、14)

(5)与 3 同，唯左右相反。(见图 15、16、17)

(6)与 4 同，唯左右相反。(见图 18、19)

图 2-84

(三)白鹤亮翅

(1)上体微向左转，左手翻掌向下，左臂平屈胸前，右手向左上划弧，手心转向上，与左手成抱球状。眼看左手。(见图 20)

(2)右脚跟进半步，上体后坐，身体重心移至右腿，上体先向右转，面向右前方，眼看右手；然后左脚稍向前移，脚尖点地成左虚步；同时上体再微向左转，面向前方，两手随转体慢慢向右上、左下分开，右手上提停于右额前，手心向左后方，左手落于左胯前，手心向下，指尖向前。眼平视前方。(见图 21、22)

(四)左右搂膝拗步

(1)右手从体前下落，由下向后上方划弧至右肩外侧，肘微屈，手与耳同高，手心斜向上，左手由左下向上、向右划弧至右胸前，手心斜向下；同时上体先微向左再向右转，左脚收至右脚内侧，脚尖点地。眼看右手。(见图 23、24、25)

图 2-85

(2)上体左转，左脚向前(偏左)迈出成左弓步；同时右手屈回由耳侧向前推出，高与鼻尖平，左手向下由左膝前搂过落于左胯旁，指尖向前。眼看右手手指。(见图 26、27)

(3)右腿慢慢屈膝，上体后坐，身体重心移至右腿，左脚尖翘起微向外撇，随后脚掌慢慢踏实，左腿前弓，身体左转，身体重心移至左腿。右脚收到左脚内侧，脚尖点地；同时左手向外翻掌由左后向上划弧至左肩外侧，肘微屈，手与耳同高，手心斜向上，右手随转体向上、向左下划弧落于左胸前，手心斜向下。眼看左手。(见图 28、29、30)

(4)与 2 同，唯左右相反。(见图 31、32)

(5)与 3 同，唯左右相反。(见图 33、34、35)

(6)与 2 同。(见图 36、37)

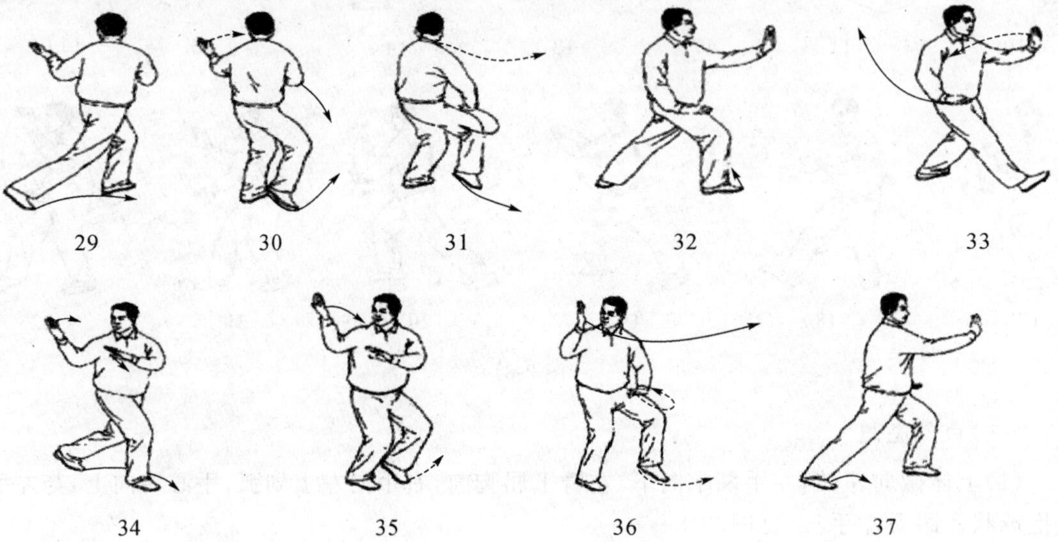


图 2-86

(五)手挥琵琶

(1)右脚跟进半步，上体后坐，身体重心转至右腿上，上体半面向右转，左脚略提起稍向前移，变成左虚步，脚跟着地，脚尖翘起，膝部微屈；同时左手由左下向上挑举，高与鼻尖平，掌心向右，臂微屈，右手收回放在左臂肘部里侧，掌心向左。眼看左手食指。(见图 38、39、40)

图 2-87

（六）左右倒卷肱

（1）上体右转，右手翻掌（手心向上）经腹前由下向后上方划弧平举，臂微屈，左手随即翻掌向上。眼的视线随着向右转体先向右看，再转向前方看左手。（见图 41、42）

（2）右臂屈肘折向前，右手由耳侧向前推出，手心向前，左臂屈肘后撤，手心向上，撤至左肋外侧；同时左腿轻轻提起向后（偏左）退一步，脚掌先着地，然后全脚慢慢踏实，身体重心移到左腿上成右虚步，右脚随转体以脚掌为轴扭正。眼看右手。（见图 43、44）

（3）上体微向左转；同时左手随转体向后上方划弧平举，手心向上，右手随即翻掌，掌心向上。眼随转体先向左看，再转向前方看右手。（见图 45）

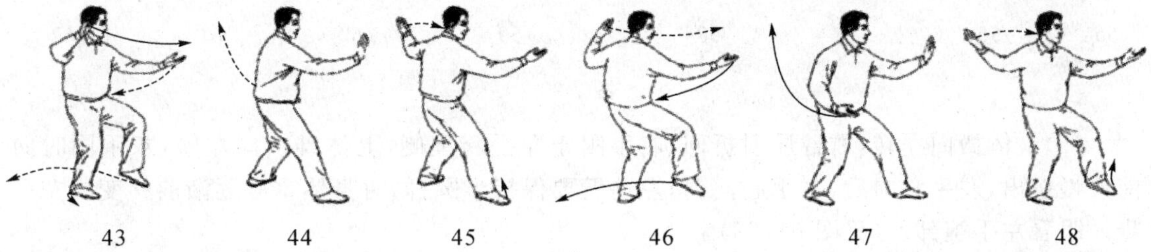


图 2-88

（4）与（2）同，唯左右相反。（见图 46、47）

（5）与（3）同，唯左右相反。（见图 48）

（6）与（2）同。（见图 49、50）

（7）与（3）同。（见图 51）

（8）与（2）同，唯左右相反。（见图 52、53）

图 2-89

（七）左揽雀尾

（1）上体微向右转，同时右手随转体向后上方划弧平举，手心向上，左手放松，手心向下。眼看左手。（见图 54）

（2）身体继续向右转，左手自然下落逐渐翻掌经腹前划弧至右肋前，手心向上，右臂屈肘，手心转向下收至右胸前，两手相对成抱球状；同时身体重心落在右腿上，左脚收到右脚内侧，脚尖点地。眼看右手。（见图 55、56）

（3）上体微向左左转，左脚向左前方迈出，上体继续向左转，右腿自然蹬直，左腿屈膝成左弓步；同时左臂向左前方推出，高与肩平，手心向后，右手向右下落放于右胯旁，手心向下，

指尖向前。眼看左前臂。(见图 57、58)

(4)身体微向左转,左手随即前伸翻掌向下,右手翻掌向上,经腹前向上、向前伸至左前臂下方;然后两手下捋,即上体向右转,两手经腹前向右后上方划弧,直至右手手心向上,高与肩齐,左臂平屈于胸前,手心向后;同时身体重心移至右腿。眼看右手。(见图 59、60)

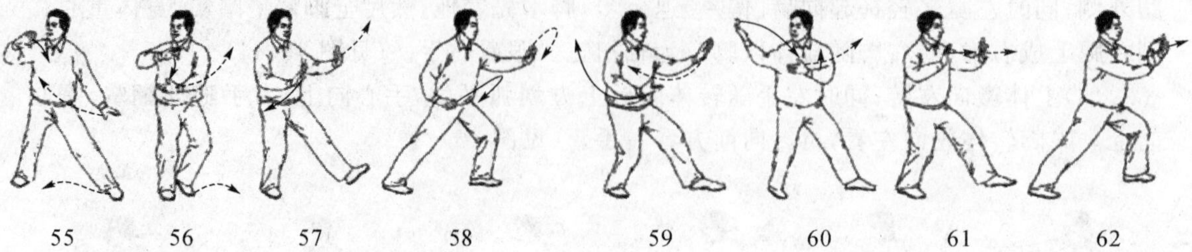


图 2-90

(5)上体微向左转,右臂屈肘折回,右手附于左手腕里侧,上体继续向左转,双手同时向前慢慢挤出,左手心向后,右手心向前,左前臂要保持半圆;同时身体重心逐渐前移变成左弓步。眼看左手腕部。(见图 61、62)

(6)左手翻掌,手心向下,右手经左手腕上方向前、向右伸出,高与左手齐,手心向下,两手左右分开,宽与肩同;然后右腿屈膝,上体慢慢后坐,身体重心移至右腿上,左脚尖翘起;同时两手屈肘回收至腹前,手心均向前下方。眼向前平视。(见图 63、64、65)

(7)上式不停,身体重心慢慢前移;同时两手向前、向上按出,掌心向前,左腿前弓成左弓步。眼平视前方。(见图 66)

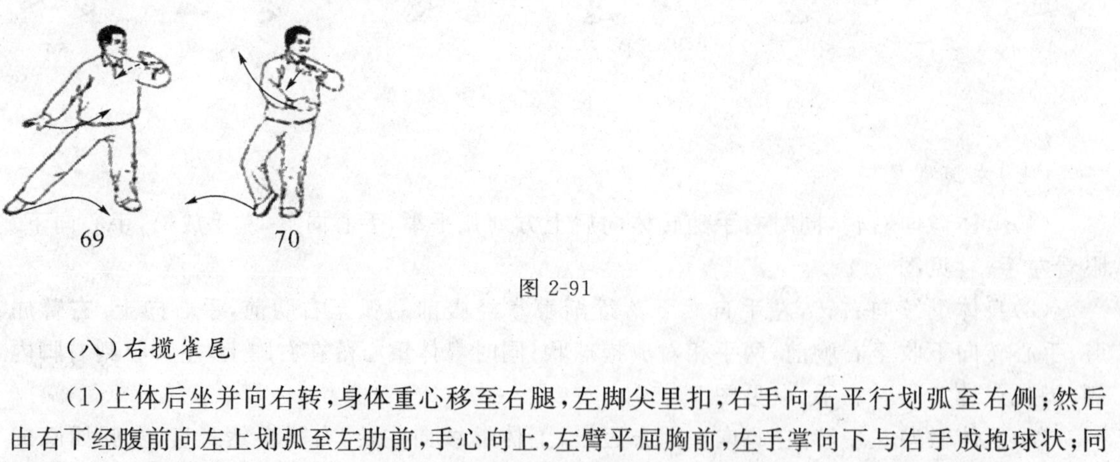


图 2-91

(八)右揽雀尾

(1)上体后坐并向右转,身体重心移至右腿,左脚尖里扣,右手向右平行划弧至右侧;然后由右下经腹前向左上划弧至左肋前,手心向上,左臂平屈胸前,左手掌向下与右手成抱球状;同时身体重心再移至左腿上,右脚收至左脚内侧,脚尖点地。眼看左手。(见图 67、68、69、70)

(2)同“左揽雀尾”(3),唯左右相反。(见图71、72)

(3)同“左揽雀尾”(4),唯左右相反。(见图73、74)

(4)同“左揽雀尾”(5),唯左右相反。(见图75、76)

(5)同“左揽雀尾”(6),唯左右相反。(见图77、78、79)

(6)同“左揽雀尾”(7),唯左右相反。(见图80)

图2-92

(九)单鞭

(1)上体后坐,身体重心逐渐移至左腿上,右脚尖里扣;同时上体左转,两手向左划弧,直至左臂平举伸于身体左侧,手心向左,右手经腹前运转至左肋前,手心向后上方。眼看左手。(见图81、82)

(2)身体重心再渐渐移至右腿上,上体右转,左脚向右脚靠拢,脚尖点地;同时右手向右上方划弧,至右斜前方时变勾手,臂略高于肩,左手向下经腹前向右上划弧停于右肩前,手心向里。眼看左手。(见图83、84)

(3)上体微向左转,左脚向左前侧迈出,右脚跟后蹬成左弓步;在身体重心移向左腿的同时,左掌随上体的继续左转慢慢翻转向前推出,手心向前,手指与眼齐平,臂微屈。眼看左手。(见图85、86)

(十)云手

(1)身体重心移至右腿上,身体渐向右转,左脚尖里扣;左手经腹前向右上划弧至右肩前,手心斜向后,右手变掌,手心向右前。眼看左手。(见图87、88、89)

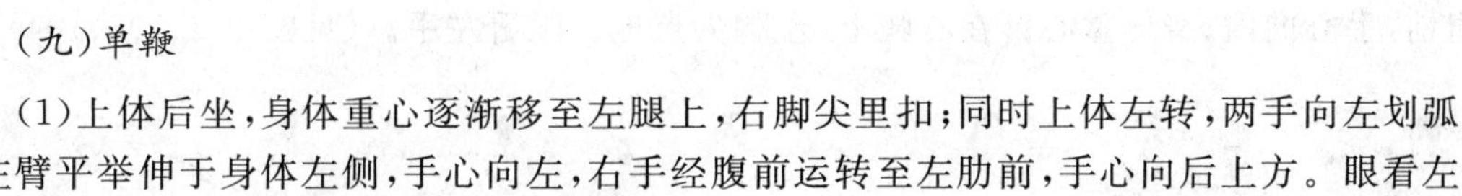

图2-93

(2)上体慢慢左转，身体重心随之逐渐左移，左手由脸前向左侧划弧，手心渐转向左方，右手由右下经腹前向上划弧至左肩前，手心斜向后；同时右脚靠近左脚成小开立步。眼看右手。(见图 90、91)

(3)上体再向右转，同时左手经腹前向右上划弧至右肩前，手心斜向后，右手向右划弧，手心翻转向右；左腿随之向左横跨一步。眼看左手。(见图 92、93、94)

(4)同(2)。(见图 95、96)

(5)同(3)。(见图 97、98、99)

(6)同(2)。(见图 100、101)

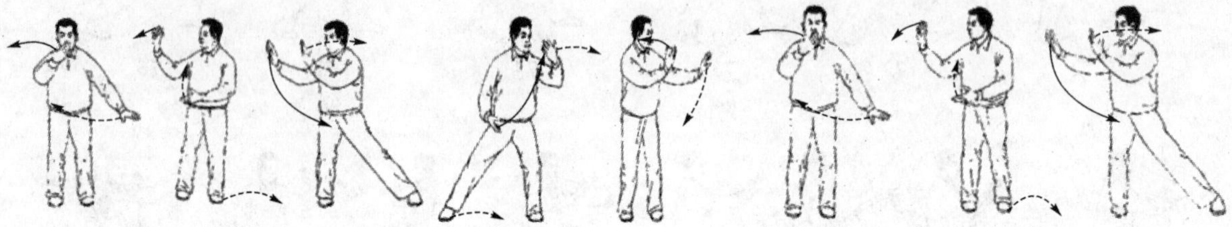

92 93 94 95 96 97 98 99

图 2-94

(十一)单鞭

(1)上体向右转，右手随之向右划弧，至右斜前方时变成勾手，左手经腹前向右上划弧至右肩前，手心向内；身体重心落在右腿上，左脚尖点地。眼看左手。(见图 102、103、104)

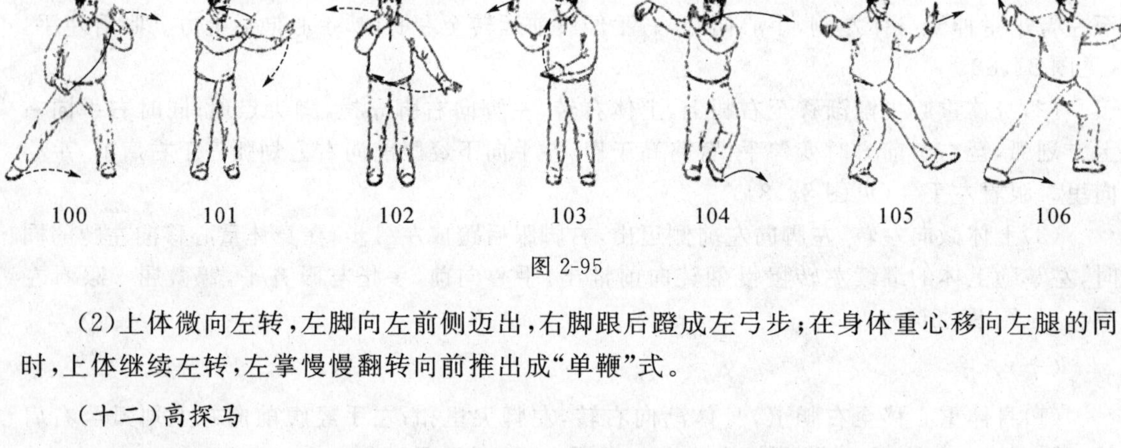

100 101 102 103 104 105 106

图 2-95

(2)上体微向左转，左脚向左前侧迈出，右脚跟后蹬成左弓步；在身体重心移向左腿的同时，上体继续左转，左掌慢慢翻转向前推出成“单鞭”式。

(十二)高探马

(1)右脚跟进半步，身体重心逐渐后移至右腿上，右勾手变成掌，两手心翻转向上，两肘微屈；同时身体微向右转，左脚跟渐渐离地。眼视左前方。(见图 107)

(2)上体微向左转，面向前方，右掌经右耳旁向前推出，手心向前，手指与眼同高，左手收至左侧腰前，手心向上；同时左脚微向前移，脚尖点地成左虚步。眼看右手。(见图 108)

(十三)右蹬脚

(1)左手手心向上，前伸至右手腕背面，两手相互交叉，随即向两侧分开并向下划弧，手心斜向下；同时左脚提起向左前侧进步，身体重心前移，右腿自然蹬直成左弓步。眼看前方

（见图 109、110、111）

107　108　109　110　111

图 2-96

（2）两手由外圈向里圈划弧，两手交叉合抱于胸前，右手在外，手心均向后；同时右脚向左脚靠拢，脚尖点地。眼平视右前方。（见图 112）

（3）两臂左右划弧分开平举，肘微屈，手心均向外；同时右腿屈膝提起，右脚向右前方慢慢蹬出。眼看右手。（见图 113、114）

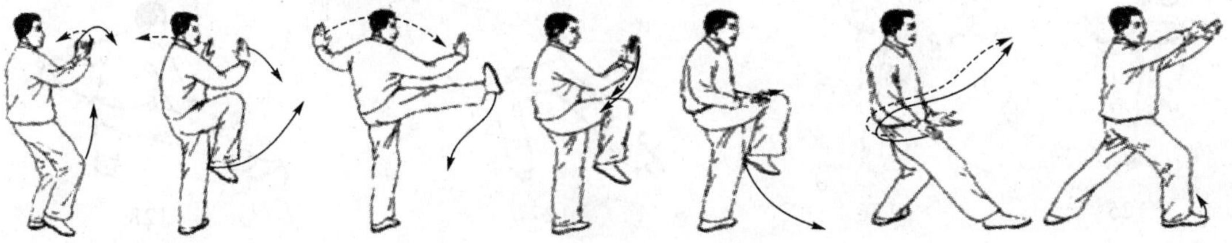

112　113　114　115　116　117　118

图 2-97

（十四）双峰贯耳

（1）右腿收回，屈膝平举；左手由后向上、向前下落至体前，两手心均翻转向上，两手同时向下划弧分落于右膝盖两侧。眼看前方。（见图 115、116）

（2）右脚向右前方落下，身体重心渐渐前移，成右弓步，面向右前方；同时两手下落，慢慢变拳，分别从两侧向上、向前划弧至面部前方，两拳拳峰相对，拳眼都斜向内下，高与耳齐。眼看右拳。（见图 117、118）

（十五）转身左蹬脚

（1）左腿屈膝后坐，身体重心移至左腿，上体左转，右脚尖里扣；同时两拳变掌，由上向左右划弧并分开平举，手心向前。眼看左手。（见图 119、120）

（2）身体重心再移至右腿，左脚收到右脚内侧，脚尖点地；同时两手由外圈向里圈划弧合抱手胸前，左手在外，手心均向后。眼平视左方。（见图 121、122）

（3）两臂左右划弧分开平举，肘微屈，手心均向外；同时左腿屈膝提起，左脚向左前方慢慢蹬出。眼看左手。（见图 123、124）

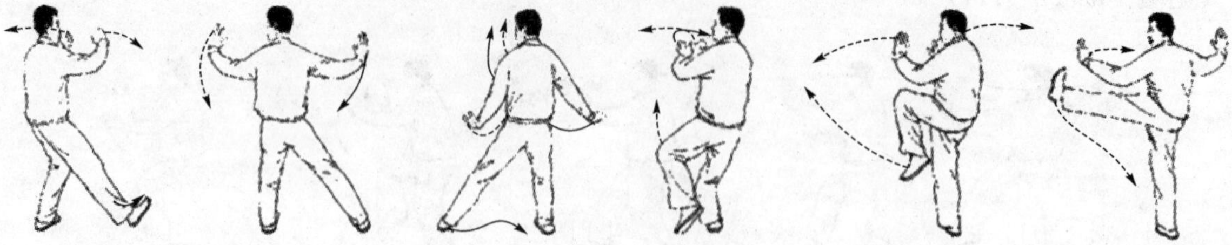

119　120　121　122　123　124

图 2-98

（十六）左下式独立

（1）左腿收回平屈，上体右转；右掌变成勾手，左掌向上、向右划弧下落，立于右肩前，掌心斜向后。眼看右手。（见图 125、126）

125　126　127　128

图 2-99

（2）右腿慢慢屈膝下蹲，左腿由内向左侧伸出，成左仆步；左手下落，向左下顺左腿内侧向前穿出。眼看左手。（见图 127、128）

（3）身体重心前移，以左脚跟为轴，脚尖尽量向外撇，左腿前弓，右腿后蹬，右脚尖里扣，上体微向左转并向前起身；同时左臂继续向前伸出，掌心向右，右勾手下落，勾尖向上。眼视左手。（见图 129）

（4）右腿慢慢提起平屈，成左独立式；同时右勾手变掌，并由后下方顺右腿外侧向前弧形摆出，屈臂立于右腿上方，肘与膝相对，手心向左，左手落于左胯旁，手心向下，指尖向前。眼看右手。（见图 130、131）

129　130　131　132　133

图 2-100

（十七）右下式独立

（1）右脚下落于左脚前，脚掌着地，然后左脚脚跟以前掌为轴转动，身体随之左转；同时

左手向后平举变成勾手，右掌随着转体向左侧划弧，立于左肩前，掌心斜向后。眼看左手。（见图 132、133）

（2）同“左下式独立”（2），唯左右相反。（见图 134、135）

（3）同“左下式独立”（3），唯左右相反。（见图 136）

（4）同“左下式独立”（4），唯左右相反。（见图 137、138）

134　135　136　137　138

图 2-101

（十八）*左右穿梭*

（1）身体微向左转，左脚向前落地，脚尖外撇，右脚跟离地，两腿屈膝成半坐盘式；同时两手在左胸前成抱球状（左上右下）；然后右脚收到左脚的内侧，脚尖点地。眼看左前臂。（见图 139、140、141）

（2）身体右转，右脚向右前方迈出，屈膝弓腿成右弓步；同时右手由脸前向上举并翻掌停在右额前，手心斜向上，左手先向左下再经体前向前推出，高与鼻尖平，手心向前。眼看左手。（见图 142、143、144）

（3）身体重心略向后移，右脚尖稍向外撇，随即身体重心再移至右腿，左脚跟进停于右脚内侧，脚尖点地；同时两手在右胸前成抱球状（右上左下）。眼看右前臂。（见图 145、146）

（4）同（2），唯左右相反。（见图 147、148、149）

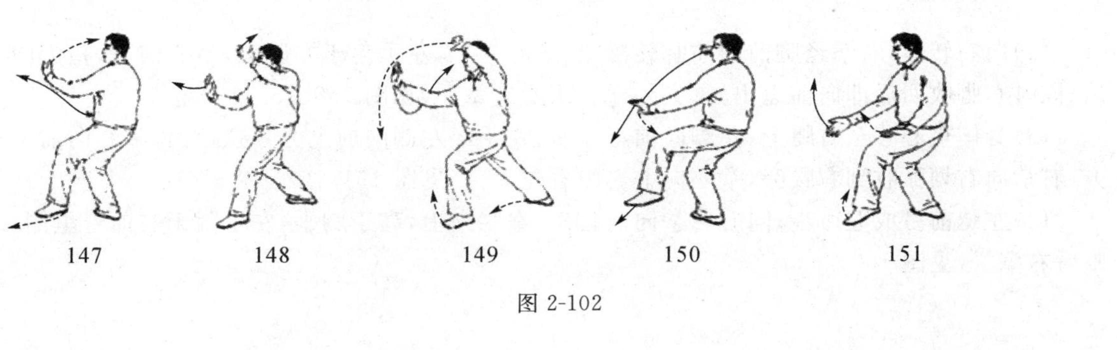

139　140　141　142　143　144　145　146

147　148　149　150　151

图 2-102

(十九)海底针

右脚向前跟进半步，身体重心移至右腿，左脚稍向前移，脚尖点地成左虚步；同时身体稍向右转，右手下落经体前向后、向上提抽至肩上耳旁；再随身体左转，由右耳旁斜向前下方插出，掌心向左，指尖斜向下；与此同时，左手向前、向下划弧落于左胯旁，手心向下，指尖向前。眼看前下方。(见图 150、151)

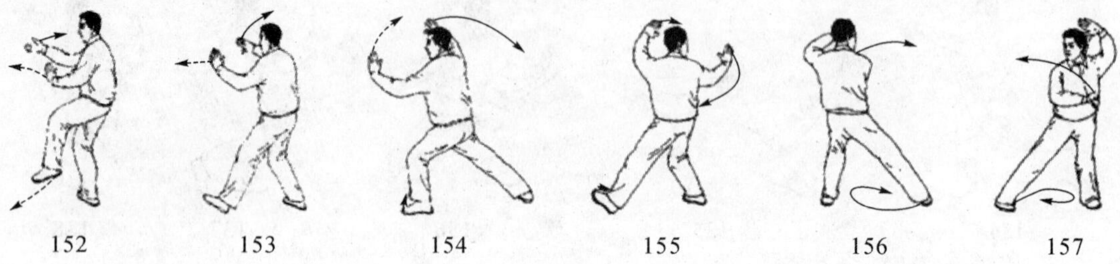


图 2-103

(二十)闪通臂

上体稍向右转，左脚向前迈出，屈膝成左弓步；同时右手由体前上提，屈臂上举，停于右额前上方，掌心翻转斜向上，拇指朝下，左手上提经胸前向前推出，高与鼻尖平，手心向前。眼看左手。(见图 152、153、154)

(二十一)转身搬拦捶

(1)上体后坐，身体重心移至右腿上，左脚尖里扣，身体向右后转，然后身体重心再移至左腿上；与此同时，右掌变拳随着转体向右、向下经腹前划弧至左肋旁，拳心向下，左掌上举于头前，掌心斜向上。眼看前方。(见图 155、156、157)

图 2-104

(2)向右转体，右拳经胸前向前翻转撇出，拳心向上，左手落于左胯旁，掌心向下，指尖向前；同时右脚收回后即向前迈出，脚尖外撇。眼看右拳。(见图 158、159、160)

(3)身体重心移至右腿上，左脚向前迈一步；左手经左侧向前上方划弧拦出，掌心向前下方，右拳向右划弧收到右腰旁，拳心向上。眼看左手。(见图 161、162)

(4)左腿前弓成左弓步；同时右拳向前打出，拳眼向上，高于胸平，左手附于右前臂里侧。眼看右拳。(见图 163)

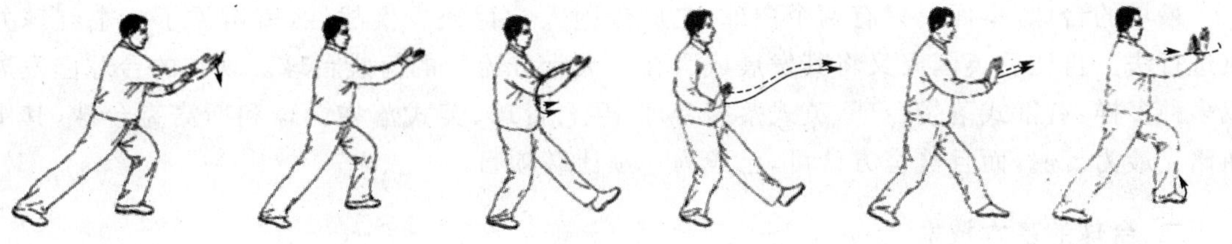


图 2-105

（二十二）如封似闭

（1）左手由右腕下向前伸出，右拳变掌，两手手心逐渐翻转向上并慢慢分开回收；同时身体后坐，左脚尖翘起，身体重心移至右腿。眼看前方。（见图 164、165、166）

（2）两手在胸前翻掌，向下经腹前再向上、向前出，腕与肩平，手心向前；同时左腿前弓成左弓步，眼看前方。（见图 167、168、169）

（二十三）十字手

（1）屈膝后坐，身体重心移至右腿，左脚尖里扣，向右转体，右手随着转体动作向右平摆划弧，与左手成两臂侧平举，掌心向前，肘部微屈；同时右脚尖随着转体稍向外撇，成右侧弓步。眼看右手。（见图 170、171）

（2）身体重心慢慢移至左腿，右脚尖里扣，随即向左收回，两脚距离与肩同宽，两腿逐渐蹬直成开立步；同时两手向下经腹前向上划弧，腕部交叉环抱于胸前，两臂撑圆，腕高与肩平，成十字手，手心均向后。眼看前方。（见图 172、173）

（二十四）收式

两手向外翻掌，手心向下，两臂慢慢下落停于身体两侧。目视前方。（见图 174、175、176）

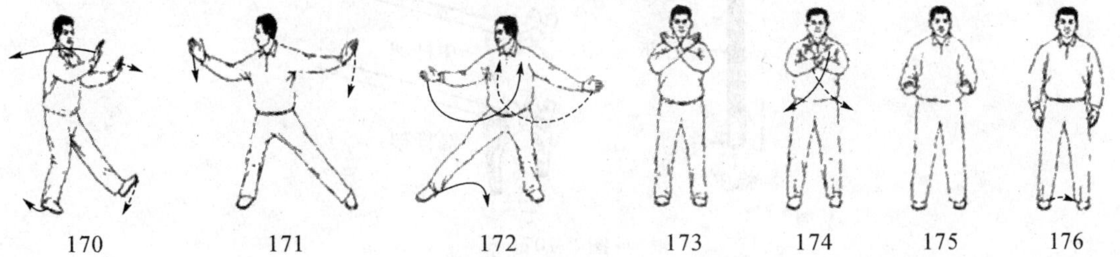


图 2-106

## 第九节　台　球

### 一、台球简介

大约在 14 世纪，据说由伦敦一家名叫 Billsyard 的当铺老板为娱乐消遣而发明的，台球的英名称即源于此。至 18 世纪末，台球作为一种游戏在英国民间很是盛行。19 世纪初，世界上第一个公共台球室在伦敦开设。

最早的台球，桌面上只有两个白球，之后法国人觉得缺少挑战性，就增添了一个红球并改进打法。再往后英国人又将其发展成为在今天十分流行的落袋台球。现在的台球已发展成多种多样：有俄式落袋台球、英式落袋台球、开仑台球、美式落袋台球和斯诺克台球，其中斯诺克最为普遍，而且被官方认可，已成为一项比赛项目。

## 二、台球的基本技术

### (一)球杆与杆架

#### 1. 球杆

球杆是台球击球时使用的工具，如图 2-107 所示。它由度头、杆头、杆前部、中轮、杆后部、杆尾组成。一般长 137～147 厘米，重 450～650 克。选择球杆首先要考虑适用和不弯曲，长度以从脚量起，使杆垂直，杆头能到下颚附近为宜。杆头应平整，接口情况要牢，否则不利于瞄准击球。

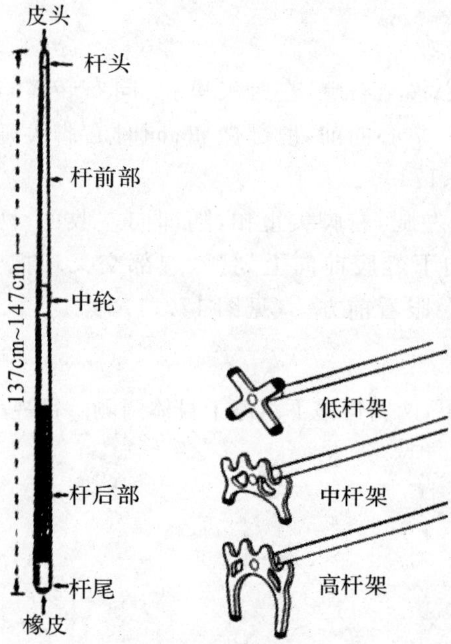


图 2-107

#### 2. 杆架

杆架是击球时辅助用的工具。当本球位于球台上较远处，不便于用手架杆时，就需要用金 属制的杆头杆架。杆架有高、中、低三种，如图 2-107 所示。

### (二)握杆与架杆

#### 1. 握杆方法

先用左手测试出球杆的重心点，然后在重心点后约 8 厘米处握杆。握杆时拇指和食指自然分开，虎口钳住杆身，其他三指并拢，自然弯曲，轻轻握住球杆。握杆的手臂和手指不要附加用力，握杆的上臂应与身体的腋下略离开一些。球杆的正确握法，如图 2-108 所示。

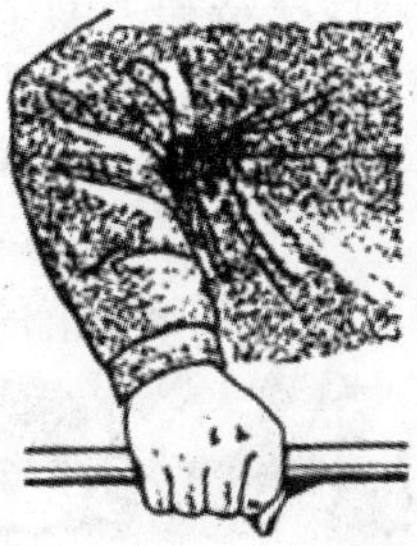


图 2-108

2. 架杆

台球击球前，为了架稳球杆，在瞄准时用非持杆手作支撑，把球杆放在其上的一个动作为架杆。目前流行的基本架杆方法：掌心向下，先将四指伸开，使指肚按在台面上，手掌略呈拱形，拇指翘起，靠紧食指跟部之间形成“V”形，然后将球杆架在 V 形槽内，击球时使球杆在槽内作直线滑动，如图 2-109 所示。

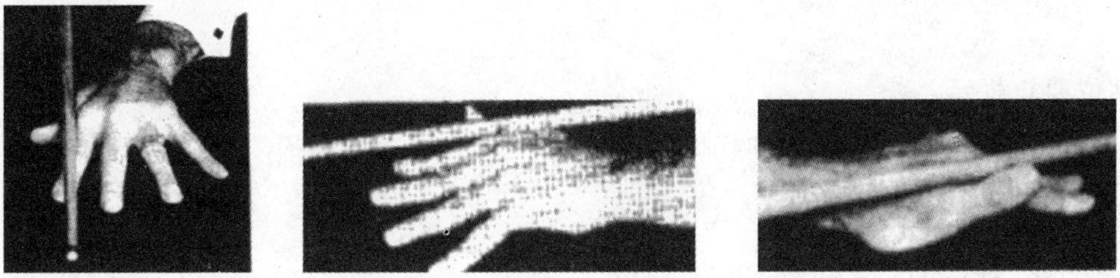

正视图　左视图　右视图

图 2-109

3. 环形架杆

左手手指张开，指尖略向内弯，置于台面上，小指、无名指和中指向内弯曲，使其起到支撑作用。拇指和食指扣成一个指环，将球杆穿过该指环，支撑好球杆，在杆与环接缝处，不能留有晃动的余地，如图 2-110 所示。

图 2-110

环形架杆要点提示：

(1)手指充分伸展。

(2)手指贴紧台面，手掌拱起。

(3)大拇指翘起成 V 形。

(4)架杆前手距主球约 15～50 厘米(根据个人身高与习惯)。

(三)站位与击球

1. 站位

正确站位有助于完成正确击球动作。右手握杆，以右脚为轴，左脚略向侧前方迈出一步，两脚分开不宜过大，身体保持平衡。身体位置与球杯的关系保持上体前倾，脸的中心保持在球杆之上，架杆的手臂肘关节充分伸展。架杆手的位置应与本球保持约 15 厘米距离，如图 2-111 所示为站位姿势。

图 2-111

站位要点提示：

(1)两脚略前后分开，处在合理位置。

(2)身体保持平衡。

2. 击球动作

击球时以肘部作为支点，像钟摆一样前后晃动。击球时球杆要平稳直线前后移动，如图 2-112 所示。

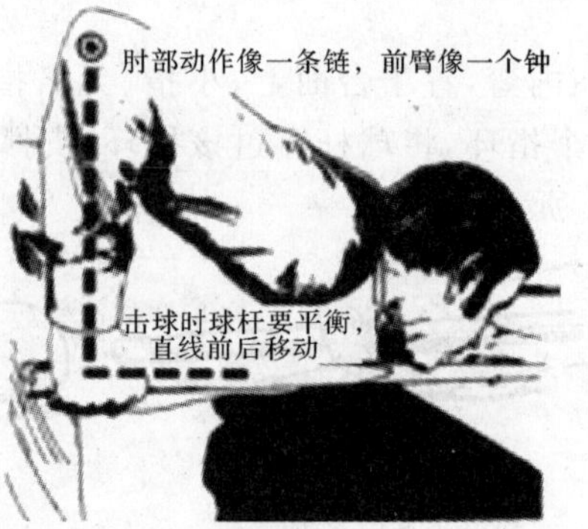


图 2-112

击球动作要点提示：

(1)以肘关节为支点，前臂自然地前后摆动。

(2)球杆平稳地直线前移。

(3)出杆击球时不能上、下、左、右摆动。

3. 出杆击球

架杆的手臂肘关节充分伸展，架杆手的位置应与本球保持约 15～20 厘米距离。出杆击球的姿势，如图 2-113 所示。

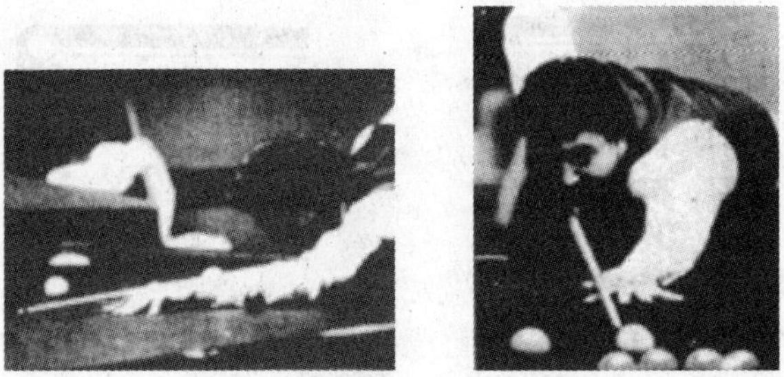

图 2-113

出杆击球要点提示：

(1)出杆击球前，球杆略有停顿。

(2)瞄准时全神贯注在目标球。

(3)出杆击球要有自信心。

(4)头部保持向下。

4.击球杆法

台球的击球杆法是指击球时，使球得分或落袋所使用的正确撞击方法。

(1)跟球杆法：用撞点为中上部的杆法击球。本球碰撞目标球后，目标球被撞走，本球随之向前行进，如图 2-114 所示。

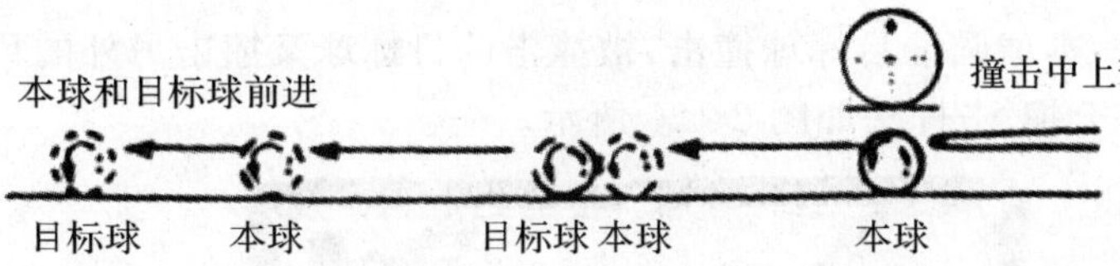


图 2-114

(2)缩球杆法：用撞点为中下部的杆法击球。本球碰撞目标球后，目标球被撞走，本球随之向后行进，如图 2-115 所示。

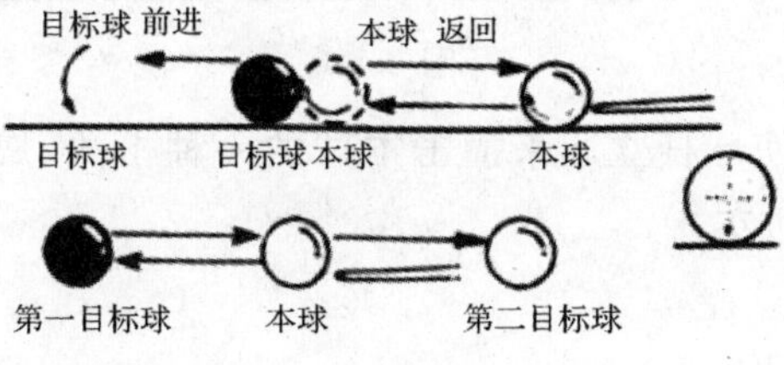


图 2-115

(3)反弹球杆法：反弹球杆法是利用碰岸后反弹使球落袋。它是落袋台球比赛的基本技术之一。因为落袋台球要求打指定球的时候多，所以使用反弹球的机会也较多。

反弹球的应用入射角与反射角的原理，如图 2-116 所示。

(4)薄球杆法：打薄球是比较难的技术，若打的不正确，碰撞得太厚，本球就不能沿着正确路线行进。

瞄准方法是将本球与靠近目标球边缘连成线，以目标球侧面不到一个球的地方为瞄准点，然后对着本球撞击。薄球杯法如图 2-117 所示。

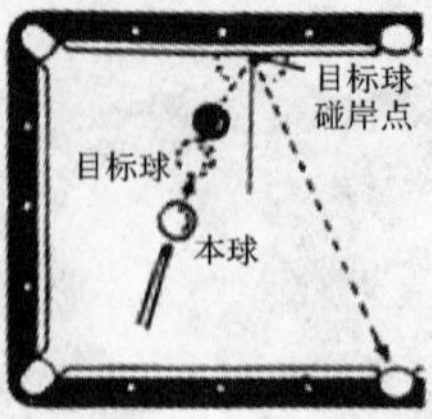

图 2-116

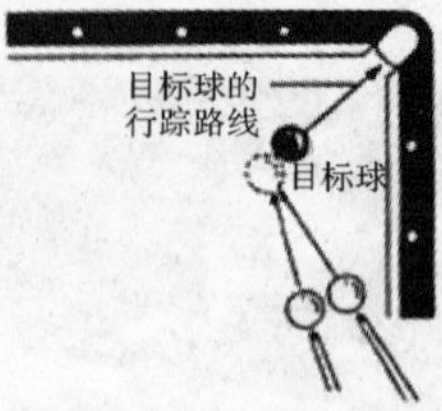

图 2-117

(5)空岸球杆法:本球先碰岸一次,然后再碰撞目标球。它的基本原理是以撞击本球的中心,使入射角等于反射角,如图 2-118 所示。

(6)贴岸球杯法:当球贴岸时,应离开球的半径瞄准,使主球在撞击目标球时也撞岸边,即可送球落袋,如图 2-119 所示。

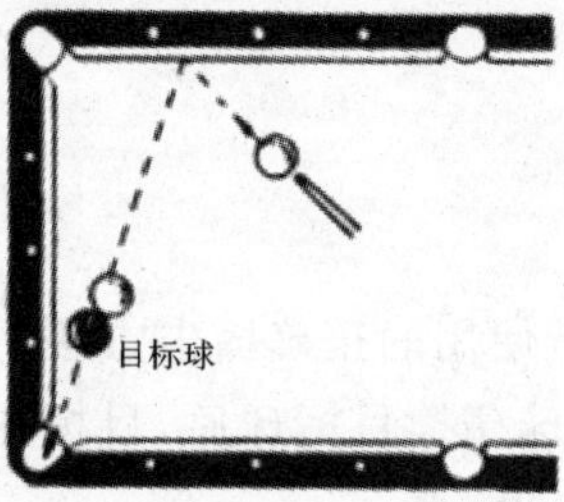

图 2-118

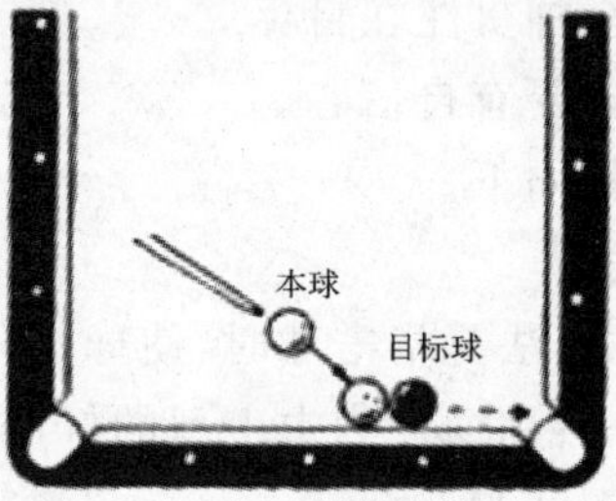

图 2-119

(7)综合撞击杆法:本球瞄准目标球撞击,被撞击的目标球又撞击另外的目标球,并使其落袋,叫综合撞击。综合撞 击杆法如图 2-120 所示。

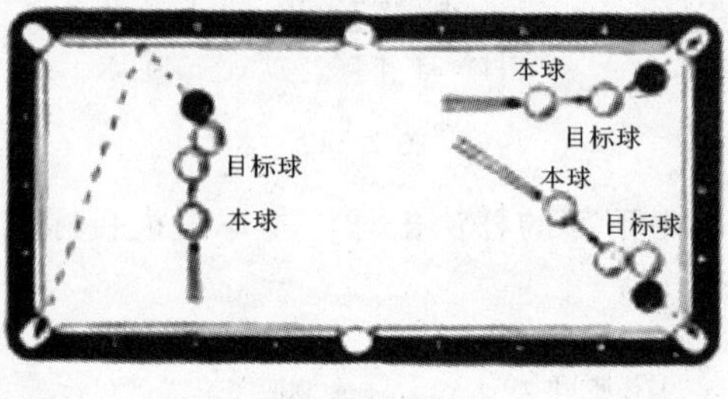

图 2-120

(8)札杆杆法:扎杆是使球杆立起来撞击本球的一种击法,属台球的一项高级技术。札杆杆法的姿势如图 2-121 所示。

图 2-121

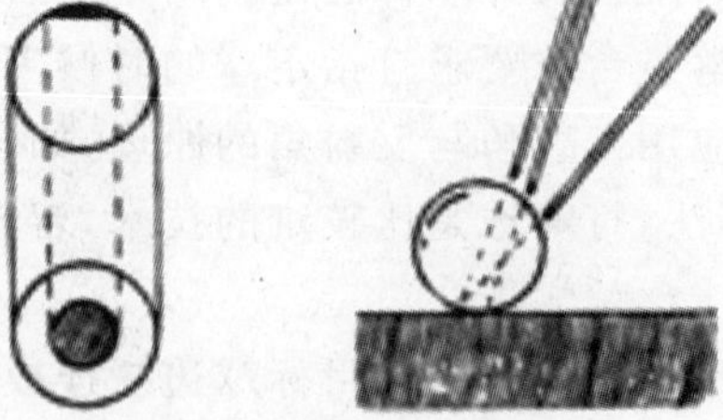
图 2-122

扎杆前先靠近球台，两脚稍微分开，上体略前倾，脸部比杆稍向前些，面颊内收，将球杆立起约70度，击球时从球的上方给球以逆旋的力，使本球沿着弧线运动的同时，还向前移动。

扎杆的撞点范围应在球的6/10同心圆内撞击。如图2-122所示。

# 第十节　轮　滑

## 一、轮滑简介

1980年，明尼苏达州两位热爱冰球的兄弟，为了在球季之余能够继续练习，便将轮子装在刀底座之内，产生了第一双单排轮滑鞋。这种轮子排列成一条直线的溜冰鞋正式的学名为In-line Skate，即今天单排轮滑的正式名称。

1995年，ESPN第一届极限运动把特技单排轮滑运动(Aggressive In-line Skate)推向了全世界。特技单排轮滑运动起源于美国，其特技鞋也不同于普通单排轮滑，是在单排轮滑附加了许多配件，使单排轮滑更好玩，更刺激。

## 二、轮滑项目分类

现代轮滑运动分为极限轮滑、速度轮滑、花样轮滑、自由式轮滑和轮滑球五大项。

### (一)极限轮滑

极限轮滑也叫特技直排轮，玩极限轮滑的人被称为Rollerblading。极限轮滑受到现在年轻人的追捧。主要分为街式和专业场地。专业场地分道具赛和半管(U型池)。

### (二)速度轮滑

以单排、双排轮滑鞋为比赛工具的竞赛项目，分场地跑道比赛和公路比赛两种。世界锦标赛场地跑道正式比赛距离有：300米计时赛，500米淘汰赛，1000米、5000米、10000米、20000米积分赛。公路比赛包括女子21千米半程马拉松赛、男子42千米马拉松赛。场地跑道像自行车场一样呈盆形。

### (三)花样轮滑

花样轮滑的开创，其实最早是为了能让花样滑冰选手在无冰的情况下也能够训练，而后才发展成了一项独立的运动。分为规定图形滑、自由滑、双人滑和双人舞4个项目。比赛在不小于50米长、25米宽的场地上进行。参赛各队每项比赛可以参加3人，男女总计12人。根据动作的难易程度、舞姿的优美程度打分确定胜方。

### (四)自由式轮滑

(1)平地花式(简称平花)。平地花式包括花式绕桩和速度过桩。

(2)速降，是一种相对较刺激的类似速滑的轮滑形式。一般选择在比较陡峭的公路或山路进行。速降者在佩戴好全套护具之后，靠路面的倾斜给予动力，人体自由下落，感受风驰电掣般的刺激。

(3)休闲轮滑就是俗称的刷街。是一种穿着轮滑鞋漫步于室外，感受轮滑带给人的轻松、愉快和自在的轮滑形式。它主要以休闲健身为目的,放松自我,舒畅心情。

(五)轮滑球

轮滑球早在1896年就已经在英格兰出现了。算得上是历史最悠久的轮滑运动。轮滑球融合了冰球和马球两种运动项目的特点,以个人技巧和团体协作为基础,比赛规则宽松,具有很强的对抗性。

## 三、轮滑运动注意事项

(1)练习轮滑前,应先做好准备活动,尤其是手腕和下肢各关节及韧带,要充分活动开。

(2)如有可能,应戴一些防护用具,如轮滑专用的护腕、护肘、护膝及头盔等。现在很多体育商店都有这种轮滑的专用护具。

(3)练习前要检查轮滑鞋的螺丝等紧固部件,以免滑行中因轮滑鞋出问题而受伤。

(4)初学者应在初学场内或规定范围内练习,或尽可能在人少的地方练习,不要任意滑行。初次学习轮滑时,最好有滑行熟练的同伴或辅导员进行辅导。

(5)禁止做危险或妨碍他人的动作,特别是在人多的公共轮滑场内,如几人拉手滑行,在速滑跑道上逆行或与大家滑行方向逆行,乱蹦乱跳,在场内横插乱窜,追逐打闹,突然停止等,这都是既妨碍他人,又容易发生危险的行为。如果在公路上滑行,更要注意交通安全,最好要在人少车少的地方练习。

(6)学习轮滑时摔跤是不可避免的,但要学会在摔跤时做好自我保护。方法是:当要向前或向侧摔倒时,要主动屈膝下蹲,用双手撑地缓冲,减小摔倒的力量;当要向后摔倒时,也要主动屈膝下蹲,降低重心,尽量让臀部先坐下,并注意保护尾骨处,同时低头团身,避免头部向后仰磕地;摔倒时应尽量避免直臂单手撑地,这样很容易损伤手腕。

(7)患有严重疾病的人(如有心脏病、高血压等)不宜参加激烈的轮滑活动,最多可以慢速滑锻炼一下。此外,饮酒后和过度疲劳的人也不宜参加轮滑活动。

## 四、普通的轮滑技巧

(一)站姿

一种是普通的平行站立,即将两只脚平行稍窄于肩,双膝微弯以保持重心,以脚踝的力量控制好不要让脚左右摆动,要保证轮子垂直地面。穿专业平滑鞋平行站立时因为鞋的结构设计影响,两脚会自然地向外压外刃。第二种是应用于非平整地面的丁字形站立(也叫T字形站立),即一只鞋的最后一个轮子抵在另一只鞋的第二和第三只轮子之间,双膝微弯,双腿之间稍有间隙,以保持重心,仍然是以脚踝控制鞋子。

(二)起步

从T字形站姿起步,让一只脚保持前进姿势,脚尖向前,另一只脚向身体侧后方蹬地推出,就会有向前前进之力量。此时身体的重心应完全放在前脚上,身体稍向前倾(不是驼背),这样后脚的发力收回过程才能顺畅。后脚收回后,换另一只脚向身体侧后方蹬出,重心位置依然放在前脚上。以此类推。

(三)滑行

滑行时为保持较好的平衡,要尽量屈膝弯腰。目的是稳定重心和便于发力。

（四）身体的重心

滑行时身体的重心要始终稍向前倾，随着两脚的不断交替，重心要不断地转移。当一只脚向侧后方蹬出时，身体重心必须要完全放在另一条腿上，这样才能保证蹬出的腿很顺畅地收回来。当这条腿收回落地时，重心马上转移到这条腿上，再把另一条腿蹬出。切记每次蹬腿时身体重心都要完全放在另一条腿上。如此循环。

（五）滑行姿势

双膝微弯，身体稍向前倾以保持重心。滑行速度越快，屈膝弯腰的幅度越大。标准的速滑姿势为双手自然背后（无摆臂的情况下），背部与地面平行，大腿与小腿弯曲角度不大于120°。

（六）停止

以上述姿势滑行，双脚靠近保持平行，有煞车块的脚稍稍向前，使两脚距离相差约有半个脚，提起脚尖直到煞车块碰触到地面，然后慢慢将重心移到有煞车块的脚，增加压力，直到停下来。

## 五、轮滑运动练习

标准速滑基础姿势简称"静蹲姿势"。姿势要领：两脚平行且两脚尖向前，两脚打开约一拳宽；膝盖弯曲下蹲，大腿与小腿角度约110°～120°，小腿与地面角度约60°～70°，膝盖之间的距离与脚保持同宽；弯腰俯身抬头向前，脊椎自然弯曲不僵直，保持背与地面平行，头抬起目视前方7～10米处地面；双臂自然背后。

（一）重心转移的练习

重心转移是轮滑练习的最重要的一项，因为轮滑运动本身其实就是重心不断转移的过程。

练习要领：静蹲姿势预备。首先在保持身体原地不动的基础上，向身体的一侧横向蹬出该侧的腿，蹬出的腿要蹬直，此时一定要保持身体的重心完全放在没有蹬出去的那条腿上，且上身的姿势仍保持静蹲姿势不变。然后在上身保持静蹲姿势不变的情况下向蹬出的腿的方向平行移动（切记两脚仍在原地保持不动），上身移动至蹬出的腿的上方，现在，刚才蹬出的腿就是现在的支撑腿，刚才的支撑腿就是现在的蹬出腿，此时的重心仍然要完全放在现在的支撑腿上。重心转移时上身切不可左右摇摆或忽高忽低，平移的过程中从头至臀的轴线要始终保持朝向正前方，以静蹲姿势平移过去。如此循环练习，要领同上。

要点：循环练习中上身要始终保持静蹲姿势，不可左右摇摆或忽高忽低；平移的过程中从头至臀的轴线要始终保持朝向正前方；每次重心转移必须将重心完全放在支撑腿上，待稳定后再做下步动作。

（二）直线滑行

1.静蹲姿势准备

首先身体将重心转移至一条腿上，另一条腿用脚内侧向斜后方蹬地，蹬地后迅速收回至静蹲姿势自由滑行，此过程中上身始终保持静蹲姿势，不能变。接着重心转移另一侧，换用另一条腿蹬地，左右如此反复练习，要领同上。

要点：重心转移要到位，上身姿势要始终保持静蹲姿势。

2.直线滑行练习

蹬出脚收回至静蹲姿势时不必再保持静蹲姿势自由滑行，一条腿蹬出收回后另一条腿马上再蹬出收回，如此循环练习，重心、姿势的要领、要点同分解直线滑行练习。

3. 直道滑行的摆臂动作

滑行过程中加入摆臂的动作的目的和我们陆地上跑步、走步摆臂的原理是一样的，都是为了更好的保持平衡以达到平稳加速的目的。

直线滑行时的摆臂：两臂用力一前一后摆动，摆幅高度为向前摆时手的高度不超过面部，以视线以下为佳；向后摆动时，手要从身体下面过再向上摆动，手臂伸直，尽量向身体内侧收，不要太向外打，摆动高度为尽可能的向后摆一个自由高度。

弯道时的摆臂：入弯时弯道内侧的手臂自然背后，外侧的手臂用力摆动以保持平衡。此时摆臂的幅度可稍减小。

（三）弯道滑行

弯道滑行要克服的难点就是自身体重造成的离心力，由于弯道时的离心力，所以我们的身体就要向弯道内侧倾斜，而且转弯半径越小的弯道，身体倾斜度越大。这就给一些胆子比较小的初学者带来了不小的难题。

1. 平行转弯

平行转弯是直线滑行的基本转弯。要领是：入弯时两脚一前一后平行错开，弯道内侧的脚向前错，弯道外侧的脚向后错，然后身体重心向弯道内侧倒，同时，身体头尾的纵轴线的朝向，也要跟着弯道转向。直至出弯后再收回两脚。要点：重心的倾斜和身体轴线的转向要同步，两脚错开的距离根据个人身高调整。

2. 弯道夹脚

弯道夹脚是标准速滑的转弯动作，它的特点就是利用弯道进行加速。平行转弯的过程是个减速的过程，但是弯道夹脚却是个加速的过程，所以，在速滑比赛中，运动员们都是利用狭小的弯道空间进行加速超过对手。其要领是：入弯时静蹲姿势，身体重心向弯道内侧倾斜，同时弯道外侧的脚向外侧蹬出，蹬出后收回至内侧脚的前面，此时两脚呈交叉状。切记外侧腿收回至内侧腿前面的同时，内侧腿就要向外侧蹬出，这样等外侧腿收回后可直接收回内侧腿蹬出外侧腿。内侧腿收回后要放在身体重心的下方，以稳定重心，此时外侧腿已开始蹬出回收。如此往复练习，要领同上。

要点：重心的倾斜和身体轴线的转向要同步；两脚蹬出收回要紧凑，两腿的蹬出都要发力，同时上身始终保持静蹲姿势；始终要保持一腿蹬出时另一腿已经收回，一脚落地时，另一脚已离开地面，一定要紧凑。

（四）停止法

不少初学者要面对的难题不仅仅是转弯，还有更重要的刹停。所谓刹停就是刹车停止。最基本的刹车就是 T 刹，它适用于一般的直线滑行的刹停。而急速的速滑选手则需要进行减速之后再用一种叫“A 刹”的刹车方式停止。要领是：在向前滑行中，先将重心完全放在一条腿上，该腿膝盖弯曲，同时抬把另条脚横放在支撑脚后，让两脚脚尖角度为 90°，然后后面的脚轻拖地面，减缓滑行速度，直到停止滑行。此过程中，重心始终放在前面的腿上，上身始终保持正直，后腿的膝盖朝向要和后脚脚尖的朝向一致，两膝盖不可紧挨。

（五）避免轮滑运动伤害

首先，在穿轮滑鞋之前多做一些热身运动，尤其是身体各主要关节部位，可以多做一些伸展操(所谓伸展操,一般来说包含许多拉筋、压腿的动作)。

其次,场地的选择也很重要,尽量不要在非平整地面滑。在非平整场地滑时,若轮子太硬或是自己关节的柔软度不够时,不仅会减少轴承和轮子的寿命,还会在不知不觉中造成脚踝和膝关节震伤,形成劳损,所以,尽量不要在坎坷的地面和有沙、石、泥的地面滑行。

再次,在平整的地面上也不可完全放松警惕。有些平整的地面相对比较光滑,比如地砖地面、水磨石地面等。这种情况下就要避免做急转弯或极速滑行。因为地面较滑,摩擦力太小,轮子很容易打滑。如果是相对比较粗糙的平整地面,如水泥地面、马路地面、石材地砖等。这种地面相对较粗糙,摩擦力较大,且不会对身体和鞋子造成伤害,所以基本可以放心滑行。在平整地面滑行时,无论是在较光滑和较粗糙的地面都要特别注意的一点,即不要往有水或地面湿润潮湿的地方滑行。因为不仅仅水会让轴承生锈从而影响轴承寿命,而且还会造成轮子打滑,给我们的人身安全造成极大的危害。因为现在大多数轮滑鞋轮子的轮胶材料都是 PU 橡胶,这种材料有一个弱点,就是表面沾水或潮湿后摩擦力会大大减小,这就会造成我们在滑行时打滑的现象。所以,有水或潮湿的地方也不要滑行。

若真的不小心跌倒,也要注意跌倒的姿势。要主动下蹲,使重心变低变稳,这样即使还是会跌倒也不会太严重。如在高速运动中跌倒时,可在地上滚动一两圈来缓冲。

## 第十一节　瑜　伽

瑜伽起源于5000多年前的古印度,是东方最古老的强身术之一,其含义为:“一致”、“结合”或“和谐”。瑜伽是一个通过提升意识,达到幸福、舒畅的感觉。瑜伽姿势是一个运用古老而易于掌握的方法,提高人们生理、心理、情感和精神方面的能力,是一种达到身体心灵与精神和谐统一的运动形式。经常练习可以促进血液循环,调节体位,柔软全身,预防肥胖,调节神经,充满精力,缓解压力,提升自信心。

### 一、练习前准备

(1)练习前排出大、小便,穿着简单、柔软、宽松的服装,尽量光脚练习,不戴任何饰物。

(2)准备一块垫子,不能太硬或太软。

(3)练习时保持室内空气清新。

(4)饮食避免油腻、辛辣,练习前至少3小时不能进食,练习后至少1小时再进食。

(5)练习后至少15分钟再沐浴。

(6)做上体往下倒立的姿势时,高血压、低血压患者,头部受过伤害的人,晕眩病人,心衰的人不要做,经期的妇女不要做,以免头部充血而发生危险。

### 二、拜日十二式

拜日十二式,即是向太阳致敬的十二个姿势。据说这是古印度人为感激太阳赐予人类光明和能量而创造的十二个姿势。所以做拜日式时,心中要满怀感激之情。

(1)第一式:祈祷式。挺身直立,双脚并拢。双手胸前合掌,放松全身。调匀呼吸。

(2)第二式:展臂式(双臂向上举)。双臂分开与肩同宽向上举过头,头和上身后仰。双臂上举时吸气。

益处:伸展腹部脏器,可消除过多的脂肪,并改善消化,锻炼手臂和肩部肌肉。

(3)第三式:前屈式(手触脚式)。向前屈体双手触地,前额触到双腿。双膝保持伸直。身体前屈时呼气,在最后位置时试收缩腹部,最大量地呼气。

益处:有助于消除或预防胃部或腹部疾病,减少腹部多余脂肪,并改善消化,有助于消除便秘,使脊柱柔软,加强脊神经。

(4)第四式:骑马式。右腿尽量向后伸出,屈左腿,成弓步。两臂保持伸直,头向后仰,背成弓形,向上凝视。右腿向后伸展时吸气。

益处:按摩腹部器官,改善其活动功能。加强两腿肌肉。

(5)第五式:山岳式。伸直双腿,双脚并拢,身体向前俯卧,臀部翘在半空,头低下,使它位于两臂之间。身体应成为三角形的两条边。在最后位置时双腿和双臂应伸直,在此姿势时试将两脚跟着地。伸直双腿和弯曲躯干时呼气。

(6)第六式:八体投地式。由跪撑开始,双膝,胸部,双手和下巴触地。髋部和腹部应稍微抬离地面。

益处:加强大腿和手臂肌肉,发展胸部。

(7)第七式:眼镜蛇式。伸直双臂,从腰部抬起身体,头朝后仰。抬起身体和弓背时吸气。

益处:腹部受到压缩,对胃病,消化不良和便秘非常有用。弓背锻炼脊柱,使肌肉柔软。

(8)第八式:山岳式(与姿势五相同)。

(9)第九式:骑马式(与姿势四相同)。

(10)第十式:前屈式(手触脚式)(与姿势三相同)。

(11)第十一式:展臂式(双臂向上举)(与姿势二相同)。

(12)第十二式:祈祷式(与姿势一相同)。

拜月十二式总图如图 2-123 所示。

图 2-123

**三、高温瑜伽 26 式**

(1)站立式呼吸:立正站好,双手十指交叉贴住下额,两肘夹紧,调整呼吸,头向后仰,手背贴住脸颊，两肘向上张开，调整呼吸。做两次。

(2)半月式：双脚并拢，双手向上抬起，十指相对，向左侧倒身体延伸，起身，向右侧倒身体延伸，正中调整呼吸。向后停留，起身向前向下弯曲，双手握脚踝，屈膝，腹部贴住大腿停留，膝关节伸直。头贴膝，起身双手合十上举，回落手背后脚分开调整呼吸。

(3)笨拙式：双脚分开与肩宽，掌心向下，平举半蹲，大腿与地面平行，脚跟向上抬臀坐在脚跟上，起身双脚跟回落，做两次，放松四肢。

(4)鸟王式：掌心相对手臂向上抬起，左肘搭在右肘上手臂缠绕掌心相对，右腿放在左大腿上半蹲脚踝缠绕，放松双腿，做另一侧。

(5)站立头触膝式：双手体前十指交叉，上体弯曲，右脚抬起放在双手掌上，起身，双手肘夹住小腿，向前伸腿低头弓背，额头触膝。放手屈膝放脚，做另一侧。

(6)站立拉弓式：双脚并拢，左手握住左脚踝或左小腿上抬，右手臂前伸，起身放下手臂和腿调整呼吸。做另一侧。放松背部，肩膀。

(7)战士第三式：双手向上抬起合十，左脚向前迈一小步，身体向前，向下。手臂前伸，右腿向后举。起身手臂从体侧回落。调整呼吸，做另一侧。体会背部拉伸。

(8)站立分腿伸展式：两腿向两侧打开一步半宽，双手向上抬起合十，手臂打开，掌心向前，身体前屈，双手握住脚踝或小腿，上身靠近双腿，额头向地面延伸，头触地，抬头起身，手背后，闭眼调整呼吸。

(9)三角式：手臂打开，掌心向前左脚向左转 90 度，左膝关节弯曲成弓步，左手触脚，身体左倒，右手上举，眼看右手。起身转回左脚蹬回左腿，手臂回落。调整呼吸，做另一侧。

(10)站立分腿头触膝式：两腿左右分开，手臂上抬双手合十，身体左转 90 度，眼看双手，上体向前向下弯曲，额头触膝，手触地，膝关节可以弯曲，头抬起向前方看，手臂上举，转体 90 度，上臂回落，收回双腿，手背后，闭眼呼吸。做另一侧。放松一下。

(11)树式：双脚并拢，用手将左脚踝放在右大腿内侧或右膝处，双手合十于胸前凝视前方，保持呼吸。双手帮助脚踝放落下来。做另一侧。

(12)趾尖式：完成树式，上体弯曲下蹲，脚跟顶住会阴处，抬臀立起上身回到树式，帮助脚回落。

(13)仰卧式：仰卧在垫上闭眼，掌心向上，放松休息，气息调匀，双脚并拢。

(14)除风式：左膝弯曲，双手抱住小腿，大腿靠近腹部，上体抬起，眼看膝关节。放开手将腿回落地面上。做另一侧。

(15)仰卧起坐式：快速起身仰卧起坐。上体向前、向下靠近双腿。

(16)眼镜蛇式：俯卧在垫上，双手扶垫，推双手，头、肩、脊背向上抬起，腹部、胸、头回落，放松休息。

(17)蝗虫式：下额贴垫，掌心向下双手放在腹下，左腿向上抬起回落，右腿向上抬起回落，调整呼吸，双腿向上最大限度抬起回落。双手抽出，调整呼吸，放松手臂。

(18)全蝗虫式：掌心向下，手臂向两侧分开，头、双手、双腿向上抬，收回放松。

(19)弓式：双手握住脚踝，头、上体、双腿向上抬，向后拉伸，手松开脚，上身、腿回落，放松。

(20)卧英雄式：小腿分开跪坐在垫上，手握脚踝，后躺，手抱头，手依次撑腰，上体抬起，跪坐在垫上。

(21)半龟式：跪坐在垫上，双手上合十，上体弯曲，头、手臂触地，一次上举回落。

(22)骆驼式：跪坐在垫上，双手撑腰后倒，手依次放在后脚跟上，双手依次托回腰部起身。

(23)兔子式：跪坐在脚跟上，双手扶脚踝，腰、背、头依次向前低头触地，起身大腿垂直于地面，再坐回脚踝上。

(24)单腿头触膝式：直腿坐，左脚放在右大腿内侧，手臂向上抬起合十，手触脚，头触膝，脚尖勾起，抬身手臂回落。

(25)脊椎扭动式：右腿盘坐，左腿屈膝交叉，右肘放在左膝外侧，左手背后，左转体。做另一侧。

(26)霹雳坐吹气式：跪坐垫上，手扶大腿吹气 20 次，腹部放松向内收缩。

仰卧放松：平躺，掌心向上，两脚分开，气息平缓，恢复均匀状态，整个身体依次放松，不去让自己思考与现在无关的事情，从头至脚、引导身体每个部位、细小关节彻底松弛下来，感受呼吸越来越轻柔，越来越缓慢。整个身体放落在地面上，整个人处于放松状态中。

高温瑜伽 26 式动作总图如图 2-124 所示。

图 2-124

# 第十二节　健美运动

## 一、健美运动简介

健美运动是根据医学原理和人体各部位的解剖特点，运用各种具有显著效果的锻炼方法，进行系统的，循序渐进的练习，发展人体外形健美的一项体育活动。这种运动能使身体瘦弱者通过锻炼逐步使身体强健，肌肉发达。健美运动练习的主要手段包括徒手，自抗力，哑铃，杠铃，拉力器以及一些特制的设备，做各种发展肌肉的练习。主要肌肉(见图 2-125)

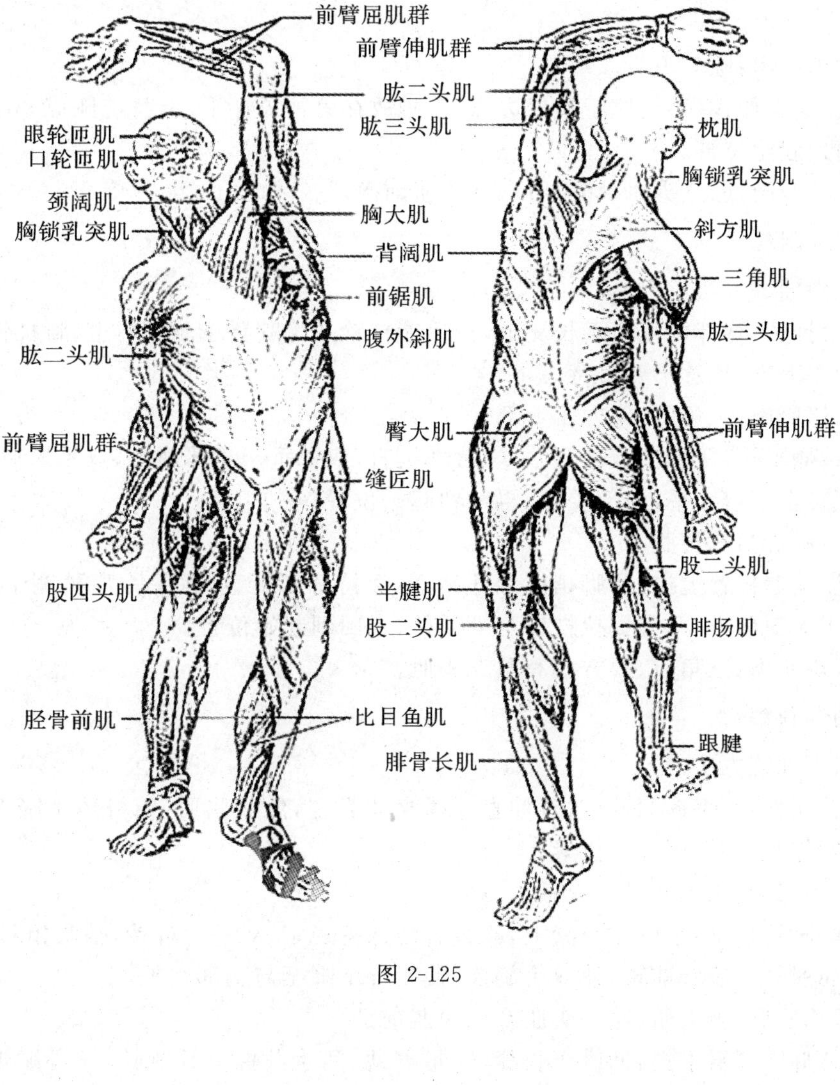


图 2-125

## 二、人体主要肌肉群的练习方法

### (一)臂部训练

臂部肌肉训练方法:

(1)臂弯举:坐于长凳上,掌心向内,双手各握一哑铃——抬起一侧手臂、掌心转向上,抬高肘部,继续弯举哑铃。

主要锻炼肌肉:肱桡肌、肱二头肌、三角肌前部。

(2)杠铃臂弯举:挺直背部站立,双手分开稍比肩宽,反手握杠——弯举杠铃,收缩臀部、腹部及背部肌肉。

主要锻炼肌肉:肱二头肌、肱肌。

(3)俯立臂屈伸:双膝微屈站立,腰部前屈,手持哑铃,上臂紧贴体测,屈肘 90 度,伸直手臂,然后曲臂 90 度。

主要锻炼肌肉:肱三头肌。

(4)仰姿反屈伸:双手支撑于长凳边缘,手脚放在另一长凳上,上身与腿成 90 度,屈臂后伸直双臂回到起始位置。

主要锻炼肌肉:肱三头肌、胸大肌和三角肌前部。

### (二)肩部训练

肩部肌肉训练方法:

(1)颈后推举:背部挺直坐于长凳上,正手握杠铃并将其置于颈后肩上,将杠铃向上垂直推举至头的正上方,注意不要弓背。

主要锻炼肌肉:三角肌、斜方肌上部。

(2)哑铃侧平举:两脚稍微分开站立,背部挺直,双臂垂于身体两侧,双手抓握哑铃,向侧上方平举哑铃至双肩水平,肘部委屈,再回到起始位置。

主要锻炼肌肉:三角肌。

(3)站姿宽握杠铃上提:两脚稍微分开站立,保持背部挺直,双手距离稍宽于肩,正手抓握杠铃,置于大腿前方,贴身提拉杠铃至下颌处,再回到起始位置。

主要锻炼肌肉:三角肌、斜方肌和肱二头肌。

### (三)胸部训练

胸部肌肉训练方法:

(1)双臂屈伸:双手握双杠,双臂伸直支撑身体悬空,然后屈肘,使身体下降至两杠间最低位置,双臂撑起,还原到起始位置。

主要锻炼肌肉:胸大肌、肱三头肌。

(2)平卧哑铃推举:平卧在长凳上,双脚着地保持稳定,双手持哑铃,拳眼相对,双臂向上伸展,然后屈肘并且旋转前臂,使双手旋前,使哑铃下降至与胸部水平。

主要锻炼肌肉:胸大肌、肱三头肌及三角肌前部。

(3)哑铃仰卧屈臂上提:仰卧于长凳,双足着地,两手共握一只哑铃,掌心贴近于上铃片的下面,将哑铃下降至头后,肘部微屈,然后回到起始位置。

锻炼肌肉:胸大肌、肱三头肌、大圆肌、背阔肌等。

（四）腹部训练

腹部肌肉训练方法：

（1）屈腿仰卧起坐：平躺，双手抱头，屈髋屈膝90度。双肩离地，双腿屈膝上抬靠近头部，全身蜷缩。

主要锻炼肌肉：腹直肌。

（2）悬垂屈膝上举：两手正握单杠，身体悬垂。双膝尽量上提，通过蜷身使双膝贴近胸部。

主要锻炼肌肉：腹直肌、髂腰肌。

（3）哑铃侧屈：两脚稍微分开站立，一手握哑铃，另一手置于头后。身体向持哑铃手异侧方向侧弯曲，然后回到起始位置。

主要锻炼肌肉：腹斜肌。

（五）腰部训练

腰部肌肉训练方法：

（1）俯卧两头起：俯卧在垫子上，两腿并拢伸直，两手置于头的两侧上方。两手臂、两腿夹紧同时向上抬起，然后同时放下。

主要锻炼肌肉：腰背伸肌、竖棘肌。

（2）侧卧弯起：侧卧在长凳上，上体悬空，两手抱头，两腿伸直固定在长凳上（用皮条或找同伴压住双脚，随后上提向侧上方弯起至最高点，稍停后回落。

主要锻炼肌肉：腹内、外斜肌。

（六）背部肌肉

背部肌肉训练方法：

（1）正握引体向上：双臂伸直，宽握距正手抓握单杠，身体上拉至眼睛高于单杠。

主要锻炼肌肉：背部肌肉群。

（2）杠铃划船：双膝微屈站立，屈身45度，保持背部挺直，正手抓杠，两手距离稍宽于肩，手臂垂直向下悬垂，然后垂直上拉杠铃至胸部，再回到起始位置。

主要锻炼肌肉：背阔肌、大园肌、三角肌后部。

（3）耸肩提杠铃：双手正握杠铃，置于大腿前侧，上身和手臂保持伸直，尽力向上向后耸肩。

主要锻炼肌肉：斜方肌。

（七）腿部训练

腿部肌肉训练方法：

（1）负重半蹲：将杠铃放在斜方肌上，双手抓住杠铃杆，两脚分开与肩同宽，缓慢屈膝下蹲90度，然后站立。

主要锻炼肌肉：股四头肌、臀肌、腘绳肌。

（2）俯卧小腿屈伸：俯卧于训练机垫上，双手抓握手柄，膝关节伸直，两脚后跟勾于脚托下方。同事胎教直至膝关节完全屈曲，再回到起始位置。

主要锻炼肌肉：腘绳肌、腓肠肌。

（3）拉力器直腿内收：拉力器或皮筋系于脚踝处，另侧手抓住一个支撑点。连于拉力器的腿向对侧腿靠近并与其交叉，然后回到起始位置。

主要锻炼肌肉：收肌（耻骨肌、长收肌、大收肌）。

（八）臀部训练

臀部肌肉训练方法：

(1)负重弓步：双手持杠铃置于头后，向前跨一步下蹲。在弓步状态下，前腿上部稍微低于膝关节，然后回到起始位置。

主要锻炼肌肉：臀肌。

(2)跪撑屈膝抬腿：跪撑于地，双肘及双手撑地，前臂伸直。一腿屈膝于胸前，将另一条腿向后伸，直到髋部充分伸展。

主要锻炼肌肉：臀肌、腘绳肌。

(3)仰卧直臂上挺：平卧，脊柱完全与地面接触，双手平放于髋部两侧，屈膝 90 度。双足用力将臀部向上挺。保持 2 秒钟，降低臀部。反复练习。

主要锻炼肌肉：臀大肌、腘绳肌。

### 三、健美运动的基本练习方法及要求

（一）动力训练法（初级适用）

1. 强度

即负重量、抗阻力的大小。通常采用中、小等重量，约为极限强度的 60%～80%。

2. 组数

练习局部肌肉（指 1～2 块），通常采用中、少组数。一块局部肌肉练习 2～3 组。

3. 次数

指单组练习中所做的次数。通常 1～3 次为少次数，8～12 次为中次数，15 次以上为多次数。

4. 密度

指单位时间内重复练习的量，体现着训练中时间和数量之间的关系。间歇时间 2～3 分钟为小密度，1～2 分钟为中密度，1 分钟以内为大密度。

5. 动作的速度

指做动作的快慢。动作速度快对发展爆发力有利，慢速或中速对发达肌肉有利。

（二）静力训练法

是让肌肉维持在一定姿势上用力，肌肉长度不变但张力发生变化。通常静止用力 6～10 秒，这样对某一肌群有更深的刺激。

## 第十三节　武　术

### 一、武术简介

武术，是中华民族创造和发展起来的，具有健身、护体、防敌、制胜的作用，被称为中国四大国粹之一。

武术在中国具有悠久的历史。武术的起源可以追溯到原始社会，原始人使用棍棒、石器等同野兽搏斗。学会了一些基本的格斗和搏杀技能。原始战争的出现，单人应战技能得以完善。先秦时期，各国诸侯都非常重视培养和训练将士们的搏击技术，剑术得到发展。汉代，带有搏击性质的“角抵”已有广泛的基础，还发明了铁兵器，出现了编排起来的攻防连续套路。到了晋代，练武活动已有“口诀要术”，武术初见雏形。唐代，是中国武术的兴盛时期，唐武则天开武举，使不少武术人才脱颖而出，天下闻名的少林武术的最早记载也起于唐朝初年。宋代，中国武术走向成熟。健身练武已成为志士仁人生活的重要内容。而且，在民间还组成了研习武艺的组——“社”，开始出现武术的一些流派。元代出现了某些以传授武艺为主要内容的武馆。明清时期，民间习武更为广泛，门派林立，出现了数百种武术套路，武术流派趋于定型。

中国武术具有独特的风采。武术的主要内容由拳术和器械的套路组成。根据拳种和类别的不同，套路有长有短，有刚有柔，有单练，有对练，风格不同，表现各异。但共同的要求是动作连贯、往返多变、起伏转折、快速敏捷、节奏鲜明。在武术的动作和练法中，都具有攻防的作用，如踢、打、摔、拿、击、刺等动作，是组成武术套路运动的主要因素，它们都有着不同的演练特点和攻防规律。中国武术具有形神兼备、内外合一的神韵，由于武术动作是从格斗攻防技术中提炼出来的，因此要求手到眼到，手疾眼快；手脚相随，上下协调；意领身随，以气催力；意识、呼吸、动作必须和谐一致。在中国武术的长期发展中，逐渐演化出十八般武艺或十八般兵器。通常认为十八般兵器包括：“刀枪剑戟、斧钺钩叉、棍槊棒、鞭锏锤抓、拐子流星”。中国古代的兵器远不止这 18 种，平常所说的十八般兵器或武艺只不过是一种泛称。

中国武术文化底蕴丰富，门类众多。按流行地区分类，划分为南拳、太极拳；按山脉、庙宇分类，可划分为少林拳、武当拳、峨眉拳；按形象分类，可划分为蛇拳、猴拳、螳螂拳等；按技术内容分类，划分为拳术类、器械类、气功类、摔跤类等。拳术类包括长拳、太极拳、南拳、形意拳、八卦拳、通臂拳等。器械类包括刀术、剑术、枪术、棍术四大主要形式。气功类包括禅家、道家、儒家、医家和拳家五大派别。摔跤起源于中国古代的角力和相扑，现称为中国式摔跤。

在中国武术发展史上，最为著名的武术流派是少林派、武当派和峨眉派。

(1)少林武术。发源于河南嵩山少林寺。少林武术内容极为丰富，其中少林拳的精华被称为“少林五拳”，系指龙拳、虎拳、豹拳、蛇拳和鹤拳，分为小洪拳、大洪拳、罗汉拳、梅花桩炮捶等几十种少林拳法，还有刀、枪、剑、铲、棒等器械的技击法，并创造出少林易筋功、小武功、阴阳功、混元一气功等气功。少林拳在一千多年的发展中，逐渐分为北派少林拳和南派少林拳。

(2)武当武术。因发源于湖北均县境内的武当山而得名。武当武术起源于元末明初，盛行于明末清初。武当拳的风格特点是以静制动，以柔克刚，以短见长，以慢击快，以意运空，以气运身。武当派拳术有无极拳、鹞子长拳、猿猴伏地拳、六岁散手和五当太乙五行拳等。武当兵器有武当剑、白虹剑、六合枪、六合刀、松溪棍等。太极拳属武当著名拳种，影响极大。太极拳在长期流传中，演变出许多支派，其中流传最广、影响最大的太极拳有陈式太极拳、杨式太极拳、吴式太极拳、武式太极拳和孙式太极拳。后经提炼整理，又出现简化太极拳、四十八式太极拳、八十八式太极拳等套路。

(3)峨眉武术。发源于四川峨眉山，形成于明代。峨眉拳集众家之长，形成了独特的技法与风格。它的主要技击特点是动作小，变化大，以柔克刚，借力打力，以静制动和以动制静并用，攻防时多顺势前钻，借力反击，以快取胜。峨眉拳术有僧门、岳门、杜门、赵门四大家和洪门、化门、字门、慧门四小家，还分为黄林、点易、青城、铁佛、青牛五大门派。

此外，气功与摔跤也在中国武术中占有一席之地。

气功是一种祛病健身、益寿延年的养生术和自我身心锻炼方法。气功在发展中，逐渐与各学说流派相结合。儒家养气，旨在修身。武术拳家养气，旨在积气。医家养气，旨在治疾健身。佛家养气，旨在排除杂念，达到禅定。气功门派众多，尤以道家气功见长。

摔跤是两人相角的一种武术体育运动，摔跤一般按体重分级进行，能使对手的身体任何部位(两脚除外)触地为胜。摔跤也是中国部分少数民族传统的体育项目之一，蒙古族、朝鲜族、哈萨克族和保安族等都喜爱摔跤。

中国武术自唐宋后，就逐渐传向国外。日本、朝鲜、越南及东南亚国家习武者不少，并形成一些武术门派。在欧美国家，中国武术的影响也非常深远，称中国武术为“功夫”。很多西方人认识中国文化首先是从了解中国武术开始的。中国武术是中国人民对世界文化的重要贡献。

## 二、武术基本技术

武术基本功是练习武术必须具备的身体活动能力、技术技巧能力以及心理素质等基础。基本功训练时，有一系列专门的综合性练习人体内、外各部位功能的方法和手段，这些方法和手段，突出了武术运动的专项要求，具有鲜明的内外兼修的运动特点。基本功包括腿功、腰功、肩功和桩功等主要内容。腿功表现的是腿部的柔韧性、灵活性和力量等功夫；腰功表现的是腰部灵活性、协调控制上下肢运动的能力和身法技巧的功夫；肩功表现的是肩关节柔韧性、活动范围的大小以及力量等方面的功夫；桩功表现的是腿部力量和呼吸内息的功夫。

### (一)腿功

1. 正压腿(图 2-126)

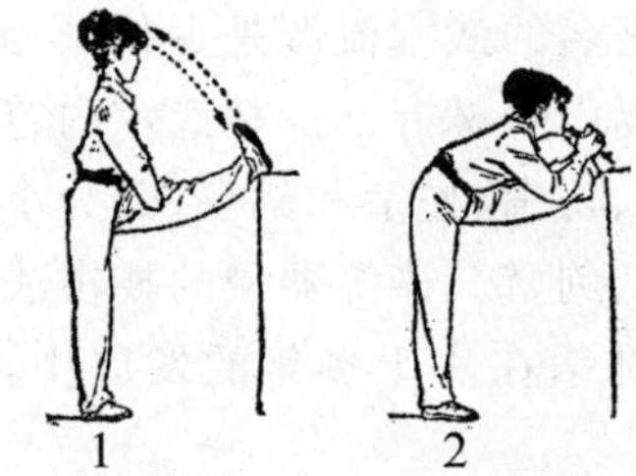


图 2-126

面对一定高度的物体，左脚跟放在物体上，脚尖勾起，两腿伸直，两手扶按在左膝上，或用两手抓握左脚，然后上体立腰向前下方振压，用头顶尽量触及脚尖。两腿交替进行。

学练要点：两腿伸直，立腰挺胸前压。

2. 侧压腿(图 2-127)

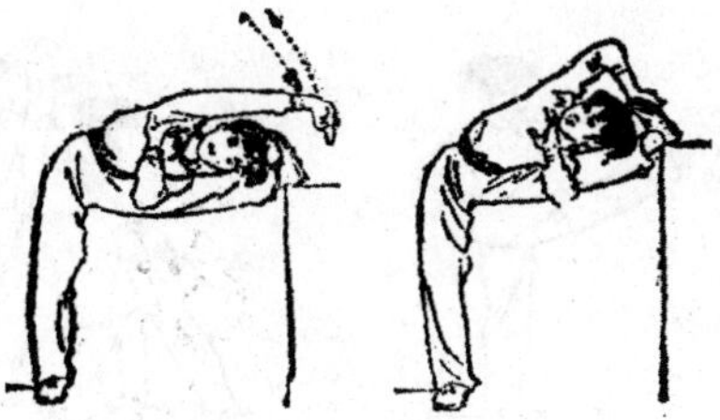

1　　2

图 2-127

右腿支撑站立,左脚从体侧放置到一定高度的物体上,脚尖勾起,右臂上举,左掌立于胸前,两腿伸直,腰部挺立,上体向左侧下振压,振压幅度要逐渐加大,直到上体能侧倒在左腿上。两腿交替进行。

学练要点:两腿伸直,开髋立腰挺胸,上体完全侧倒。

3. 后压腿(图 2-128)

图 2-128

背对一定高度的物体,两手叉腰,右腿支撑站立,左腿后伸,脚背放到物体上,两腿伸直,上体向后下振压,并逐渐增大振压幅度。两腿交替进行。

学练要点:两腿伸直,立腰挺胸,头随上体后仰。

4. 仆步压腿(图 2-129)

右腿屈膝全蹲,全脚着地;左腿向左侧伸直,脚尖内扣;两手分别抓住两脚脚背,成左仆步;腰部挺直,左转前压。左右仆步交替进行。

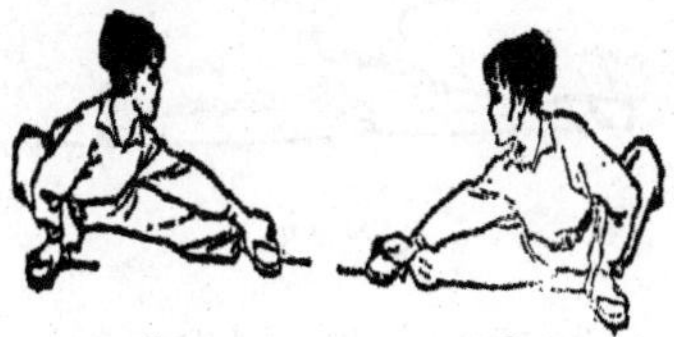

1　　2

图 2-129

学练要点:直腰抬头,一腿全蹲,另一腿伸直,两脚压紧地面。

5.正搬腿(图 2-130)

图 2-130

右腿伸直支撑,左腿屈膝提起,左手扶膝,右手抓住左脚,然后将左脚向前方伸出,直至膝关节挺直,左脚外侧朝前。两腿交替进行。

学练要点:两腿伸直,立腰挺胸,被搬腿的脚尖勾紧。

6.侧搬腿(图 2-131)

图 2-131

左腿伸直支撑,右腿从体侧抬起,右手经右小腿内侧绕脚后抱住右脚跟,将右腿伸直,脚尖勾紧。两腿交替进行。

学练要点:两腿伸直,立腰挺胸,身体直立平稳。

7.竖叉(图 2-132)

图 2-132

两腿伸直前后叉开成直线。左腿后侧着地,脚尖上翘;右腿前侧着地,脚背扣在地上,两臂立掌侧平举。两腿交替进行。

学练要点:立腰挺胸,沉髋挺膝。

8. 劈横叉(图 2-133)

图 2-133

两腿伸直向左右两侧叉开下坐成直线,两腿内侧着地。两臂立掌侧平举。

学练要点:髋关节完全打开,立腰挺胸。

## 二、腰功

1. 前俯腰(图 2-134)

图 2-134

并步站立,两手十指交叉,直臂上举,手心向上;上体前俯,挺胸,塌腰,两手尽力触地。再两手松开,用两手绕过双腿,抱住两脚跟部,尽量使自己的上体、脸部贴紧双腿。

学练要点:两腿挺膝伸直,上体前俯时,挺胸、塌腰、收髋。

2. 甩腰(图 2-135)

图 2-135

开步站立,两臂伸直前举,以腰为轴,上体做前后屈和甩腰动作,两臂也随之甩动。

学练要点:两腿伸直,腰部放松,后甩时抬头挺胸,甩腰动作紧凑而有弹性。

3. 涮腰(图 2-136)

两脚开立,略宽于肩,上体前俯,以髋关节为轴,两臂向左前下方伸出。然后挥动两臂,随上体向前、向右、向后、再向左做翻转绕环。左右涮腰交替进行。

图 2-136

学练要点:两腿伸直,以腰为轴,翻转绕环圆活、和顺。

4.下腰(图 2-137)

图 2-137

两脚开立同肩宽,两臂伸直上举;腰向后弯,抬头,挺腰,双手撑地身体呈桥形。

学练要点:两脚支撑站稳,膝关节尽量挺直,腰部后弯上顶,脚跟不能离地。

## 三、肩功

1.压肩(图 2-138)

图 2-138

面对一定高度的物体,两脚开立同肩宽,上体前俯,两手抓住横杆,抬头挺胸,塌腰,用力向下振压。

学练要点:两腿伸直,肩部松沉,用力震压,力点集中于肩部。

2.单臂绕环(图 2-139)

图 2-139

左弓步站立，左手扶按左膝，右臂以肩为轴做直臂的顺、逆时针绕环。两臂交替进行。

学练要点：臂伸直，肩放松，绕立圆。

3. 双臂绕环（图 2-140）

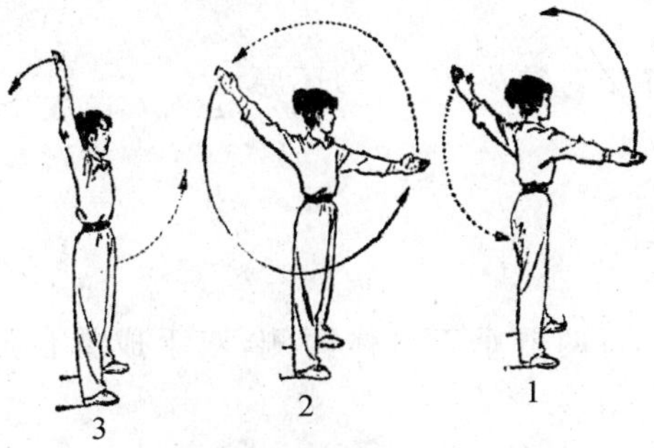


图 2-140

开步站立，以肩关节为轴，两臂分别向前和向后做直臂绕环。顺、逆时针绕环交替进行。

4. 两臂交叉绕环（图 2-141）

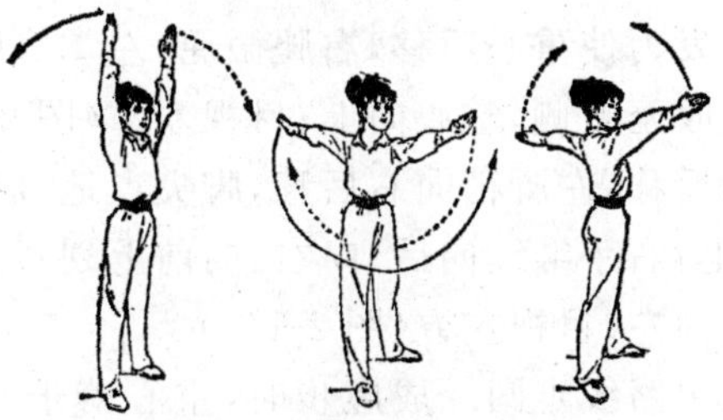

图 2-141

开步站立，两臂直臂上举，左臂以左肩关节为轴，向前下做顺时针绕环；同时，右臂以右肩关节为轴，向后下做逆时针绕环。两臂顺、逆时针交替进行。

学练要点：身体正直，两臂伸直，绕环协调和顺。

## 四、初级长拳

### （一）初级长拳完整动作名称

预备动作

（1）预备势　（2）虚步亮掌　（3）并步对拳

第一段

（1）弓步冲拳　（2）弹腿冲拳　（3）马步冲拳　（4）弓步冲拳

（5）弹腿冲拳　（6）大跃步前穿　（7）弓步击掌　（8）马步架掌

第二段

（1）虚步栽拳　（2）提膝穿掌　（3）仆步穿掌　（4）虚步挑掌

（5）马步击掌　（6）叉步双摆掌　（7）弓步击掌　（8）转身踢腿 马步盘肘

第三段

（1）歇步抡砸拳　（2）仆步亮掌　（3）弓步劈拳　（4）换跳步弓步冲拳

（5）马步冲拳　（6）弓步下冲拳　（7）叉步亮掌侧踹腿（8）虚步挑拳

第四段

(1)弓步顶肘　(2)转身左拍脚　(3)右拍脚　(4)腾空飞脚

(5)歇步下冲拳　(6)仆步抡劈拳　(7)提膝挑掌　(8)提膝劈掌 弓步冲拳

结束动作

(1)虚步亮掌　(2)并步对拳　(3)还原

(二)套路基本动作

**预备动作**

1.预备势

两脚并步站立,脚尖向前;两臂垂于身体两侧,双手成掌自然贴靠腿外侧;眼向前平视(图2-142)。

要领:头正颈直,下颌微收,挺胸、收腹、塌腰、夹腿。

2.虚步亮掌

(1)退步砍掌:重心下降,右脚向右后方撤步成左弓步;右掌经体侧向胸前上方划弧,掌心向上,左臂屈肘,左掌提至腰侧,掌心向上;目视右掌(图2-143)。

(2)后移穿掌:左腿蹬地发力使重心后移,右腿微屈;左掌经胸前从右臂上向前上弧线穿出伸直,掌心向上,同时右掌收至腰侧,掌心向上;目视左掌(图2-144)。

(3)转头亮掌:重心继续后移,左脚稍向右后移,脚尖点地,成左虚步;左臂内旋经左侧向后下方划弧成勾手,勾尖向上,右手继续向后、向右、向前上划弧,屈肘抖腕,在头前上方成亮掌(即横掌),掌心向前,掌指向左;目视左方(图2-145)。

要领:三个动作连贯,双手路线走圆。成虚步时,重心落于右腿上,右大腿与地面平行,上体注意保持正直。

图2-142　图2-143　图2-144　图2-145

3.并步对拳

(1)提膝亮掌:右腿蹬直,左腿提膝,脚尖里扣;身体直立,上身姿势不变(图2-146)。

(2)上步穿掌:左脚向前迈步,重心前移;左臂屈肘,左勾手变掌经左肋前穿,右臂外旋向前下落于左掌右侧,两掌同高,掌心均向上;头转正,目视前方(图2-147)。

(3)上步后摆掌:右脚向前上一步,重心前移;两臂下垂,双手经髋侧向后摆掌(图2-148)。

(4)并步转头对拳:左脚向右脚并步,身体直立;两臂向外、向上经胸前屈肘下按,两掌变拳,拳心向下,拳面相对,停于小腹前;目视左侧(图2-149)。

要领:并步后挺胸、塌腰。对拳、并步、转头要同时完成。

图 2-146

图 2-147

图 2-148

图 2-149

**第一段**

1.弓步冲拳

(1)上步格挡:左脚向左横开一步,脚尖向斜前方,右腿微屈,上体微左转,成半马步;同时左臂屈肘向左格挡,拳眼向后,拳与肩同高,右拳收至腰侧,拳心向上;目视左拳(图 2-150)。

(2)蹬地冲拳:上体左转,右腿蹬直成左弓步;右拳成立拳向前冲出,高与肩平,拳眼向上,同时左拳收至腰侧,拳心向上;目视右拳(图 2-151)。

要领:成弓步时,右腿充分蹬直,脚跟不要离地。冲拳时,尽量转腰顺肩。

2.弹腿冲拳

重心前移至左腿,右腿屈膝提起,脚面绷直,猛力向前弹出伸直,高与腰平;左拳成立拳向前冲出,右拳收至腰侧,拳心向上;目视前方(图 2-152)。

要领:弹腿和冲拳要协调一致,弹出的腿要用爆发力,力点达于脚尖。

图 2-150

图 2-151

图 2-152

3.马步冲拳

右脚向前落步,脚尖里扣,右脚脚跟后辗,上体左转,两腿下蹲成马步;右拳成立拳向前冲出,高与肩平,同时左拳收至腰侧;目视前方(图 2-153)。

要领:成马步时,大腿接近水平,脚跟外蹬,挺胸、塌腰,冲拳配合转体动作发力。

4.弓步冲拳

(1)转体格挡:右脚尖外撇向斜前方,成半马步,上体右转 90°;右臂屈肘向右格挡,拳眼向后,拳与肩同高;目视右拳(图 2-154)。

(2)蹬地冲拳:左腿蹬直成右弓步;左拳成立拳向前冲出,右拳收至腰侧,拳心向上;目视左拳(图 2-155)。

要领:与本段的第一个弓步冲拳相同。

5.弹腿冲拳

重心前移至右脚,左腿屈膝提起,脚面绷直,猛力向前伸直弹出,高与腰平;右拳成立拳向前冲出,左拳抱拳于腰侧,拳心向上;目视前方(图 2-156)。

要领:与本段的第一个弹腿冲拳相同。

图 2-153

图 2-154

图 2-155

图 2-156

6. 大跃步前穿

(1)收腿挂掌：左腿屈膝收腿，上体微前倾；右拳变掌内旋，以手背向左下挂至左膝外侧；目视右手(图 2-157)。

(2)上步后摆掌：左脚向前落步，重心移至前脚，两腿微屈；右掌继续向后挂，左拳变掌，向后下摆掌伸直；目视右掌(图 2-158)。

(3)跃步上摆掌：右腿屈膝向前提起，左腿立即猛力蹬地向前跃出，跳起后双小腿后背，身体右转；两掌向前向上划弧摆起；目视左掌(图 2-159)。

(4)仆步抱拳：右腿落地全蹲，左腿随即落地向前铲出成仆步；右掌变拳抱于腰侧，左掌由上向右、向下划弧成立掌，停于右胸前；目视左脚(图 2-160)。

要领：跳起后在空中要挺身背腿；跃步要远，落地要轻，落地后立即接做下一个动作。

图 2-157

图 2-158

图 2-159

图 2-160

7. 弓步击掌

右腿猛力蹬地，上体左转，重心移向左脚成左弓步；左掌经左脚面向后划弧至身后成勾手，左臂伸直，勾尖向上，右拳由腰侧变掌向前推出，掌指向上，掌外侧向前；目视右掌(图 2-161)。

8. 马步架掌

(1)转体穿掌：重心移至两腿中间，上体右转，左脚脚尖里扣成马步；右臂向左侧平摆，稍屈肘，同时左勾手变掌由后经左腰侧从右臂内向左上穿出，掌心均朝上；目视左手(图 2-162)。

(2)转头亮掌：上体继续右转；右掌立于左胸前，左臂向左上屈肘抖腕亮掌于头部左上方，掌心向前上方；头部右转，目视右方(图 2-163)。

要领：亮掌的抖腕动作和转头同时完成，发力要干脆；马步同前。

图 2-161

图 2-162

图 2-163

**第二段**

1. 虚步栽拳

(1)提膝转体:右脚蹬地,屈膝提起,左腿伸直站起,以前脚掌为轴向右后转体180°;右掌由左胸前向下经右腿外侧向后划弧成勾手,勾尖向后,左臂随体转动并外旋,使掌心朝右;目视右手(图2-164)。

(2)虚步栽拳:右脚向右落地,重心移至右腿上,下蹲成左虚步;左掌变拳下落于左膝上,拳眼向里,拳心向后,右勾手变拳,屈肘架于头右上方,拳心向前;头迅速左转,目视左方(图2-165)。

2. 提膝穿掌

(1)转头盖掌:右腿稍伸直;右拳变掌收至腰侧,掌心向上,左拳变掌由下向左上划弧盖压于头上方,掌心向前;头转向右方(图2-166)。

(2)提膝穿掌:右腿蹬直,左腿屈膝提起,脚尖内扣;右掌从腰侧经左臂内向右前上方穿出,掌心向上,左掌收至右胸前成立掌;目视右掌(图2-167)。

要领:(1)、(2)动作连贯完成,支撑腿与右臂充分伸直。

图2-164

图2-165

图2-166

图2-167

3. 仆步穿掌

右腿全蹲,左腿向左后方铲出成左仆步,脚尖内扣;右臂不动,左掌由右胸前向下经左腿内侧,向左脚面穿出;目随左掌转视(图2-168)。

4. 虚步挑掌

(1)弓步前穿:右腿蹬直,重心前移至左腿,成左弓步;左掌随重心前移继续向前上方穿掌,右掌稍下降;目随左掌转视(图2-169)。

(2)虚步前挑:右脚向左前方上一步,脚尖点地,左腿半蹲,成右虚步,上体向左转180°;在右脚上步的同时,右掌由后向下、向前上挑起成立掌,指尖与眼平,左掌由前向上、向后划弧成立掌;目视右掌(图2-170)。

要领:上步要快,虚步要稳。

5. 马步击掌

(1)掳手抱拳:右脚落实,脚尖外撇,重心稍升高并右移;右掌俯掌向外掳手,左掌变拳收至腰侧(图2-171)。

(2)上步横击:左脚向前上一步,以右脚为轴向右后转体180°,两腿下蹲成马步;左拳变掌从右臂上成立掌向左侧击出,力达掌根,右掌变拳收至腰侧;目视左掌(图2-172)。

要领:右手做掳手时,先使臂稍内旋、腕伸直,手掌向下向外转,接着臂外旋,掌心经下向上翻转,同时抓握成拳。收拳和击掌要同时进行。

图 2-168

图 2-169

图 2-170

图 2-171

图 2-172

6. 叉步双摆掌

(1)转头下摆掌:重心稍升高、右移;右拳变掌,同时两掌由下向右摆,掌指均向上;目视右掌(图 2-173)。

(2)叉步上摆掌:右脚向左腿后插步,前脚掌着地,上身拧紧;两臂继续由右向上、向左摆,停于身体左侧,均成立掌,右掌停于左肘窝处;目随双掌转视(图 2-174)。

要领:两臂要划立圆,幅度要大,摆掌与后插步配合一致。

7. 弓步击掌

(1)转身按掌:两腿不动,身体右转;右掌向上、向右划弧,掌心向下按掌,左掌收至腰侧,掌心向上;头转向右方(图 2-175)。

(2)退步击掌:左腿后撤一步,成右弓步;右掌向下向后伸直摆动,成勾手,勾尖向上,左掌成立掌向前推出;目视左掌(图 2-176)。

要领:退步和推掌协调一致,推掌发力前左腿要蹬住地面。

图 2-173

图 2-174

图 2-175

图 2-176

8. 转身踢腿马步盘肘

(1)转体抡臂:两脚以前脚掌为轴向左后转体 180°,重心移向左脚;在转体的同时,左臂向上、向前划半立圆,右手变掌,右臂向下、向后划半圆;目随左手转视(图 2-177)。

(2)顺势抡臂:上动不停,两脚不动;右臂由后向上、向前划半立圆,左臂由前向下、向后划半立圆;目视前方(图 2-178)。

(3)亮掌正踢腿:上动不停,重心移至左脚,重心升高;右臂向下成反臂勾手,勾尖向上,左臂向上成亮掌,掌心向前上方;右腿伸直,脚尖勾起,向额前正踢腿(图 2-179)。

(4)落步拧身:右脚主动向前下压落地,脚尖里扣,上体微向左拧转;右手不动,左臂屈肘下落至胸前,肘平抬,左掌心向下;目视左掌(图 2-180)。

(5)马步盘肘:上体左转 90°,两腿下蹲成马步;同时左掌向前、向左平掳,变拳后收至腰侧,右勾手变拳,右臂伸直,由体后向右、向前平摆,至体前时屈肘,肘尖向前,高与肩平,拳心向下;目视肘尖(图 2-181)。

要领:两臂抡动时要划立圆,动作连贯。盘肘要快速有力,右肩前顺。

图 2-177

图 2-178

图 2-179

图 2-180

图 2-181

**第三段**

1. 歇步抡砸拳

(1)转头抡拳：重心稍升高，右脚尖外撇；右臂由胸前向上、向右抡直，左臂摆至体侧，两拳拳心向上；目随右拳转视(图 2-182)。

(2)转体抡摆：上动不停，重心升高，两脚以前脚掌为轴，向右后转体 180°；随身体转动，右臂向下、向后抡摆，左臂向上、向前抡摆(图 2-183)。

(3)歇步砸拳：紧接上动，两腿全蹲成歇步；左臂随身体下蹲向下平砸，力达拳背，拳心向上，臂部微屈，右臂伸直向上举起；目视左拳(图 2-184)。

要领：抡臂动作要连贯完成，划成立圆。歇步要两腿交叉全蹲，左腿大、小腿靠紧，臀部贴于左小腿外侧，膝关节在右小腿外侧，脚跟提起；右脚尖外撇，全脚掌着地。

图 2-182

图 2-183

图 2-184

2. 仆步亮拳

(1)回身横击掌：左脚由右腿后抽出向前上一步，左腿蹬直，右腿半蹲，成右弓步；上体微向右转；左拳收至腰侧，拳心向上，右拳变掌向下经胸前向右横击掌，掌心向下，力达掌沿；目视右掌(图 2-185)。

(2)提膝穿掌：右脚蹬地屈膝提起，上体右转；左拳变掌从右掌上向前穿出，掌心向上，右掌回收，平放至左肘下，掌心向上(图 2-186)。

(3)仆步亮拳：右脚向右落步，屈膝全蹲，左腿伸直，成仆步；左掌向下、向后划弧成勾手，勾尖向上，右掌向右、向上划弧后，抖腕成亮掌，掌心向前，臂微屈；头随右手转动，至亮掌时，目视左方(图 2-187)。

要领：仆步时，左腿充分伸直，脚尖里扣，右腿全蹲，两脚脚掌全部着地。上体挺胸塌腰，稍左转。

图 2-185

图 2-186

图 2-187

3.弓步劈拳

(1)上步搂手:右腿蹬地立起,左腿收回并向左前方上步;右掌变拳收至腰侧,拳心向上,左勾手变掌由下向前上经胸前向左做搂手,掌心横向外;目视左手(图 2-188)。

(2)上步挥摆:右腿经左腿前方向左绕上一步,左腿蹬直成右弓步;左手向左平搂后再向前挥摆,虎口朝前,在左手平搂的同时,右拳向后平摆,拳眼向上(图 2-189)。

(3)弓步劈拳:重心前移成弓步;右拳向上、向前做抡劈拳,力达拳背,拳高与耳平,拳心向上,左掌外旋接扶右前臂;目视右拳(图 2-190)。

要领:左、右脚上步稍带弧形。

图 2-188

图 2-189

图 2-190

4.换跳步弓步冲拳

(1)缩身挂掌:重心后移,右脚稍向后移动,上体微前弓;右拳变掌,右臂内旋以掌背向下划弧挂至右膝内侧,左掌背贴靠右肘外侧,掌指向前;目视右掌(图 2-191)。

(2)提膝拧身:右腿自然上抬,上体稍向左扭转;右掌挂至体左侧,左掌留在右腋下;目随右掌转视(图 2-192)。

(3)震脚按掌:右脚以全脚掌用力向下震跺,与此同时,左脚急速离地向后勾起,同时上体右转;伴随转体,右手由左向上、向前搂盖,而后变拳收至腰侧,左掌伸直向上经头上方向前、向下横掌下按,肘关节平屈,掌心向下;目视左掌(图 2-193)。

(4)弓步冲拳:左脚向前上步,右腿蹬直成左弓步;右拳从左手手背上向前冲出(立拳),拳高与肩平,左掌回收藏于右腋下,掌背贴靠腋窝,掌指向上;目视右拳(图 2-194)。

要领:换跳步动作要连贯、协调。震脚时腿要弯曲,全脚掌着地。左脚离地不要太高。

图 2-191

图 2-192

图 2-193

图 2-194

5.马步冲拳

左脚蹬转,脚尖内扣,上体右转 90°,重心移至两腿中间,成马步;左掌变拳向左冲出,拳眼向上,右拳收至腰侧,拳心向上;目视左拳(图 2-195)。

6.弓步下冲拳

右脚蹬直,左腿弯曲,上体稍向左转,成左弓步;左拳变掌向下经体前划弧向上架于头左上方,掌心向上,右拳自腰侧向左前斜下方冲出,拳眼向上;目视右拳(图 2-196)。

7.叉步亮掌侧踹腿

(1)十字交叉:上体稍右转;左掌由头上下落于右手腕上,右拳变掌,两手手腕处交叉成十字，手掌小指侧向前；目视双手(图 2-197)。

(2)叉步亮掌：右脚蹬地并向左腿后插步，以前脚掌着地；左掌由体前向下、向后划弧成勾手，勾尖向上，右掌由前向右、向上划弧抖腕亮掌，掌心向前；目视左方(图 2-198)。

(3)侧踹腿：重心移至右腿，左腿屈膝提起，向左上方猛力踹出，脚尖勾紧；上肢姿势不变；目视左侧(图 2-199)。

要领：插步时上体稍向右倾斜，腿、臂的动作要一致。侧踹高度不能低于腰，大腿内旋，着力点在脚跟。

图 2-195

图 2-196

图 2-197

图 2-198

图 2-199

8. 虚步挑拳

(1)落步左挑拳：左脚在左侧落地；左勾手变拳由体后向左上挑，拳背向上，右掌变拳稍后移，拳心向后(图 2-200)。

(2)提膝前挂拳：上体左转 180°，微含胸前俯；左拳继续向前、向上划弧上挑，右拳向下、向前划弧挂至右膝外侧，拳眼向上；同时右膝提起；目视右拳(图 2-201)。

(3)虚步右挑拳：右脚向左前方上步，脚尖点地，重心落于左脚，左腿下蹲成右虚步；左拳向后划弧收至腰侧，拳心向上，右拳向前屈臂挑出，拳眼斜向上，拳与肩同高；目视右拳(图 2-202)。

要领：挑拳发力与脚尖点地同时完成；虚步大腿接近水平。

图 2-200

图 2-201

图 2-202

**第四段**

1. 弓步顶肘

(1)缩身下挂：重心升高，右脚踏实，上身微含胸前俯；右臂内旋向下直臂划弧以拳背下挂至右膝内侧，左拳不变；目视前下方(图 2-203)。

(2)提膝摆臂：左腿蹬直，右腿屈膝上抬，上体右转；左拳变掌，右拳不变，两臂向前向上划弧摆起；目随右拳转视(图 2-204)。

(3)跳换步一：上动不停，左脚蹬地起跳，身体腾空；两臂继续划弧至头上方(图 2-205)。

(4)跳换步二：右脚先落地，右腿屈膝，左脚向前落步，以前脚掌着地；同时两臂向右向下屈肘停于右胸前，右拳变掌，左掌变拳，右掌心贴靠左拳面，目视右方(图 2-206)。

(5)弓步顶肘：左脚向左上一步，右腿蹬直，左腿屈膝成左弓步；同时右掌推左拳，以左肘尖向左顶出，高与肩平；头随顶肘动作转向左方，目视前方（图 2-207）。

要领：交换步时不要过高，但要快。两臂抡摆时要成圆弧。

图 2-203

图 2-204

图 2-205

图 2-206

图 2-207

2. 转身左拍脚

（1）转身抡臂：以两脚前脚掌为轴向右后转体 180°，转体后左脚跟半步；随着转体，右臂向上、向右、向下划弧抡摆，同时左拳变掌向下、向后、向前上抡摆（图 2-208）。

（2）左拍脚：身体重心移至右脚，左腿伸直向前上迅速踢起，脚面绷平；左掌变拳收至腰侧，拳心向上，右掌由体后向上经头上向前拍击左脚面；目视右手（图 2-209）。

要领：右掌拍脚时手指稍横过来，拍脚要准而响亮。

3. 右拍脚

（1）左掌后摆：左脚主动向前下压落地；左拳变掌向下、向后摆，右掌变拳收至腰侧，拳心向上（图 2-210）。

（2）右拍脚：身体重心移至左脚，右腿伸直向前上迅速踢起，脚面绷平；左掌由后向上经头上向前拍击右脚面；目视左手（图 2-211）。

要领：接转身左拍脚的上步动作要连贯；其余与本段的转身左拍脚相同。

图 2-208

图 2-209

图 2-210

图 2-211

4. 腾空飞脚

（1）落脚上步：右脚主动向前下压落地，身体重心迅速移至右腿；上肢姿势保持不变（图 2-212）。

（2）起跳击掌：左脚向前摆起，右腿猛力蹬地跳起，左腿屈膝继续前上摆；同时右拳变掌向前上摆起，左掌先上摆而后下降拍击右掌背（图 2-213）。

（3）空中拍脚：左腿保持屈膝上提，右腿继续上摆，脚面绷平；右手拍击右脚面，左掌由体前向后侧上举，目视右手（图 2-214）。

要领：蹬地要向上，不要太向前冲，左膝尽量上提。击响要在腾空时完成，右臂伸直成水平。

图 2-212

图 2-213

图 2-214

5.歇步下冲拳

(1)半马步按掌:左脚先落地,右脚随后向前落地成半马步;右掌下落前伸,掌心向下,左掌变拳收至腰侧,拳心向上;目视右手(图 2-215)。

(2)歇步下冲拳:身体右转 90°,两腿全蹲成歇步;右掌抓握、外旋变拳收至腰侧,左拳由腰侧向前下方冲出,拳心向下;目视左拳(图 2-216)。

图 2-215

图 2-216

6.仆步抡劈拳

(1)站起抡臂:两腿蹬地,重心升高;右臂由腰侧向体后伸直,左臂随身体重心升高向上摆起;目随左拳(图 2-217)。

(2)提膝转体:以右脚前脚掌为轴,左腿屈膝提起,上体左转 270°;左拳由前向后下划立圆,右拳由后向下向前上划立圆(图 2-218)。

(3)仆步劈拳:左脚向后落一步,屈膝全蹲,右腿伸直,脚尖里扣成右仆步;右拳由上向下抡劈,拳眼向上,左拳后上举,拳眼向上;目视右拳(图 2-219)。

要领:抡臂时一定要划立圆。

图 2-217

图 2-218

图 2-219

7.提膝挑掌

(1)弓步抡臂:左腿伸直,重心前移成右弓步;同时右拳变掌由下向上抡摆,左拳变掌稍下落,右掌心向左,左掌心向右(图 2-220)。

(2)提膝挑掌:左、右臂在垂直面上由前向后各划立圆一周,右臂伸直停于头上,掌心向左,指尖向上,左臂伸直停于身后成反勾手;同时右腿屈膝提起,左腿挺膝伸直独立;目视前方(图 2-221)。

图 2-220

图 2-221

要领:抡臂时要划立圆。

8.提膝劈掌弓步冲拳

(1)提膝劈掌:下肢不动;右掌由上向下猛劈伸直,停于右小腿内侧,用力点在小指一侧,左勾手变掌,屈臂向前停于右上臂内侧,掌心向左;目视右掌(图 2-222)。

(2)退步搂手:右脚向右后落地;身体右转 90°;同时左掌变拳收至腰侧,拳心向上,右臂内旋向右划弧做搂手(图 2-223)。

(3)弓步冲拳:上动不停,左腿蹬直成右弓步;右手抓握变拳收至腰侧,拳心向上,左拳由腰侧向左前方冲出,拳眼向上;目视左拳(图 2-224)。

图 2-222

图 2-223

图 2-224

**结束动作**

1.虚步亮掌

(1)扣膝抱掌:右脚蹬地,重心移至左脚,右脚扣于左膝后;两拳变掌,两臂右上左下屈肘交叉于左胸前,掌心向下;目视右手(图 2-225)。

(2)退步舞花:右脚向右后落步,重心后移,右腿半蹲,上体稍右转;同时右掌向上、向右、体前划弧停于左腋下,左掌向左、向上划弧停于右臂上与左胸前,两掌心左下右上;目视左掌(图 2-226)。

(3)虚步亮掌:左脚尖稍向右移,右腿下蹲成左虚步;左臂伸直向左、向后划弧成反勾手,右臂伸直向下、向右、向上划弧抖腕亮掌,掌心向前;目视左方(图 2-227)

要领:亮掌和转头协调一致。

图 2-225

图 2-226

图 2-227

2.并步对拳

(1)退步穿掌:左腿向后撤一步;同时两掌从两腰侧向前穿出伸直,掌心向上;目视前方(图 2-228)。

(2)退步后摆掌:右腿后撤一步;同时两臂分别向体后下摆(图 2-229)。

(3)并步转头对拳:左脚后退半步向右脚并拢;两臂由后向上经体前屈臂下按,两掌变拳,停于腹前,拳心向下,拳面相对;目视左方(图 2-230)。

3.还原

两拳变掌,两臂自然下垂;头转向正前方,眼睛向前平视(图 2-231)。

图 2-228

图 2-229

图 2-230

图 2-231

## 五、棍术

### (一)棍术完整动作名称

**起势**

**第一段**

(1)弓步劈棍　(2)弓步撩棍　(3)虚步上拨棍　(4)虚步把拨棍

(5)插步抡劈棍　(6)翻身抡劈棍　(7)马步平抡棍　(8)跳步半抡劈棍

**第二段**

(1)单手抡劈棍　(2)提膝把劈棍　(3)弓步抡劈棍　(4)弓步背棍

(5)挑把棍　(6)转身弓步戳棍　(7)踢腿撩棍　(8)弓步拉棍

**第三段**

(1)提膝拦棍　(2)插步抡把劈棍　(3)马步抡劈棍　(4)翻身马步抡劈棍

(5)上步右撩棍　(6)上步左撩棍　(7)转身仆步摔棍　(8)弓步崩棍

**第四段**

(1)马步把劈棍　(2)歇步半抡劈棍　(3)左平舞花棍　(4)右平舞花棍

(5)插步下点棍　(6)弓步下点棍　(7)插步下戳棍　(8)提膝拦棍

收势

### (二)套路基本动作

**起式:**

(1)两脚并步,右手持棍立于身体右侧,目向左平视(图 2-232)。

(2)右手提棍上举,臂伸直;左手随即握住棍把(棍的粗端为棍把,细端为棍梢,下同),臂平屈胸前,目仍向左平视(图 2-232)。

要点:右手持棍稍放松,棍上举要轻快。

**第一段**

(1)弓步劈棍(图 2-233)

身体左转,左脚向前上一步,成左弓步。同时,两手握棍向前下劈,棍梢略高于肩,棍把紧贴左膝侧。目向前平视。

要点:上步与劈棍动作要协调。

(2)弓步撩棍(图 2-234)

①右手握棍向左侧上举,随即下滑握住棍的把端,左手撒开,换握于棍的中段,与此同时,右脚离地向右斜前方上步,成右弓步,目向前平视

②左手向左后下方抡棍,右手经身前向头上方提起、翻腕,使棍沿着身体左侧向前撩出,左臂伸直,棍梢与右膝同高,目视前方。

要点:左手上移时,动作轻巧而迅速,棍沿身体左侧抡动时,动作匀速不宜太快,力点在棍梢一端。

图 2-232

图 2-233

图 2-234

(3)虚步上拨棍(图 2-235)

①左手使棍梢向右前下方向左上方摆起,在头上绕半圈,与此同时,右手由屈到伸向前推棍把,左手则继续向身体右后侧绕行,两臂左上右下在脚前交叉,此时,两腿成交叉步,目视前方。

②左脚向前上一步,继而右脚再上一步,成右虚步。同时,左臂伸直向前平摆,手心向下,身体随即左转,使棍梢由右后向前划半个圆,再向左上方拨动,此时,右手置于左腋下,棍梢高与头平,目视棍梢(图 2-235)。

要点:上步与拨棍动作须协调一致。

图 2-235

(4)虚步把拨棍(图 2-236)

①左手握棍由左前侧向右绕行一周,右手握棍把由左腋下向前、向上,使提身在头上平转一周,同时右脚向右侧斜前方跨半步,膝盖微屈.

②身体重心前移,左脚向前上一步,成左虚步。与此同时,右手由头部右侧向后、向左、向身体右前侧绕行,臂部伸直斜上举左手顺势绕至右腋下,棍把一端略高于头部,目视棍把.

图 2-236

要点:拨动棍把必须与虚步同时完成。

(5)插步抡劈棍(图 2-237)

①右手向下,经左腿外向左肩上方绕行,左手顺势稍下降,上体左转,使棍把由前上方向下、向上摆起。两腿成交叉步。目视身体右下方。

②右脚向身体右侧跨一步,并成为右虚步。同时,随着上体的稍右转右手握棍向身前抡劈,手心向下,左手随即稍后拉,停于左肋旁,目视棍把。

③右脚稍前移,继而左脚从身后向右侧插一步,成交叉步,同时,左右手握棍,使棍身在胸前转半个立圆。

要点:抡臂时,两手握提不要太紧,棍身须紧贴体侧。

图 2-237

(6)翻身抡劈棍

以两脚为轴,上体向左后翻转,成半马步,与此同时,左手握棍,随翻身动作向左侧前方下劈,右手握棍把顺势里于右腹前、棍梢略高于棍把,目视左前方(图 2-238)。

要点:翻身时,左脚掌内转,右脚跟报动,翻身动作要干脆利落,劈棍前,棍梢须划一个立圆,劈棍动作要有力。

图 2-238

(7)马步平抡棍(图 2-239)

①右手握住棍把上举,使棍落于后肩上,随即左臂伸直,手心向上,松握于棍梢近端。目视棍梢。

②左手撒开,右手握住棍把用力向身前抡动,使棍梢平抡一周。与此同时,身体顺平抡棍之势,以左脚为轴从左向后转,右脚左侧上一步,随即两腿半蹲成马步,平抡棍后,两臂平

屈胸前，左手松握于右手外面，棍身架于左上臂部，目视右前方。

要点：平抡棍时，右手要用力，平抡棍高度略高于腰即可。

图 2-239

(8)跳步半抡劈棍(图 2-240)

两脚同时蹬地跳起，以转胯的力量使身体从右向后转，在两脚落地成马步时，两手向右前斜下猛劈，左手要随即向前松握棍把，左臂伸直，右手握住棍把撤至右腰前，目视棍梢。

要点：转体跳步时，两脚离地不要大高，两脚要同时起落，但转体要快，两手抡棍要用力，并与转体动作协调一致。

图 2-240

**第二段**

(1)单手抡劈棍(图 2-241)

①右脚略向左移，成右高虚步，同时，左手撒开，向左侧上举成横掌；右手握棍把上举，使棍梢由左向下、向身体右侧划弧绕行。目视右前方。

②上动不停，右手继续向下、向后、向前上方抡动，使棍梢经右腿外侧向后上方绕行。

③上动不停，右手向右侧翻碗使棍梢继续向上、向前绕行，左手随即握住棍的中段，两手一齐用力向身体左前侧劈棍，便棍身与地面平行。在劈棍的同时，右脚向后退一步，上体右后转 180°，两腿半蹲成半马步，目视棍梢。

要点：右手抡棍过程要用力，棍走立圆，并尽量靠近身体，左手接握棍身动作要快速准确。

图 2-241

(2)提膝把劈棍(图 2-242)

①身体重心后移至右腿上,同时,右手握棍把向右上方提起,左手略向棍梢一端滑握,目视棍梢

②上动不停,左腿屈膝提起,成右独立式,同时,右手用力向前下压,臂伸直,左手收至右腋下,上体随即左转,使棍把向前劈打,使棍身与地面平行,向前平视。

要点:劈棍须与提膝动作同时完成,上体稍前倾。

图 2-242

(3)弓步抡劈棍(图 2-243)

①左脚向前下落,成交叉步,同时,右手握棍向下向腹前绕行。

②上动不停,右脚向身体右侧跨一步,成右虚步。同时,棍把继续向上、向前抡劈,高与头平,目视棍把。

③上动不停,右脚再向前上半步,成右弓步,同时,左手稍向棍身中段移握,右手顺势收于左腋下,使棍梢由后向上、向前劈打,高与眼平,目视棍梢

要点:整个抡劈棍动作要连贯,棍要走立面,速度要均匀。

图 2-243

(4)弓步背棍(图 2-244)

①上体右转,与此同时,左手握棍向下经腹前向身体右侧绕行,使棍梢向下经右腿外侧抡绕,目视棍梢。

②上动不停,左脚向前上步,成左弓步同时,左手继续向上、向前绕行,右手顺势拉至腹前,使棍梢继续向上、向前抡绕,目视棍梢。

③上动不停,左手继续向下、向腹前绕行右手向后上方举起,使棍把向后上方抡起,目视前方。

④上动不停,右手持棍继续向前、向后下方抡绕,左手顺势将棍托至右腋下,然后撒开,手心贴靠右胸。

⑤由右手单手握棍绕至棍身,斜背于左肩背后,棍梢指向前上方。

⑥左手再由右胸前向前撩起成立掌,小指一侧在前,掌指向上。目视左掌。

要点:抡棍过程中,动作要连贯完整,棍要走立圆,背棍时,上体稍前倾。

图 2-244

(5)挑把棍(图 2-245)

右脚向前上步成右弓步,上体左转,同时左手接握棍中段,右手握棍向左前上绕行,使棍把向左前上方挑起,目视棍把。

要点:向前挑把时,右臂别太直。上部,挑把分解练习。

图 2-245

(6)转身弓步戳棍(图 2-246)

①右脚尖里扣,左腿屈膝提起,成右独立式,目视棍梢。

②上动不停,右脚尖里扣 180 度,上体从左向后转。

③转身之后,左脚立即向身体左侧落步,成左弓步。与此同时,两手握棍使棍梢向左侧平戳,左手松握后滑与右手靠近,目视棍梢。

要点:提膝和转身动作要连贯,提膝不宜过离,转身要敏捷。

图 2-246

(7)踢腿撩棍(图 2-247)

①右脚稍向前移,上体右转。在转身的同时,两手握棍向上、向右侧体前抡劈,目视棍梢。

②上动不停,两手握棍使棍梢继续向下撩绕,上体随即再向后转,右腿顺着撩棍的方向向右侧踢起,棍继续向身体左侧上撩,目视棍梢。

要点:整个动作要连贯、协调,棍须走立圆、撩棍和踢腿要同时进行,踢腿时不要弓腰。

①　　②

图 2-247

(8)弓步拉棍(图 2-248)

①右腿屈膝准备下落于身体右侧,左手上滑握于棍身中段,直毕向右上方举起,便棍梢向右上方抡绕,目向右平视

②上动不停,右脚在身体右侧落步,成右弓步,同时,右手向右肩前拉,左臂也直臂下压,棍身斜放于身前,目向左侧平视。

要点:拉棍与弓步要同时完成,整个动作要舒展。

图 2-248

**第三段**

(1)提膝拦棍(图 2-249)

①左脚向身体右侧跨一大步,成左弓步。同时,左手握棍随着上步转体动作向身体左侧推出,臂伸直,手心斜向上,右手顺势提至头上。

②左脚尖里扣,上体右转,成右虚步。与此同时,左手握棍上举于左后侧,右手顺势向脚前下拉,臂弯曲,棍身斜架于身前,目视右下方。

③上动不停,右腿屈膝提起,同时右手握住棍把向前推拦,左手举于头上,上体前倾,棍身斜架于身前,目视棍把。

要点:整个动作要连贯、自然,支撑脚要站稳。

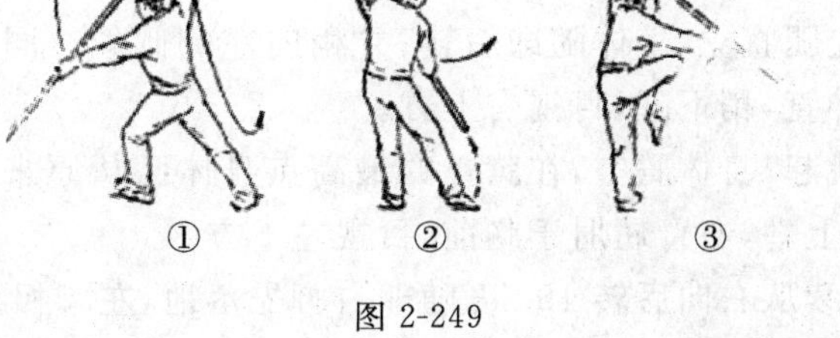

①　②　③

图 2-249

(2)插步抡把劈棍(图 2-250)

①右脚向前落步,左手握棍向前下压,右臂顺势屈收至左腋下,目视前下方。

②上动不停,左手继续向下经右腿外侧向右绕行,上体随即右转,右手位置不变,两腿左右交叉目视棍梢。

③上动不停,左脚向身体左侧横跨一步,成半马步,同时,左手继续向右、向上、向左绕行,右手顺势撤至右腰侧,目视棍梢。

④上动不停,右脚从左腿后向左前插上一步,两腿成左右交叉,同时,右手使棍身在体前垂直翻转半周,棍把向左,目视棍把。

要点:整个动作要连贯,两手松握棍,棍身要贴近身体,并且必须翻转两个立圆。

图 2-250

(3)马 1 步抡劈棍(图 2-251)

①以两脚掌为轴,上体向右翻转 180 度。同时,右手握棍向右后方绕行,左手则顺势直臂斜伸左下侧,左脚向身体右侧跨一大步,上体从右向后转成马步。同时,左手握棍向上,并随着转体动作向身体右侧抡棍,使棍的上段向前平劈,目视棍梢。

②劈棍动作须用力,并与马步动作同时完成。

要点:与基础棍术的马步抡劈棍相同。

图 2-251

(4)翻身马步抡劈棍

①右腿屈膝提起左腿直立,上体随即右转,并稍向左侧倾斜。同时,右手握住棍把向右胸前提起,屈肘;左臂伸直,稍下降,目视右上方。

②左脚用力蹬地跳起,身体腾空,在腾空的最高点身体已从原来的位置转动 180 度,两腿屈膝提起,左手握棍上举,右臂屈肘于胸前,目视左下方。

③在空中,身体继续从右向后转 180 度随即右脚先落地,左脚相继落地成马步,同时,左手握棍,从上向身体左侧平劈,臂伸直,右手顺势撤至右腹前,目视棍梢。

要点：整个动作要轻灵、劈棍与马步两个动作须同时完成。

(5)上步右撩棍(图 2-252)

①两腿直立，左脚稍回收。左手向棍把一端下滑并迅速握于右手小指下侧，同时上体右转，使棍梢向上、向转体前的右侧方抡动，划半个立圈，双手握棍举于胸前，目视棍梢。

②紧接上一个动作，上体迅速从左向右后转右脚眼上一步，使棍梢向前撩出划半个立圆，此时，左腿半蹲成右虚步，棍梢与胸同高目视棍梢。

要点：抡棍上撩时，棍要尽量靠近身体右侧。

图 2-252

(6)上步左撩棍(图 2-253)

①上动不停，左手迅速移至右手拇指前握棍，两手一齐继续向左后抡棍，两手握棍位于腰腹前，目向前平视。

②同时上体向右后转，左脚经右腿前面向前上一步，使棍向下，经身体左侧向上撩起，此时，右腿半蹲成虚步，右手握住棍把置于头部前上方，左手在脸前松开托住棍身，棍梢与胸同高，目平视前方。

要点：与右撩棍相同，唯左右方向相反。

图 2-253

(7)转身仆步摔棍(图 2-254)

①上动不停。两手握棍继续向上、向身后抡出，上体随即右转。

②紧接着上一个动作，右腿屈膝在身前提起，同时两手稍上提，左臂内旋，使左手虎口向下，右臂外旋，右手稍放松，使棍捎由前向下抡绕。

③紧接着上一个动作，两手继续使棍沿身体向后、向上、向前、向下抡劈。同时，右脚向身后落步，成左仆步，此时，左臂斜前伸直，右臂屈肘于胸前正下方，棍梢前半段摔地，上体稍前倾。目平视前方。

要点：整个动作要连贯，抡棍要走立圆，摔棍动作要与全蹲成仆步同时完成，棍身与左腿平行。

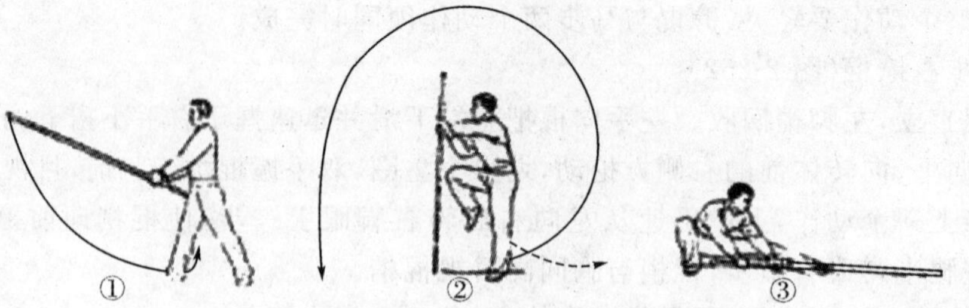


图 2-254

(8)弓步崩棍(图 2-255)

右腿挺膝伸直,左腿屈膝半蹲,成左弓步。与此同时,左手略向右手前滑棍,右手猛力向下压,使棍稍从下向上崩跳,高与头平。目视棍梢

要点:左手屈腕与右手下压要猛,但上崩弧度不宜过大。

图 2-255

**第四段**

(1)马步把劈棍(图 2-256)

①上体右转,两腿半蹲成马步。与此同时,右手握住棍把向身体右上方提抽,左手顺势向棍梢一端滑握,目视左下方。

②右脚向左脚前跨一大步,上体随即向左后转,两腿半蹲成马步同时右手向前、向右作抡劈动作,左手迅速换握并顺势移到左腰侧,此时,右臂向右伸平,手心向下,虎口向左,左手虎口向右,把端高度在胸下腰上之间,目视棍把。

要点:上步与劈棍动作要协调一致,左右手换握、滑握要快,劈棍时,右手要用力。

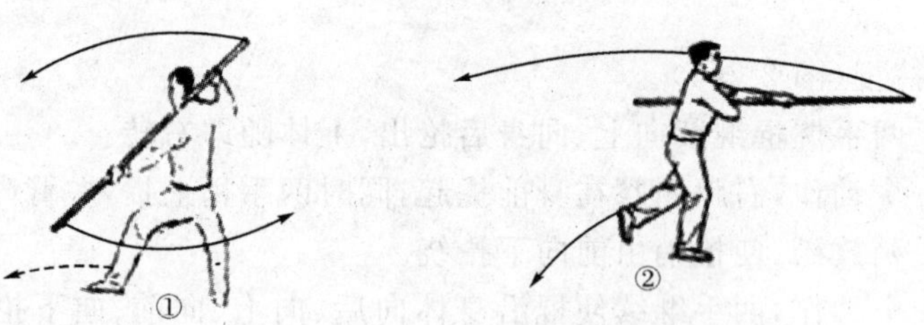


图 2-256

(2)坐盘半抡劈棍

以右脚跟与右脚掌为轴,上体右转,成坐盘式,与此同时,右手滑握至棍把,并收至腹前;左手滑握至棍身中段,使棍梢随转体动作向上、向身前平劈,棍梢与肩同高。

要点:转体下坐与劈棍动作要协调一致,劈棍时,左手须用力下劈。

(3)左平舞花棍(图 2-257)

①两腿立起,随即左脚向前上一步,同时两手将棍向上平举,左手换握成手心向上,虎口

向前。

②上动不停，左脚蹬地跳起，右脚向身前跨跳一步，脚尖里扣，身体随即向左后转，右手、左手使棍身随着转体动作在头上平转一周半。

③紧接着上一个动作，左脚在身后退一大步，上体随即向左后转成左弓步。与此同时，棍梢随转体动作平绕半周，向身体的左上方拨击，两手握棍姿势不变。此时，左臂斜上举，棍梢略高于头，目视棍梢。

要点：整个动作要连贯，棍梢共绕行两周，右脚跳跨不宜太高，舞花时，两手不要握得太紧。

图 2-257

(4)右平舞花棍

①右脚向身体右前方上一步，同时右手从左腋下向前、向头部右上方绕行，左手则从身体左前方向右、向后再向左绕行，使棍身在头上平转接近一周，此时，右臂略屈肘上举，左臂向前平伸，两手虎口相对。

②上动不停，右脚蹬地跳起，左脚向身体右前方跨跳一步，上体随即右转，两手握棍不变，准备在头上作舞花棍动作。

③紧接上一个动作，右脚向身体左后侧落步，上体随即右转，左手、右手使棍身在头上平转一周此时，身体重心落于左腿，右臂向身前平伸，手心向下，目视棍把。

④紧接上一个动作，右脚再向身后(偏左)移一小步，上体随即向右后转，成右弓步，与此同时，棍把随转体动作继续平绕半周，向身体的右上方拨击。此时，右臂斜上举，把端路高于头，左手置于右肋处，棍梢贴棍，靠右胯外侧，目视棍把。

要点：整个动作要连贯，棍把共饶行两周，左脚跨跳不宜太高，两手上举舞花时，不要握得太紧。

(5)插步下点棍

上体随即左转，左脚速向左侧插步，成交叉步。与此同时，两手在腹前各绕一个立圈，向右点地，目视棍梢。

要点：抡棍动作要轻松自如，棍要划立圈，棍梢共绕一周半，点地要轻。

(6)弓步下点棍(图 2-258)

上体左转，右脚向后退一大步，成左弓步。同时，两手在腹前转腕，即左手向左前使棍梢由身后向上、向前抡圆点地，此时，两臂伸直，两手位于膝盖前，目视棍梢。

要点：棍点地与弓步同时完成，点地要轻。

图 2-258

(7)插步下戳棍(图 2-259)

左脚随即从身后右侧插一步,成交叉步,与此同时,左手先上抬并向棍梢一端滑握,右手随即从把端略向中段滑握,使棍把由腹前向转体后的身体右下方戳击,此时,右臂向右下方伸直,左臂屈肘于左脚前,手心向里,上体略向左倾斜,目视棍把。

要点:插步与戳把动作要协调一致。

图 2-259

(8)提膝拦棍(图 2-260)

①右脚向右侧退跨一步,上体随即左转,右手则经过腹前向前面推出。

②上动不停,身体重心移至右腿,上体稍右转,左腿屈膝提起,成右独立式,与此同时,右手向右后方举起,左手则向身体左侧平伸推出,手心向上,使棍身中段向左上方架拦,棍梢指向左斜下方,目向左前平视。

要点;整个动作要轻松自如,提膝后上体稍向左前倾。

图 2-260

**收式**(图 2-261)

(1)右手向身体右侧下落,臂伸直,左手向右肩上方成直拳,而后屈臂,使棍把由右上方下降至右腿外侧,棍身直立,目仍向左侧平视。

(2)左脚自然下落,与右脚并步站立,同时,右手上滑握于棍身中段,左手撤开垂于身体左侧,棍把在右脚外侧着地,目视正前方。

要点:还原式动作要认真,精神要贯注。

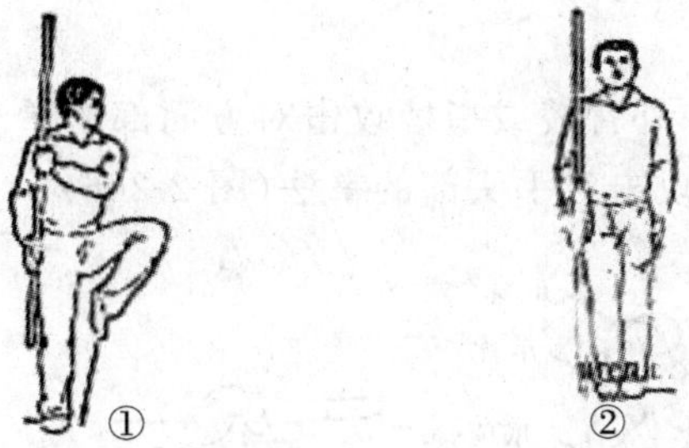

图 2-261

## 六、女子防身术

### (一)女子防身术简介

防身术是一项运用踢、打、摔、拿等武术技击方法,以制服对方,保护自己为目的的专门技术。防身术中的奇妙招法,实质上是中华武术的精华“集锦”。它把武术中各种适合实践应用的招法分离出来,经过摘编、加工、提炼、创造、完善,使其成为一种散招,并具备简单、实用、易记、易学的特点。

如何让女生了解和掌握一些女子防身术的巧招,以自己的智慧、胆量、秘技、巧招、猝然偷袭,达到御敌防身的目的。这需要在武术教学中,帮助高中女生理解防身术的目的、任务和在社会生活中的意义与作用,懂得训练的基本原理,学会防身自卫所需要的基本技术、技能和训练的方法。

女子防身术的教学内容主要是提供一些女子防身术的基本姿势、拳法、肘法、腿法以及一些巧招。动作以单一性动作为主,怎样合理的运用,需在教学中要求女生做到“一狠”、“二全力”、“三准确”。战胜歹徒讲究“一招制敌”。老师们还可以从防身术一类的书上学习和选用一些动作,以便丰富教学内容。

### (二)女子防身术动作方法

1. 自卫搏击的基本姿势

侧身是女子自卫与遭遇其他不测时必须注意的。道理很简单,只有侧身,才可能尽量少的暴露易遭攻击的部位。这种侧身是两腿一前一后,屈膝、脚掌着地。两手握拳一前一后(图 2-262)。

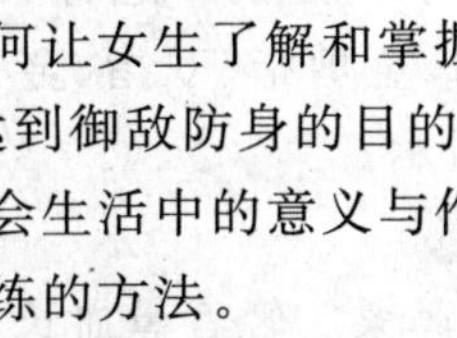

图 2-262

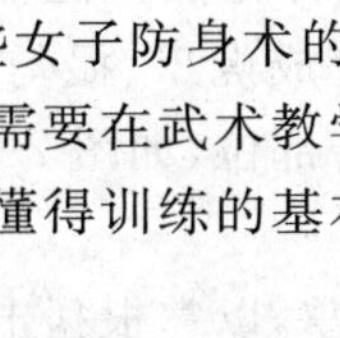

图 2-263

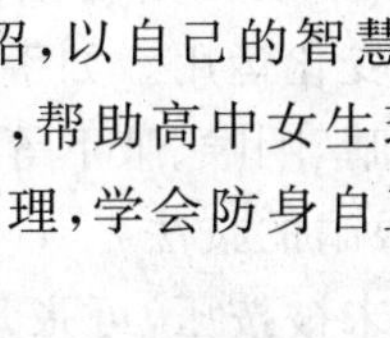

图 2-264

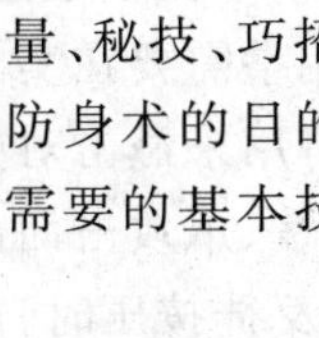

图 2-265

2. 拳是人最主要的攻击武器

手是最灵活的,在攻防格斗中,手的威力也最大,而手的攻击形式以拳为主。

(1)直拳:又称冲拳,主要是直线用拳直接攻击对方面部和胸部(图 2-263)。

(2)勾拳：又称抄拳，主要走弧线或直线，由下方用拳面击打对方腹部、下颌等(图 2-264)。

(3)劈拳：由上往下，以拳外背棱或指棱攻击对方面部的拳法(图 2-265)。

(4)鞭拳：由左右以拳背攻击对手头部的拳法(图 2-266)。

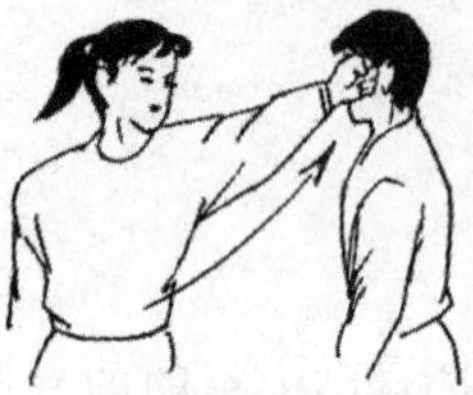

图 2-266

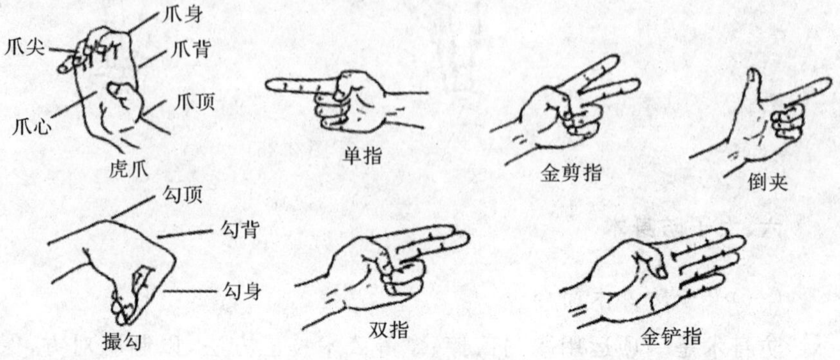


图 2-267

3. 女子防身术中手的用法

教学中让学生懂得用拳攻击是自卫的一种方法。但拳是由手构建的。怎样灵活运用手，运用拳需要在实战中变化运用。如手可变成虎爪、撮勾、单指、金剪指、双指、金铲指、倒夹等，可用来戳击对方眼睛、咽喉、腋下等要害部位，如图 2-267 所示。

4. 掌、爪攻击面部、眼睛的技法

被歹徒按压时，如手未被按压，可张开手掌，以掌根猛击歹徒鼻梁。轻者鼻血长流，重则可致昏厥。这一掌在武术中叫迎面掌(图 2-268(a))。迎面掌到位后，张开的五指以指甲贴其面抓下，武术中这一招叫“迎面贴金”，又叫“洗脸炮”。(图 2-268(b))轻则抓破眼睑，泪流不止，眼睛睁不开，重则伤及眼球。这一招虽不致命，但使用方便，乘歹徒一时丧失施暴能力，自卫者可及时逃脱。

以一指或二指叉眼的方法在武术中叫“单放”、“双放”或“二龙戏珠”(图 2-268(c))。在被歹徒按压时，因为距离极近，歹徒又不防范，使用单指叉眼，双指叉眼的技法则是非常有效的(图 2-268(d))。事实上，只要能叉中歹徒眼睛，并不拘泥于用单指还是双指，用五指亦可，用双手双指亦可。前提是要视使用的熟练程度和当时两手自如情况而定。

用大拇指勾托住对手下巴，以食指、中指尖压插进对手眼球上部，掏断其双目，是峨眉派僧门绝技，称为“鸿门设宴”(图 2-268(e))。使用此招的前提是：暂时封住对方双手，最好利用地形环境等使其身体被控制住，双手不能救，身体不能脱逃，头部被大拇指固定跟随，给也要给，不给也要给。这一招被称为“鸿门设宴”，是毒中之毒的招法，但对凶狠的歹徒不必慈悲。

双手采用坐姿时，被抓、被抱，甚至主动攻击，这些招法都可以使用，站姿时，只要高差不大，不致够不到歹徒面门，也可以使用。

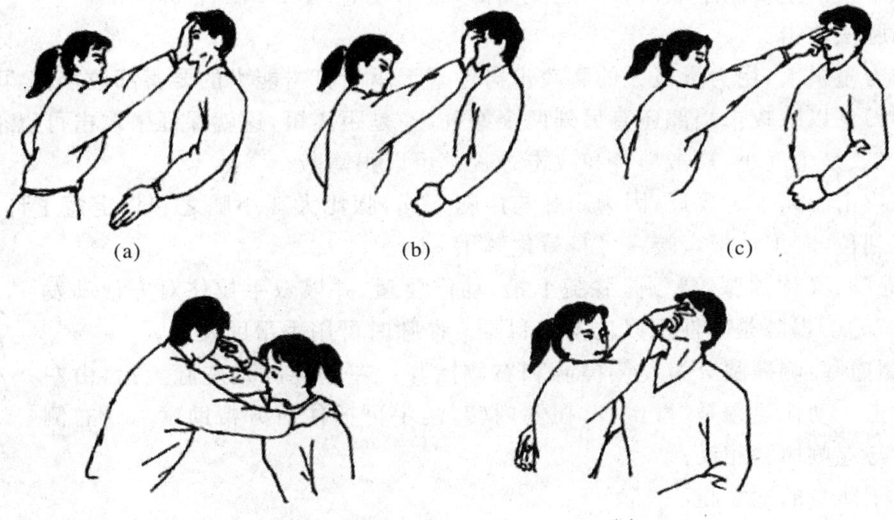

(a) (b) (c)

(d) (e)

图 2-268

5.用肘攻击

肘法属于近距离击打的技法。由于肘部的生理构造特点，击打力量较之其他手法（掌、拳等）要重、要狠，比较适合女性用于自卫。

(1)顶肘：肘部平抬，屈臂，肘尖向前，发力时蹬腿、送髋，同时另一手大臂向另一侧也产生一股伸张力。蹬腿、送髋、大臂猛伸张，三股力用好了，顶肘动作就完美了。顶肘是以肘尖攻击，女性自卫时用以顶击对方腋下，效果最好。顶肘发力距离短，又无旋转助力，练习时难度大些(图 2-269)。

(2)挑肘：前臂回收弯曲，肘尖由下向前上挑击。发力时蹬腿、旋转身体要领同直拳、勾拳。挑臂动作同勾拳、挑肘可用于击打对方胸腹部(图 2-270)。

图 2-269　图 2-270　图 2-271　图 2-272　图 2-273　图 2-274

(3)横肘：横肘动作主要是两股力，一是蹬腿，二是旋转身体。大臂向前横移，实际上也是旋身之力的延长。横肘是以肘尖击打对方，适于攻击对方太阳穴、后脑、耳门、颈部以及胸肋等(图 2-271)。

(4)砸肘：手臂上抬，肘尖朝前上，砸击时身体迅速下沉，肘由上往下砸击。身体下沉与手臂砸击两股力合而为一。砸肘多用于对方抱腰、腿时砸击其后脑、腰部(图 2-272)。

(5)顶肘：手臂略上抬，身体迅速下沉(但幅度没有砸肘大)，同时两肘向后顶击，力达肘尖。顶肘主要用于攻击背后之敌肋、腹部(图 2-273)。

(6)反手横肘：手臂平抬，蹬腿，身体旋转发力，同时手臂随旋转方向向后横向猛击，力达肘尖。反手横肘主要用于攻击背后之敌面部、太阳穴等(图2-274)。

6.用膝法攻击

膝的力量极大,用力量极大的膝攻击男性毫无承受打击能力的要害部位裆部,可说是杀鸡用了牛刀。以膝攻击裆部还有另外两个好处,一是距离短,这就保证了攻击可以很快地在瞬间完成;二是角度小,攻击准备和攻击过程都可以很隐蔽。

用膝攻击距离一定要近,因为用膝与用腿不同,膝比大腿小腿之和肯定短了许多,不到位或勉强到位,对手稍微弯腰一弓身就化解了。

(1)提膝:又称顶膝,要领是膝腿上抬,动作要猛,并以双手拉住对方帮助发力(图2-275)。提膝是女性用以攻击的利器。提膝时可用手帮助发力。

(2)侧撞膝:侧撞膝分为左侧撞膝和右侧撞膝。左侧撞膝是左膝上抬,由左向右侧撞击。动作要领是,微倒身,扭髋内转,两手可抓住对方帮助发力。右侧撞膝动作与左侧撞膝相反。

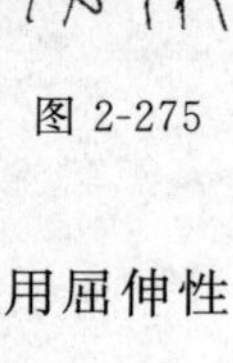

图2-275

7.女子防身的适宜腿法

腿法可分为屈伸性腿法和直摆性腿法。直摆性腿法(如摆腿、后扫腿等)难度较大,未经长期特殊练习,不会有任何威力。考虑高职女生各方面的条件,还是用屈伸性腿法自卫比较合适。选用腿法有:

(1)蹬腿:蹬腿时,一腿支撑,一腿膝上抬,同时向前蹬出。蹬腿要领是脚尖要勾,力达脚跟。蹬腿时身体不可前后俯仰,要脆快有力,蹬出后迅即收回(图2-276)。

(2)弹腿:一腿支撑,一腿提膝,同时膝关节由屈到伸,向正前方弹踢出腿。脚背绷直,力达脚背。弹踢时要脆快有力(图2-277)。

弹腿又可分为正弹腿、侧弹腿、低弹腿、中弹腿、高弹腿等。女性自卫一般多用正弹腿攻击裆部。

(3)踹腿:踹腿又可分为正踹、侧踹。

正踹时,一腿支撑,一腿提膝稍上抬,上抬之腿脚尖外摆,向前下方猛力踹击,力达脚跟。正踹腿一般用于攻击对手胫骨(小腿骨)(图2-278)。

侧踹时,先转体,一腿上抬,屈膝,勾脚尖,由屈到伸向前踹击,力达脚跟。低侧踹腿可用于攻击对方胫骨(图2-279)膝关节;中侧踹腿可用于攻击对方裆部、腹部(图2-280)。

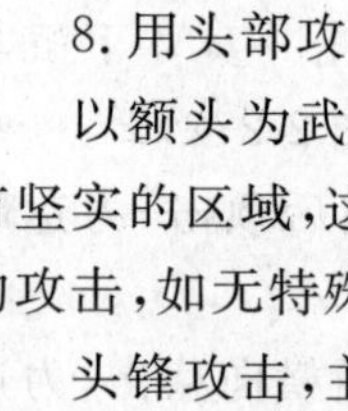

图2-276

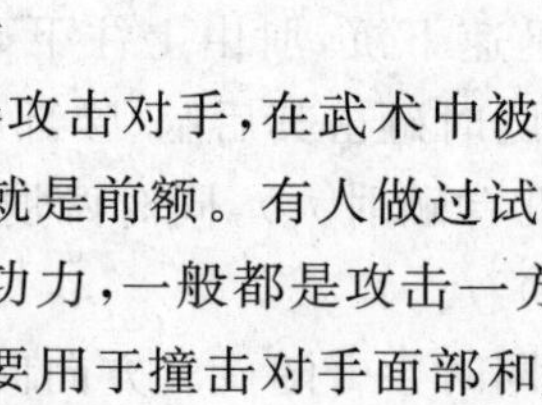


图2-277

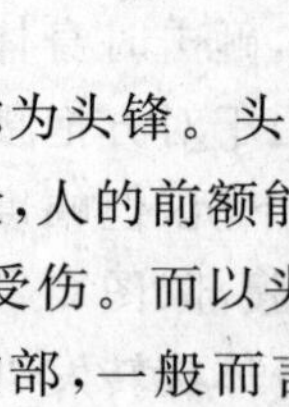

图2-278

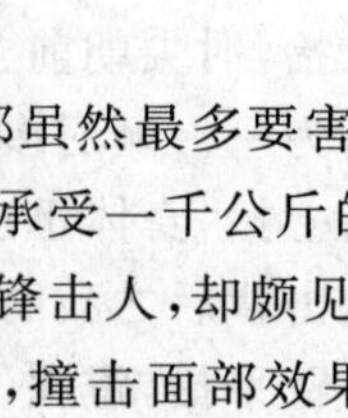

图2-279

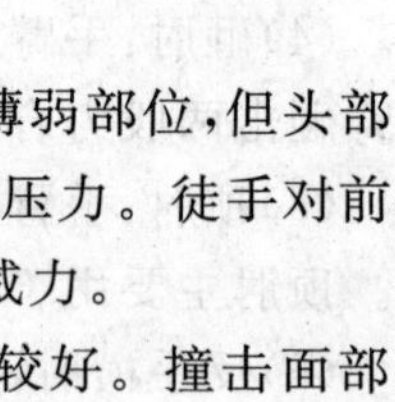

图2-280

8.用头部攻击

以额头为武器攻击对手,在武术中被称为头锋。头部虽然最多要害薄弱部位,但头部也有坚实的区域,这就是前额。有人做过试验,人的前额能承受一千公斤的压力。徒手对前额的攻击,如无特殊功力,一般都是攻击一方受伤。而以头锋击人,却颇见威力。

头锋攻击,主要用于撞击对手面部和胸部,一般而言,撞击面部效果较好。撞击面部要瞄准鼻梁处三角区，千万不能撞在对方前额上，形成互伤（图 2-281）。

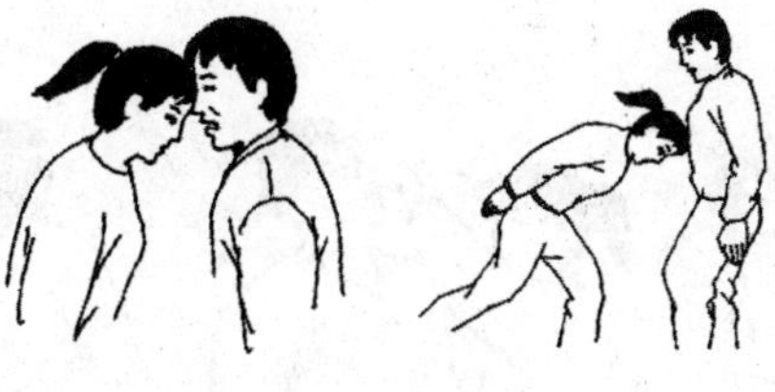

图 2-281

图 2-282

9.仰卧被按压时可采用的技法

倒地后成仰卧姿势，被歹徒按压。这时歹徒可能站着，可能跪着，可能坐着，也可能趴着，可能骑在女性身上，也可能卧靠在旁边，仅以上身压着仰卧者，可能抓领，可能抓肩，可能搂脖，也可能掐喉。但是不管处于上述哪种情况，都要尽可能地采取攻其要害、一招制敌的抬腿蹬击裆部方法。这时可能采取的直接攻击的方法有：

（1）如对方是分跨于仰卧者身体站立，而俯身抓、掐、压制仰卧者，仰卧者可抬腿蹬击其裆部。

要领是要抬起腰、臀，用出将身体送出去的力量猛蹬（图 2-282）。

（2）如对方手肘抬起，露出腋下，可用掌夹、风眼捶、勾手等猛击其腋窝（图 2-283）。

（3）直接戳击对方眼睛和戳击对方咽喉，有意想不到的效果，因为这时距离很近（图 2-284）。

（4）如果手臂未被压住，对方的手臂又未形成阻隔（多在抱胸腰时），可用肘尖横击其太阳穴。要点是要用上腰腹之力、旋臂之力（图 2-285）。

（5）如歹徒强行亲吻仰卧者，可抓住机会咬掉其鼻尖或舌尖。但要注意的是，被咬伤后的歹徒可能更丧心病狂。因此要在狠咬之后，趁其负痛一时失智的机会，连续进攻，再对其要害部位实施攻击（图 2-286）。

（6）以头锋撞其鼻梁，抬头要猛（图 2-287）。

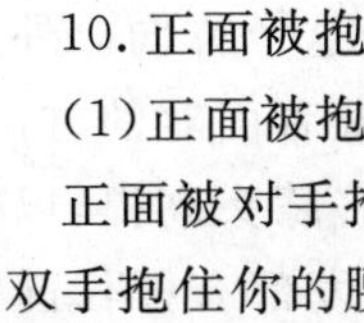

图 2-283

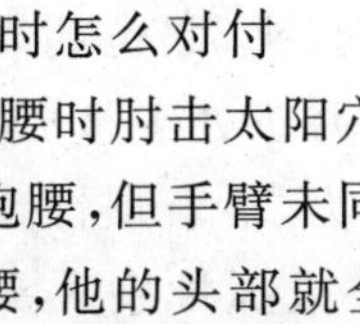

图 2-284

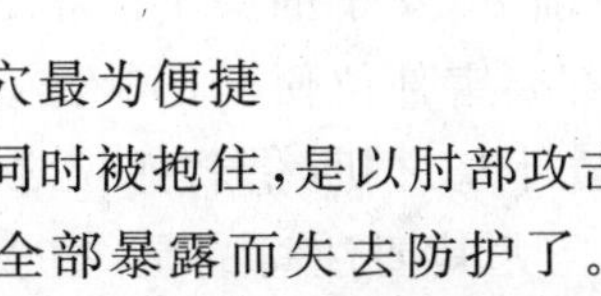

图 2-285

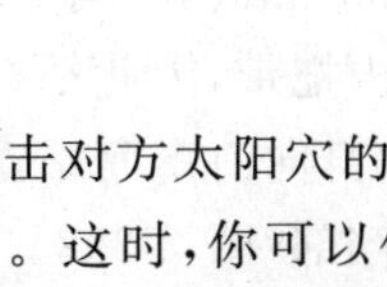

图 2-286

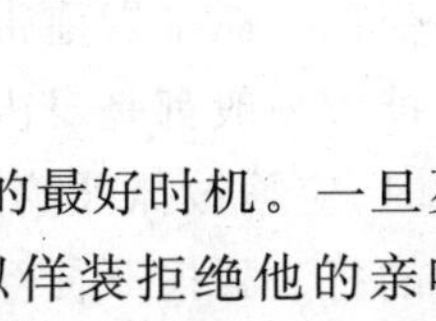

图 2-287

10.正面被抱时怎么对付

（1）正面被抱腰时肘击太阳穴最为便捷

正面被对手抱腰，但手臂未同时被抱住，是以肘部攻击对方太阳穴的最好时机。一旦歹徒双手抱住你的腰，他的头部就全部暴露而失去防护了。这时，你可以佯装拒绝他的亲吻等，使上身后仰，造成攻击距离（图 2-288）。接着猛然收腹、旋身、挥臂，以肘部猛击其太阳穴（图 2-289）。以肘攻击歹徒太阳穴最好采用连续攻击法，一气呵成（图 2-290）。

（2）正面被抱腰时攻击其眼睛，折其手指

正面被抱腰时因为手臂未被抱住，所以这时也可以采用叉眼，戳喉等方法（图 2-291）。如果只求解脱，可采用折手指技法（图 2-292）。

图 2-288

图 2-289

图 2-290

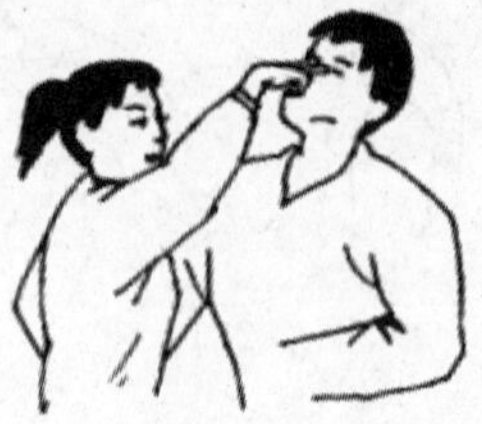

图 2-291

图 2-292

11. 背后被抱时怎样对付

（1）后腰被抱：抬手以反手横肘向后猛击对方太阳穴，当然别忘了蹬腿，身体旋转发力，力达肘尖（图 2-293）。反方向折其拇指或小指（图 2-294）。以脚跟猛跺其脚面（图 2-295）。

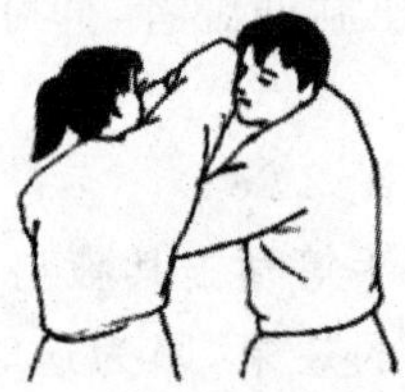

图 2-293

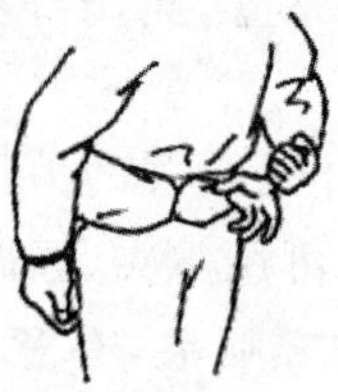

图 2-294

图 2-295

（2）连手臂后腰被抱。被抱者可伸手抓、握、提对方的睾丸（图 2-296）。因对方注意力在上部，很有隐蔽性，成功可能性很大。需要注意的是，反手掏出，务要准确。如果歹徒抱住的是腰际，那么歹徒必然弯腰，头较低，这时可猛仰头以后脑击其面部（图 2-297）。

图 2-296

图 2-297

12. 头发被抓扯时采用的技法

（1）当女子被人从正前方抓住头发往前拖扯之时，切勿与抓扯者的抓扯力相抗，以免头皮受伤。抓扯者拖带一般朝上向下前方，女子的头不能抬起，头、眼也朝着这个方向。外行抓扯人一般都是身内拖带，因此裆部要害部位便全部暴露，并正处于被抓扯者面对的方向。这时，应趁被抓扯俯身向前窜而站立不稳之机，借着抓拉之力，借着惯性，将膝头高提，以提膝的打法猛撞歹徒裆部（图 2-298）。尤其要注意的是：很多人抓扯别人头发都有抓住前后推拉的习惯。在他推时，应顺其力后仰或后退，以免受伤；在他拉时，则借其力冲过去提膝攻击。千万不要和歹徒硬抗是关键。

（2）当女子侧立被人扯拖头发时，可顺其力侧身弯腰靠近对方，顺势发撩掌击其裆部，然后以手抓握其睾丸(图 2-299)。歹徒有时会揪住女子头发拖着往前走,这时女子是在歹徒的背侧位置,头已过其肘前,身在其肩后。这时,应以手掌自歹徒后裆猛地插入,使用掏裆法,握紧其睾丸后提。一手掏裆时,另一手抓抱其腰胯配合发力。

(3)头发被抓时抱住对方,可用一手掌心向上,四指直插进软肋(肋骨下),扣住肋骨往上扯,对方痛极自然会松手;或双手叠压于对方抓发之手背部,上体前倾弯腰下压(图 2-300)或击打对方肘部曲池穴等,对手也会松手。但这些方法都是解脱之法而非致命之法,似不宜用于对付歹徒。

图 2-298

图 2-299

图 2-300

## 第十四节　跆拳道

### 一、跆拳道概述

跆拳道是朝鲜半岛民间技击术,是一项运用手脚技术进行搏击格斗的韩国民族传统的体育项目。它由品势(拳套)、搏击、功力检验三部分内容组成。跆拳道是创新与发展起来的一门独特武术,具有较高的防身自卫及强壮体魄的实用价值。它通过竞赛、品势和功力检测等运动形式,使练习者增强体质,掌握技术,并培养坚韧不拔的意志品质。1945 年,韩国民众在长期抗争后终于获得了国家独立,跆拳道得以继续健康发展。当时技击方法很多,名称也较为繁杂,如唐手道、跆跟等。为使这一韩国国技得以发扬光大,1961 年 9 月,韩国成立了唐手道协会,后更名为跆拳道协会。跆(TAE),意为蹬踢,腾跃;拳(KWON),意为用拳击打,防御;道(DO),为练习的方法,也为一种精神。1966 年成立了国际跆拳道联盟(ITF),崔泓熙任首届联盟主席。1973 年 5 月世界跆拳道联盟在韩国首尔成立(WTF),金云龙当选为主席。截至 1998 年,世界跆拳道联盟已有会员国 144 个。1975 年世界跆拳道联盟被正式接纳为国际体育联盟会员。1980 年国际奥委会正式承认了世界跆拳道联盟。在短短二十多年里,跆拳道这项运动得到迅猛发展。目前世界上约有一百四十多个国家的三千多万人在进行跆拳道的训练。跆拳道第一届世界锦标赛和第一届亚洲锦标赛分别于 1973 年和 1974 年在韩国首尔举行。跆拳道在 1986 年第十届亚运会被列为正式比赛项目。1994 年 9 月经国际奥委会正式通过,被列为 2000 年奥运会正式比赛项目,设男女各四个级别。目前,跆拳道运动已经成为完全独立的国际体育组织和正规的比赛项目。在世界锦标赛、亚洲锦标赛和亚运会上共设有男女各八个级别。跆拳道每两年举办一次世界锦标赛和世界杯比赛。

## 二、跆拳道的礼节

礼节：跆拳道的礼节又称礼仪。是跆拳道深层内涵的精神表现，学员在练习时要做到“以礼始，以礼终”，相互尊重，切磋世技艺；平时要自爱、自尊，特别对前辈要尊重，为人谦逊，关心爱护他人。礼节在跆拳道运动中是极为重要的。“鞠躬礼”是基本礼仪形式，腰部前倾15度，头部前倾45度。

## 三、跆拳道运动的主要特点

(1)以腿法为主，拳脚并用。

(2)动作追求速度，力量和效果，以击破为测试功力的手段。

(3)强调呼吸，发声扬威。

(4)以刚制刚，方法简练。

(5)礼始礼终，内外兼修。

## 四、基本动作

跆拳道以其变幻莫测，优美潇洒的腿法著称于世，被世人称为踢的艺术，这是跆拳道区别于其他格斗术的一个重要特点。跆拳道的腿法讲究变化多样和灵活多端，对人体的柔韧性、大脑反应的灵敏性、身体运动的稳定性都有很高的要求，它是对人体机能和体能的综合考验。

跆拳道实战中脚踢进攻时一般使用的部位包括脚前掌、脚趾、脚背、足刀、脚后跟、脚后掌(脚跟底部)。利用这些部位可以进行站立踢、跳动踢、助跑踢、转身踢和飞踢等不同形式有踢法进攻，而且每种踢法踢击的部位各有不同。实战过程中，运用脚踢时要根据具体情况，如对方所处位置、暴露的部位、防守的姿势以及双方的距离，选择不同的踢法。脚踢时要利用步法保持身体的平衡，并有效接近对方做出踢击动作。注意两臂的防守。踢击完成马上回到准备姿势，准备下一次的进攻和防守。腿的回位动作要快，以免被对方抓住或抱住。脚踢的练习方法主要是靠平时用各种腿法踢击悬挂的沙袋，经过反复练习提高踢的力量、速度和高度。

### (一)前踢

以实战姿势的基本姿势。右脚蹬地髋关节向左旋转，双手握拳置于体侧；同时，右腿以髋关节为轴，屈膝上提。当大腿抬至水平或稍高时，关节向前送，向前顶，小腿以膝关节为轴快速向前上方踢出，力达腿尖，整条腿踹直。踢击后迅速放松，右腿沿原路线弹回，将右脚放置在左脚前面仍成实战姿势。动作要领：膝关节夹紧，小腿放松，要有弹性；往前送，高踢时往上送；小腿回收与前踢的速度一样快。主要攻击部位有面部、下颏、腹部、裆部。前踢亦可用于防守。将前踢发力部位由脚尖改换为脚跟时，前踢动作就变为前蹬动作，动作方法要点相同，只是脚的形状发生了变化。

### (二)侧踢

实战的基本姿势开始。右脚蹬地右腿以髋关节为轴屈膝提起，两手握拳置于体侧；随即左脚以前脚掌为轴外旋180度，髋关节向左旋转，右腿以膝关节为轴向前蹬伸，右脚快速向右前上方直线踢出，力点在脚跟。发力后沿起腿路线收腿，放松，重心落下(原处或向前均可)，再次回到实战姿势。动作要领：起腿时大小腿，膝关节夹紧；踢出发力时头肩、腰、髋、膝、腿和踝成一直线；大小腿直线踢出，原路线收回。侧踢动作的主要攻击部位有膝部、腹部、肋部、胸部和头面部。

(三)后踢

以实战姿势开始。转身后腿后撤背对对方。重心后移至左脚，右脚蹬地后屈膝提起，右脚贴近左大腿，两手握拳置于胸前；随即左脚蹬地伸直，右脚自左大腿内侧向后方直线踢出，力达脚跟。踢击后右脚沿原路线快速收回，成实战姿势。动作要领：起腿后上体和大小腿折叠收紧；后踢时动作延伸要长，用力延伸；转身、提腿、出脚动作连续一次性完成，不能停顿；击打目标在正后偏右。后踢动作的主要攻击部位有膝部、腹部、裆部、胸部和头面部。

(四)下劈

以实战姿势开始。右脚蹬地，重心前移至左脚。同时，右腿以髋关节为轴屈膝上提，两手握拳置于胸前；随即充分送髋，上提膝关节至胸部，右小腿以膝关节为轴向上伸直，将右腿伸直举于体前，右脚过头。然后放松向下以右脚后跟(或脚掌)为力点劈击，一直到地面，成实战姿势。动作要领：腿尽量往高，往头后举，要向上送髋，重心往高起；脚放松往前落，落地要有控制；起腿要快速，果断；踝关节要放松。劈腿的主要攻击部位有头顶、脸部和锁骨。

(五)勾踢

以实战姿势开始。右脚蹬地重心前移，右腿以髋关节为轴屈膝上提，两手握拳置于体侧；左脚以前脚掌为轴外旋 180 度，右腿以膝关节为轴继续向前上方伸，成直线，顺势右脚的脚掌用力向右侧屈膝鞭打，顺鞭打之势上体右转，右腿屈膝回收，右脚落回原处，成实战姿势。动作要领：提膝，伸直，右侧屈膝鞭打动作要连贯快速，没有停顿；击打点在体前偏右侧，以脚掌为击打点；左脚旋转支撑在保持平衡，踹击后迅速将腿收回。摆踢攻击的主要部位是头面部和腹胸部。

(六)后旋踢

以实战姿势开始。两脚以两脚掌为轴均内旋约 180 度，身体随之右转约 90 度，两拳置于胸前。上体右转，与双腿拧成一定角度。右脚蹬地将蹬地的力量与上体拧转的力量合在一起，右腿继续向右后，旋摆鞭打，同时上体向右转，带动右腿弧形摆至身体右侧，右腿屈膝回收；右脚落到右后成实战姿势。动作要领：转身旋转，踢腿连贯进行，一气呵成，中间没有停顿；击打点应在正前方，呈水平弧线；屈膝起腿的旋转速度要快；重心在原地旋转 360 度。后旋踢攻击的主要部位有面额和胸部。

(七)推踢

以实战姿势开始。右脚蹬地，重心前移，右脚以髋关节为轴提膝前蹬，用右脚脚掌向前蹬推，力点在脚掌，推力向正前方。动作要领：提膝后尽量收紧膝关节；重心往前移，利用身体的重量和力量；推的时候腿往前伸展，送髋；推的路线水平往前。推踢的主要攻击目标是腹部。

(八)横踢

实战姿势开始。右脚蹬地，重心前移至左脚，右脚屈膝上提，两拳置于胸前；左脚前脚掌碾地内旋，髋关节左转，左膝内扣；随即左脚掌继续内旋至 180 度，右腿膝关节向前抬至水平状态，小腿快速向左前横向踢出；击打目标后迅速放松收回小腿。右腿落回原地成实战姿势。动作要领：膝关节夹紧，向前提膝，尽量走直线；支撑脚外旋 180 度；髋关节往前顺，身体与大小腿成直线；严格注意击打的力点在正脚背；踝关节放松，击打的感觉是“面团”、“鞭梢”。横踢攻击的主要部位有头部、胸部、腹部和肋部。

(九)跳踢

指先跳起使身体腾空，然后在空中完成各种踢法的攻击技术。跳踢包括旋风踢、双飞踢、腾空后踢、腾空劈腿、腾空后旋踢、跳步横踢等多种方法，是跆拳道高难技术动作。

(十)单腿连踢

同一条腿连续进行两次以上的进攻方法。这种技术也属于跆拳道高难技术动作。

(十一)双腿连踢

两条腿连续进行两次以上的进攻。这种技术同样属于跆拳道高难技术动作。

## 五、跆拳道的品势(套路)

跆拳道的品势(拳套)分为太极一章至太极八章，这是初学者必须熟习的基本动作，它的每一种型内涵都相当深奥，攻击、防御、进、退、闪、躲、逆、顺等招式交互使用，变化无穷，是一种拳脚并用、可攻可守，甚至是一种要用头脑的武术，而学习跆拳道更可以健身、强身、防身。除了太极一场至太极八场，在经过按部就班、勤加练习，方能达到眼、耳、手、脚、心的全神贯注、灵活运用，进而再求深造一晋段。晋段的型又分为：高丽型“初段”、金刚型“贰段”、太白型“叁段”、平原型“肆段”、十进型“伍段”、地跆型“陆段”、天拳型“柒段”、汉水型“捌段”、一如型“玖段”。此为世界跆拳道联盟公认的标准型，从 8 级升至 1 级必须熟练太极一章至八章，从初段升至玖段必须精通以上各型。而上段者除了在熟练各型以及精通技术外，更注重在培养高尚的武德，以及锻炼坚强的意志，以达到习武者的最高境界。

## 六、跆拳道的场地和服装

(1)跆拳道的比赛场地是长 12 米、宽 12 米的水平的、无障碍物的正方形场地。场地的地面应为有弹性的垫子。场地中央长 8 米、宽 8 米的区域为比赛区，其余部分为警戒区。警戒区和比赛区表面用两种不同颜色划分，同色时用 5 厘米宽的白线划分。

(2)拳道的服装跆拳道的服装称作道服，其款式、颜色都是特定的。系扎道服用的腰带颜色各异，以其颜色可以区分运动员的段位级别，一般分法：十级白，九级黄，八级黄绿(或橘黄)，七级绿，六级绿蓝(或蓝)，五级蓝(或紫)，四级蓝红(或褐)，三级红，二级红黑(也称太极带)，一级黑，(一段至九段及一品至三品)。

## 七、跆拳道比赛

(一)体量分级

男子最低为 48kg 以下；最高为 84kg 以上；48～68kg 每 4kg 一级；68～78kg 每 5kg 一级；78～84kg 为另外一级。

女子重量级最低为 40kg 以下；最高为 67kg 以上；40～52kg 每 4kg 一级；52～67kg 每

5kg 一级。

（二）有效得分

（1）有效得分的部位：躯干（骨盆到锁骨之间（除四肢外））、头部（两耳垂向下连线，耳尖向上与百会穴连线前部）。

（2）得分的含义：是指使用允许的技术，准确有力击中有效得分部位。

（3）比分为三局比赛得分的总和（不看谁先谁后，不会因为前两局一人总分高就获胜，还要看第三局，看总分，与散打不同）。

（4）有效得分分值：躯干：1 分；头部：2 分；击倒（主裁判开始读秒）再加 1 分。

（三）获胜方式

（1）击倒胜（即 K. O.）。

（2）优势胜：即比赛一方很有优势，双反实力悬殊，裁判为避免另一方受伤，判定优势方获胜出，由于国际大赛的选手实力都不错，所以这种情况在国际大赛中罕见。

（3）弃权胜。

（4）失去资格胜。

（5）主裁判判罚犯规胜（对手犯规累积）：三位边裁同时认定才为得分；三局两胜制上场前比赛双方抽签，红的拿红的护具，青的拿青的护具，红方站在主裁左手，青方在主裁右手，双方休息区同上警戒区就是危险区，一方选手被另一方选手逼到这里就危险了。

（四）犯规

（1）kyong-go（警告）是不会对对方造成伤害的犯规，有以下情况一次判罚 0.5 分：

① 转身背向对手逃避进攻；

②倒地（消极的躲避进攻的拖延时间的）；

③回避比赛；

④抓搂，抱或推对手；

⑤攻击腰以下部位（不论有意或无意，不论是否得逞）；

⑥伪装受伤；

⑦用膝部顶撞对手；

⑧无意用手攻击对手面部；

⑨越出边界（警戒区之外了，出 10×10 了）；

⑩教练员，运动员的不良行为。

（2）gam-jeom（减分）是严重的犯规，有以下情况一次判罚 1 分：

①攻击倒地对手；

②主裁判发出 kal-yeo（暂停，比赛中途有情况）或 ke-man（停止，一场比赛结束）的口令后，攻击对手；

③抓住对手进攻的脚将其摔倒或用手推对手；

④故意用手攻击对方面部（是“故意”。区别于上第 8 条）；

⑤教练员或运动员打断比赛进程（不仅仅是“不良行为”。区别于上第 9 条）；

⑥教练员或运动员过激行为影响比赛或做出违反体育道德的行为。

# 职业体能教育篇

职业是社会分工的产物，在分工体系中，由于劳动对象、劳动工具以及劳动支出形式不同，决定了各个职业之间的区别。依据劳动和社会保障部认定的职业分类目录和教育部《普通高等学校高职高专教育指导性专业目录》，结合各职业岗位劳动时的身体姿态可将职业相对分类为：静态坐姿类、静态站姿类、流动变姿类、工场操作类、特殊岗位姿态类。

体能泛指人体基本的身体素质。身体素质是指人体在运动、劳动与生活中表现出来的力量、速度、耐力、灵敏性和柔韧性等能力。每个人都有一定的身体素质。从事不同的职业需要不同的身体素质。具体职业的身体活动部位是局部的、重复的、固定持续的，而完成各种动作时，人体机能表现形式有差异，因此，其素质要求也就不一样。

## 第一节　静态坐姿类职业体能教育

### 一、静态坐姿类职业岗位简介

坐姿类职业是以脑力劳动为主，采用“伏案式”工作方式的公务人员、财务人员、文秘以及大部分的办公室人员。他们由于职业的特殊性，在每个工作日的8小时劳动中，坐的时间长达6到7个小时以上，坐位姿势是一种静态姿势。静态姿势下完成单一工作，极易引起疲劳，从而使工作效率下降，易出现工作差错。长期以单一姿势工作，容易引起机体许多功能和机构的改变，进而导致疾病，即职业病。

### 二、静态坐姿类职业身体生理心理负荷特点及减缓方法

（一）静态坐姿类的解剖学特征及减缓方法

1.头颈部

坐着工作时，一般头部呈前俯或后仰姿势。肩、颈部肌肉是支持颈部活动的基础，其中以斜方肌、胸锁乳突肌为主要的受力肌。斜方肌位于颈部和背部，呈扁平三角形，主要控制颈部的前屈、后伸，头颈部若过分下垂或颈椎前屈，会使斜方肌处于紧张状态。

研究表明，坐位时颈部肌肉受力与颈角大小相关，颈部受力随角度变大而增加，颈部损伤患者率随颈角增加而升高。

方法：工作时要经常做头部前屈后伸左倾右歪及绕环运动。做工间操时要重视和加强颈部的活动。坐位工作时，颈部保持在前倾小于10度较为适宜。可能将电脑屏幕抬高或后倾，使颈部自然地保持在前倾小于10度。

2.胸部

长期静坐，低头含胸，胸廓得不到充分扩张，长期保持这种姿势，一方面会影响肺的通气功能，另一方面会使胸廓变形，造成驼背。

方法：坐位工作时尽量保持挺胸姿势为宜。

3.背部

人体在坐着的时候，一般呈弓起背部向前微倾状态。首先在该姿势下工作，脊椎骨角度和脊椎间盘高度的活动对背部所承受的压力是不均匀的。其次，人体背部的伸肌在一天的运动中几乎没有主动用力的动作，大多数时间在被动拉长中，起着维持人体运动平和和协调的作用。相对其他肌肉群，人的背部肌肉相对工作时间最长，因此，极易产生疲劳，容易引起小肌肉纤维损伤，从而造成背部的多种不良反应，如酸。胀，痛，麻等。

方法：坐位工作时尽量不时地多做积极的“挺胸”动作，纠正不良姿势。

4.腰部

人体在坐着的时候，腰椎承受着人体上身的重量。腰肌和腹肌像是一块夹板，保持一定的张力以稳定腰椎。工作姿势对腰肌受力有很大的影响。

方法：不时地“晃动或扭动”及“靠椅”是减缓腰部疲劳的方法。做工间操时要重视和加强腰部的活动。

(二)静态坐姿类的生理学特征及减缓方法

1.血液循环

血液周流全身,向全身输送氧和营养物质,以保证生命活动的正常进行。静态坐姿类最大的问题是下肢处于静止不动状态,下肢肌肉不能促进回心血液循环,故长期久坐的人,下肢特别是足背会引发浮肿,还会使直肠,肛管静脉回流受阻,静脉扩张而引发痔疮。同时造成心脏部位以下的静脉回心血流缓慢。减少心脏以上的部位,特别是大脑的血流供应。脑血供应不畅通,易出现头晕眼花、瞌睡、工作效率降低、失误率提高。

久坐时,心脏的回心血液减少,使心脏长期处于缺血状态,功能日益减退,心肌渐趋衰弱,血液循环减缓,导致血液在血管中淤积,为心肌梗死、高血压、冠心病等心血管疾病埋下了隐患。世界卫生组织曾明确指出,久坐是促发冠心病的重要因素。

方法:坐位工作时尽量不时地多做下肢及足部肌肉用力动作,幅度不用过大,下肢肌肉有规律地收缩和松弛,可使血液循环得到改善,可以促进回心血循环。不时做提肛、缩肛运动。

2.肺通气功能

长时间坐位伏案,胸廓得不到充分扩张,会影响肺的通气功能。

方法:不时地多做积极的“挺胸”动作,以利于肺的充分扩张,加强通气和换气的功能。

3.骨骼肌

骨骼肌是维持各种姿势的基础。坐位姿势是一种静态姿势,维持坐位姿势时,肌肉中的肌纤维长时间处于一定的静力性工作状态。虽然依靠中枢神经系统的调节使肌纤维的紧张活动可以交替进行,但这种调节的作用是相对少而慢的。在坐姿势工作时,肌纤维的紧张性收缩也限制了肌肉的血液供应。以致肌肉获取氧和营养物质相对较少,而肌肉的代谢废物不易排出。久之,会引起肌肉僵硬、酸疼,甚至发生肌肉萎缩,引起腰酸背疼。

方法:坐姿工作 2 小时以上即可产生肌肉疲劳感,使工作效率下降。所以,静态坐姿中要做小幅度或静止的肌肉运动。坐 2 小时左右应起来走动 10 分钟。

4.眼

长时间对着电脑工作,眨眼次数明显减少(由日常每分钟 22 次,锐减到 4～5 次)眼睛特别容易干涩。盯着电脑屏幕,其闪烁会使眼睛不断进行调节,睫状肌容易疲劳。此外,电脑也是个强发光体,同时电脑页面内容繁多,因此,长时间用电脑时视觉负担很重,常使眼睛发胀。

眼睛长期负荷工作,会导致视力下降,易导致干眼病,进而引发眼部炎症,同时还可以导致身心疲劳。

方法:看远看近法。看远方 3 分钟,再看手掌 1～2 分钟,然后再看远方。这样远近交换几次,可以有效消除眼睛疲劳。

(三)静态坐姿类工作的心里负荷及减缓方法

静态坐姿类工作的工种繁多,但不同工种工作人员心里负荷的大小相差甚远。如以坐姿劳动的职业司机,财会人员,电脑操作员,其劳动的特点是精神高度集中,紧张,心里负荷极大,易产生焦虑。长期紧张的脑力劳动以及精神负担过重会导致神经衰弱症和其他一些心血管疾病。

## 三、静态坐姿类职业体能训练方法

### （一）静态坐姿类岗前职业体能储备方法

静态坐姿类职业身体活动较少。因此岗前和在岗都需要积极地进行体育锻炼。

1.耐力素质储备

耐力素质：耐力素质是指人体在长时间进行工作或运动中克服疲劳的能力。也是反映人体健康水平或体质强弱的一个重要标志。主要包括有氧耐力和无氧耐力。

（1）1分钟立卧撑

立卧撑由直立姿势开始，下蹲两手撑地，伸直腿成俯撑，然后收腿成蹲撑，再还原成直立。每次做1分钟，4～6组，间歇5分钟，强度为50%～55%。

要求动作规范，必须站起来才算完成一次练习。也可以做立卧撑接蹲跳起，则强度稍大，做30次为一组，组间歇为10分钟。

（2）双脚交换跳

每次做3分钟，3～5组，间歇5分钟，强度为50%～55%。

（3）蹲走

成蹲姿势，向前走50～70米，重复5～7次，每组间歇3～5分钟，强度为60%～65%，不规定速度，走回来时尽量放松。

（4）连续跑台阶

在高20厘米的楼梯或高50厘米的看台上，连续跑30～50步，如跑20厘米高的楼梯，每步跳2级。重复6次，每次间歇5分钟，强度为55%～65%。

要求动作不能间断，但不能规定时间，向下走尽量放松，心率恢复到100次/分钟时可开始下一次练习。

（5）慢跑（“法特莱克法”）

“法特莱克法”是变换练习法的一种特殊形式，其特点是在各种变换的外界自然环境条件下进行持续、变速的跑步练习，时间长达1～2个小时，强度自我调节，有节奏地变化。如在草地、树林、小丘、小径等自然条件下，把快慢间歇跑、重复跑、加速跑和走等方法不规则地混合起来练习，跑的距离可为5～15公里。

（6）疾走

可在场地或公路上做持续长距离疾走4000米，也可做2000米以上的疾走，重复次数3～6次，间歇5分钟。强度为55%～60%。

（7）原地间歇高抬腿跑

原地或前支撑做高抬腿跑练习。每组100～120次，6～8组，每组间歇2～4分钟，强度为55%～60%，

要求动作规范，不要求时间，但动作要不间断地完成，也可负重做练习，但每组练习次数及组数可适当减少。

（8）大山压顶。

在草（土）地上下肢成“马步”，双臂曲肘上举与头成“山”字。高抬一膝经体前向对侧转体180度，落地成半蹲“马步”，落地后换腿进行第二次。每组20～30次，（也可50～60米），重复4～6组，组间歇5分钟，强度为55%～60%（适合体重较重者）。

(9)后蹬跑

后蹬跑每次100～150米或负重后蹬跑60～80米,6～8组,组间歇3～5分钟,强度为50%～60%。

(10)跳绳

原地做正摇跳绳,连续进行。每组跳100～120次,做4～6组,组间歇5分钟。强度为55%～60%。心率必须在恢复到120次/分钟以下时,方可进行下一组练习。

2.力量素质储备

(1)俯卧撑。动作方法是俯身向前,手掌撑地,手指向前,两臂伸直,两手撑距同肩宽,两腿向后伸直,两脚并拢以脚尖着地。两臂屈肘向下至背低于肘关节,接着两臂撑起伸直成原来姿势。练习要求:身体保持平直,不能塌腰成"凹"形,也不可拱臂成"凸"形。

多次重复该动作,能发展三角肌的前部、胸大肌以及肱三头肌等上肢力量。

若提高练习难度和效果,也可变换以下练习:

①手掌支撑变为手指支撑,连续做俯卧撑动作。

②两臂宽撑,两手握砖连续做俯卧撑动作。

③一腿抬起,另一腿着地,连续做俯撑动作。

④两脚放在高台上,连续做俯卧撑动作等。

⑤两手放在高台上,连续做俯卧撑动作(初学者适用)。

(2)引体向上。动作方法是两手正握或反握单杠(或门框等),握距同肩宽,两脚离地,两臂伸直,身体悬垂。引体发力身体向上拉至头过杠面,然后身体慢慢垂下来成原来姿势。练习时要求发力引体,不要借助身体摆动或屈蹬腿的力量,多次重复该动作能发展胸大肌、背阔肌以及肘关节屈肌群力量等等。

(3)双杠臂屈伸。动作方法是两臂屈伸在双杠上,身体垂直在杠内,屈臂至两臂完全弯曲,接着用力撑起,使两臂伸直成原来姿势。练习要求:身体要直,下肢自然下垂,腿不要屈伸摆动,多次重复该动作能发展胸大肌、三角肌前部、肱三头肌力量。

(4)仰卧起坐。动作方式是仰卧在地板上或体操垫上,使身体处于水平位置,腿屈曲,脚面压重物或固定,两手一般抱头,然后向上抬上体至肘触及膝部,再慢慢后倒成原来姿势。多次重复该动作,能发展腹肌、髂腰肌等力量。练习要求:起坐动作速度要快,仰卧时动作速度应慢。

(5)收腹举腿。动作方法是仰卧在地板上或垫子上,身体伸直处于水平位置上,两臂伸直自然置于体侧,然后收腹向上举起双腿至垂直部位,再慢慢放下成原来姿势,练习要求:收腹举腿动作速度要快,放腿速度应慢,多次重复该动作能有效地发展腹肌和髋关节屈肌群力量。

(6)体后屈伸。动作方法是身体俯卧在地板上或垫子上,髋部支撑,脚固定两臂前举连续做体后屈伸动作。练习要求:体后屈时,上体尽量抬高。主要发展伸髋肌、背肌和脊柱伸肌的力量。

(7)俯卧背腿。动作方法是俯卧在地板或垫子上,两腿并拢伸直,髋部支撑,两臂自然伸直置于体侧,连续做两腿向后上振启动作。练习要求两腿尽量向上振起。俯卧腿上振是发展脊柱伸肌与髋关节伸肌力量的有效手段之一。

(8)连续跳跃。动作方法可用单腿跳跃和双腿跳跃进行水平跳、向前跳和向上跳。主要发展大腿前、后群肌、小腿群肌及踝关节力量。练习要求:上体正直、蹬地有力、动作连贯。

主要练习方法有：①原地单腿跳；②原地双腿跳；③单腿在高物上交替跳；④跳深；⑤多级跨步跳；⑥多级跨跳步（向上跨一步，跳一步）等等。

（9）提踵运动。动作方法是在两腿底下放一块约5～6厘米厚的木板，前脚掌踏于木板上，脚后跟着地，然后尽量提高脚后跟再进行放下，连续进行。练习要求：身体正直、上体挺拔、臀部不要后坐，该动作练习主要发展小腿后部的比目鱼肌、腓肠肌、腓骨肌、短肌群力量，同时对踝关节处韧带的收缩亦有益处。

（10）蹲起。反复蹲起（初学者适用）。

3.柔韧素质储备

（1）两手五指相触用力内压，使指根与手掌背向成直角或小直角。

（2）两手五指交叉直臂头上翻腕，掌心朝上。

（3）面对墙站立，连续做手指推撑。

（4）压肩：

①手扶一定高度，体前屈压肩。

②面对墙一脚距离站立，手、大小臂、胸触墙压肩（逐渐加大脚与墙的距离）。

（5）弓箭步转腰压腿。

（6）两脚前后开立，向左后转，向右后转，来回转腰。

（7）体前屈手握脚踝，尽量使头、胸、腹与腿相贴。

（8）站位体前屈，手触地面，直到胸、头内贴腿部。

（9）后桥练习，逐渐缩小手与脚间距离。

（10）俯卧撑交替举后腿，上体尽量后抬成反弓形。

（11）练习者面对墙站立，两臂上举扶墙，抬头挺胸压胸。要求让胸尽量贴墙，幅度由小到大。

（12）前后劈腿。可独立前后振压，也可以将腿部垫高，由同伴帮助下压。

（13）左右劈腿。

（14）压腿：将脚放在一定高度上，另一腿站立脚尖朝前，然后正压（勾脚）、侧压、后压。

（15）踢腿：原地扶把杆或行进，正踢（勾脚）、侧踢、后踢。

（16）摆腿：向内、向外摆腿。

（17）弓箭步压腿。

（18）坐位脚面相向，向下振压双膝。

（19）跪坐压脚面。

（20）练习者跪在垫子上，利用体重前后移动压足背。

4.灵敏素质储备

（1）一对一脚跳动猜拳、手猜拳、打手心手背、摸五官等练习。

（2）各种站立平衡：俯平衡、搬腿平衡、侧平衡等。

（3）头手倒立，肩肘倒立、手倒立停一定时间。

（4）向上抛球转体2周、3周再接住球。

（5）跳转360度前进，保持直线运行。

（6）原地跳传180度、360度、720度落地站稳。

（7）各种徒手操练习。

（8）脚步移动练习。如：前后、左右、交叉的快速移动。单脚为轴的前后、转体的移动。

左右侧滑步、跨跳步的移动。

(9)燕式平衡。由站立开始,右脚向前一步,上体前倾,左腿后上举高于头,抬头挺胸,两臂侧举成燕式平衡,站立的腿要伸直,两脚交替进。

(10)前滚翻、后滚翻、侧滚翻。

(二)静态坐姿类在岗职业体能练习方法

静态坐姿类职业身体活动较少。因此在岗和岗前一样都需要积极地进行各种体育锻炼。

静态坐姿类岗前的体能储备练习也适用于在岗职业体能练习。

## 第二节 静态站姿类职业体能教育

### 一、站姿类职业岗位简介

现代社会分工精细,大部分工作的体位改变很少。教师、迎宾小姐、前厅接待、餐厅服务员、售货员、厨师、模特等职业岗位服务人员,均需要在工作期间长时间站立。

### 二、站姿类职业解剖学、生理和心理负荷特点

(一)站姿的解剖学特征

1.腰腹部

自然站立时,躯干部位的重量经过腰椎向下传导,需要腰部肌肉力量予以支撑,才能保持腰椎的正常生理前凸。

2.脊椎

脊柱的负荷为某段以上的体重、肌肉张力和外在负重的总和。不同部位的脊柱节段承担着不同的负荷。由于腰椎处于脊柱的较低位,负荷相当大。

3.下肢

人体维持某种姿势,均需要一定的肌张力。人体走动或站立时,小腿肌肉等张收缩以维持身体姿势并保持身体平衡。但长时间保持站立不动,会令下肢血液循环欠佳,导致下肢肿胀,甚至导致静脉曲张。

(二)站姿劳动(工作)的生理学负荷

站姿也是一种静力性工作,对血液循环的影响与坐姿相同。直立体位时,因血液重力的流体静力学作用,血液滞留在心脏水平以下的血管中,由于静脉管壁薄而易于扩张,其容积可大为增加,而使静脉血液回流量下降。故站立时间较长,血液回心障碍,滞留大量而出现脚背浮肿、趾关节炎或静脉曲张。

(三)站姿工作的心理负荷

与坐姿类职业岗位相比,站姿类岗位职工的心理负荷相对较小,但该工种对责任心的要求相对较高,工作环节要求细致严密,服务敏感性强,职业人员必须精神饱满、情绪稳定,有较强的自我控制能力和排除干扰的能力,有比较强的应变能力和应急能力。

## 三、静态站姿类职业体能训练方法

### (一)静态站姿类职业岗前体能储备

对将来从事站立型职业的学生,这类工作较多涉及社会服务领域,身体常处于站立状态,对下肢的力量与耐力要求较高,应以储备他们的下肢和腰腹肌的力量为主,改善身体的平衡能力和灵敏性素质。开设一些形体操、健美操课,使他们形成合理的站立姿势与美好的形态。

1.静态站姿类耐力素质储备(同静态坐姿类)

2.静态站姿类力量素质储备(同静态坐姿类)

3.静态站姿类柔韧素质储备

(1)体前屈

①站立两腿并拢体前屈,两手握踝或腿后抱拢,静止一定时间。

②分腿站立体前屈,上体在两腿中间连续摆动,两手向后伸。

(2)体后屈

①身体成仰卧桥。要求臂、腿伸直,肩拉开。

②分腿站立,双手上举向后下腰成桥。随着训练水平的提高,手脚距离逐渐缩短。

③分腿或并腿站立,两臂上举。上体向后弯曲到一定程度停止不动,保持一定时间。

(3)压腿。将一腿置于高台上进行。要求腿直髋正,可向前、侧、后做。

(4)踢腿。踢腿的方式很多,可扶把原地踢,也可行进间踢;支撑腿可提踵,也可屈膝或屈膝提踵;上体和两臂可有多种姿势,可前倾,可后仰,也可侧屈。从方向上看,除常见的前、侧、后踢腿外,还有混合轴方向的踢腿,如十字踢腿和偏腿等。不论何种形式的踢腿,都要求用脚背的力量来带动。踢腿时快速有力地踢起,有控制地轻轻落下,支撑腿伸直顶髋。侧踢腿时臀部要向前顶,开髋(大腿外回旋)。

(5)控腿。向前、侧、后三个方向做控腿练习。训练髋关节的柔韧性以及动力腿在空中的控制能力。要求直膝、立腰、胯上顶。

(6)劈叉。两腿前后开立或左右开立。纵劈叉要求两腿要伸直,臀部着地,主体正直。横劈叉要求髋关节打开,两腿在一条线上,上体挺直,立腰。

4.灵敏素质储备(同静态坐姿类)

5.体姿礼仪练习

在人际交往中,站立姿势是一个人全部仪态的基础。如果站立姿势不够标准,其他姿势便根本谈不上优美而典雅。

优美而典雅的站姿是发展人的不同质感动态美的起点,是高雅举止的基础。站立是人们生活、工作及交往中最基本的举止之一。

(1)正确的站姿

①抬头正首,双目平视前方,嘴唇微闭,面带微笑,自然平和。要站得端正、稳重、亲切、自然。

②双肩放松,稍往下压,使人体有向上的感觉。

③躯干挺直,身体重心应在两腿的中央,做到挺胸、收腹、立腰,上身正直,头正目平,面带微笑,微收下颌,肩平挺胸,直腰收腹,两臂自然下垂。

④双腿直立,保持身体的端正,两腿相靠直立,两脚靠拢,脚尖呈“V”字形。女子两脚可并拢,肌肉略有收缩感。

⑤双臂自然下垂于身体两侧或放在身体前后。

⑥双腿直立，保持身体的端正。

(2)常用的站姿

①肃立站姿：两脚并拢，两膝绷直并严，挺胸抬头，收腹立腰，双臂自然下垂，下颚微收，双目平视。

②体前交叉式站姿：男服务员左脚向左横迈一小步，两脚展开，两脚尖及两脚跟之间的距离相等，两脚之间距离小于肩宽为宜，双手在腹前交叉，右手大拇指与四指分开搭在左手腕部，身体重心放在两脚上，腰背挺直，注意不要挺腹或后仰。

女服务员站成右丁字步，即两脚尖稍稍展开，右脚在前，将右脚跟靠于左脚内侧前端，腿绷直并严，腰背立直，两手在腹前交叉，右手握左手的手指部分，使左手四指不外露，左右手大拇指内收在手心。

③体后交叉式站姿：两脚跟并拢，两脚尖展开 60。左右腿绷直，腰背直立，两手在身后交叉，右手搭左手腕部，两手心向上。

④体后单背式站姿：站成左丁字步，即左脚跟靠于右脚内侧中间位置，使两脚尖展开成 90°，身体重心放在两脚上，左手后背半握拳，右手自然下垂。

另外，也可站成右丁字步，即右脚跟靠于左脚内侧中间位置，使两脚尖展开 90°，右手后背半握拳，左手自然下垂。

⑤体前单屈臂式站姿：右脚内侧贴于左脚跟处(呈丁字步)，两脚尖展开 90°，左手臂自然下垂，右臂肘关节屈，右前臂抬至脐区，右手心向里，手指自然弯曲。

另外，也可以左脚内侧贴于右脚跟处(呈丁字步)，两脚尖展开 90°，右手臂自然下垂，左臂肘关节屈，左前臂抬至脐区，左手心向里，手指自然弯曲，重心放在两脚上。

(3)站姿的训练

①两人一组，背靠背站立。要求两人的脚跟、小腿、臀部、双肩、后脑勺都贴紧。每次训练坚持 15～20 分钟。

②靠墙站立。要求脚跟、小腿、臀部、双肩、后脑勺都紧贴着墙。每次训练坚持 15～20 分钟。

(4)走姿

正确的行走，上体的稳定与下肢的频繁规律运动形成和谐对比，干净利落、鲜明均匀的脚步形成节奏感，前后、左右行走动作的平衡对称，都会呈现行走时的形体美。

①走姿注意要点：

a. 右脚完全着地，左脚跟抬起一半左右。

b. 身体重心完全移到右脚上，左脚脚跟抬起。

c. 左脚脚尖完全离地，重心往前移。

d. 左脚脚跟着地，然后再回到第一步的姿势。

②不同情境下的走姿：

a. 参加喜庆活动，步态应轻盈、欢快、有跳跃感，以反映喜悦的心情。

b. 参加吊唁活动，步态要缓慢、沉重、有忧伤感，以反映悲哀的情绪。

c. 参观展览、探望病人时，不宜出声响，脚步应轻而柔。

d. 进入办公机关、拜访他人时，在室内一些特殊场所，脚步应轻而稳。

e. 走进会场、走向话筒、迎向宾客时，步伐要稳健、大方，充满热情。

f. 办事联络，往来于各部门之间，步伐要快捷、稳重，以体现效率和干练。

g. 女士的步伐，可以轻盈、飘逸，体现出女子柔情、恬静、娴雅、娇巧的阴柔美。

③走姿的训练：

a. 双手叉腰，重心前移的练习。

b. 双手自然前后摆动，双脚控制在一条直线上的练习(头上可顶一本书)。

(5)表情

表情是指眼、眉毛、嘴巴、面部肌肉以及它们的综合运用反映出的心理活动和情感信息。表情语言十分丰富。它能生动充分地展现人类的各种情感，如高兴、愉快、喜悦、兴奋、激动、悲伤、忧郁、惶恐、失望、气恼、愤怒、自负、自卑、依恋、爱慕等。同时，表情也能把人们的悲喜交加、爱恨交织、喜忧参半的复杂心态表现得淋漓尽致。

①眼神。眼睛是人类面部的感觉器官之一，最能有效地传递信息和表情达意。俗语说，眼睛是心灵的窗户。从一个人的眼睛中可以看到他整个内心世界。与人交谈时，目光应该注视着对方。但应使目光局限于上至对方额头，下至对方衬衣的第二粒纽扣以上，左右以两肩为准的方框中。

②眉毛。为了体现良好的形象和修养，平常交往中，双眉要经常保持在自然平直的状态，不要随便皱眉，挑眉梢，改变眉毛的位置。

③嘴。嘴传情达意的能力仅次于眼睛。不同的嘴部动作，通常表示不同含义。

在社交场合谈话时，上下唇应自然开合，尽量少努嘴和撇嘴。站立、静坐或握手时，嘴可以微闭，但不要露出牙齿，尽量保持微笑状。

④微笑。笑是最美好的形象，它是眼、眉、嘴和颜面的动作集合。而微笑是其中最常见、用途最广、效益最大的笑。

a. 微笑的基本做法。微笑时不发声、不露齿，肌肉放松，嘴角两端向上略微提起，面含笑意，使人如沐春风。

b. 微笑的基本要求。微笑要发自内心，发自肺腑，无任何做作之态。只有笑得真诚，才显得亲切自然，与你交往的人才能感到轻松愉快。

c. 微笑的练习。练习时，为使双颊肌肉向上抬，口里可念着普通话的“一”字音。还得训练眼睛的“笑容”。取厚纸一张，遮住眼睛下边部位，对着镜子，回忆过去的美好生活，使笑肌抬升收缩，嘴巴两端做出微笑的口型，随后放松面部肌肉，眼睛随之恢复原形。

### (二)静态站姿类职业在岗体能练习方法

1. 消除疲劳

(1)放松休息。

(2)拉伸下肢和躯干疲劳部位的伸肌肉群。在伸展过程中注意调息，将呼吸频率放慢，变深加长，集中精神于调息或被伸展的肌肉群，则去除杂念、消除紧张和缓解疲劳的效果。

(3)进行擅长或喜欢的体育项目。如：游泳、足球、篮球、排球、网球、乒乓球、韵律操等。

(4)陪家人逛公园、逛街等。

2. 力量练习

(1)俯卧撑。

(2)引体向上。

(3)双杠臂屈伸。

# 第三节　流动变姿类职业体能教育

## 一、流动变姿类职业岗位特征

从事兼有伏案、站立特征的综合类型职业者，如贸易、营销类、导游、记者等，该类人员工作以坐、站、行走、乘车等相交替的姿势进行，该类职业人员既有坐姿类，又有站姿类职业岗位特点，更重要的是其具有移动特性和超负荷的心理压力。

这类人员工作时静力性工作与动力性工作交替进行，且没有一定的规律。但是他们都有规定的指标，为了完成和超额完成指标，其心理负荷是相当重，可以说身心疲惫。

## 二、流动变姿类职业体能训练方法

### (一)流动变姿类岗前职业体能储备方法

流动变姿类岗前职业体能储备和静态坐姿类职业体能储备方法一样，是综合性职业体能。因此流动变姿类岗前职业体能储备方法和静态坐姿类相同。

### (二)流动变姿类在岗职业体能练习方法

流动变姿类职业人员工作以坐、站、行走、乘车等相交替的姿势进行。并且活动强度和活动量相当大，心理压力也非常大。因此，流动变姿类在岗职业体能练习，要注重消除疲劳和舒缓心理压力方面以及上肢力量练习。

1.消除疲劳

(1)放松休息。

(2)拉伸疲劳部位的肌肉群。在伸展过程中注意调息，将呼吸频率放慢，变深加长，集中精神于调息或被伸展的肌肉群，达到去除杂念、消除紧张和缓解疲劳的效果。

(3)进行擅长或喜欢的体育项目。如：游泳、足球、篮球、排球、网球、乒乓球、韵律操等。

(4)陪家人逛公园、逛街等。

2.舒缓心理压力

(1)放松休闲听音乐。或三五好友、或一人独饮，悠闲地谈天说地，分外舒适。既让人品尝到高品质的咖啡与茶的文化，又满足了人的视觉、听觉、嗅觉，让人在现代而又有些古典的浪漫气息中度过悠长的时光。

(2)有氧运动(韵律操、瑜伽、热舞、太极拳等)。有氧运动能使人体产生一种叫做内啡肽的激素，这种激素能愉悦神经，调节心理，让人感觉到高兴和满足，使压力和不愉快化作烟云。

(3)泡吧。刚开始有陶吧、布吧；现在又有印染吧，亲自一吹的玻璃吧，把整个小型啤酒厂搬进酒吧，让顾客亲自参与并享受每一杯鲜酿啤酒的制造过程的啤酒吧。

(4)剑道、跆拳道、拳击。可以像勇士一样尽情发泄自己的不满。

(5)寻找刺激。恐怖片、攀岩、蹦极、登山探险等，玩的就是心跳。

(6)上网。足不出户也可以一览天下事。

(7)旅游。换一个环境，贴近大自然，远离喧嚣的城市，舒展身心。

3.力量练习(同静态站姿类职业在岗体能练习方法)

## 第四节 工场操作类职业体能教育

### 一、工场操作类职业岗位简介

工场操作类职业岗位职工在高温、高湿、高寒、辐射和噪声等恶劣环境下工作,且工业自动化程度相对较低,仍以手工操作为主,体力劳动需求仍然较大,且存在不良姿势、过度用力和振动等诸多职业性疾患危险因素。不但需要良好的心肺功能,同时对身体各部位的协调性和灵活性要求也较高。

### 二、工场操作类职业身体生理心理负荷特点

工场操作类职业人员时而是静立性工作,时而是动力性工作,而且静立性工作与动力性工作交替进行,因为这类工种工作姿势的变化没有一定规律。工场操作类职业工种繁多,因此要针对不同的工种进行区别分析。

(一)心肺功能

在现场作业,要求心脏功能能随工作强度的改变而适当的调整,以满足机体的需要。对建筑工地现场的技术员心肺功能现场调研发现,有些员工在烈日下工作,由于心肺功能不能适应而昏厥,所以对室外工地工作的人员应加强心肺功能的训练。

(二)肌肉耐力

肌肉耐力是肌肉长时间维持工作的能力。肌肉耐力不好,将导致肌肉血液供给不足,肌肉代谢废物不能及时排除,引起局部肌肉疲劳,工作效率降低,甚至出现工伤事故。

### 三、工场操作类职业体能训练方法

(一)工场操作类岗前职业体能储备方法

工场操作类岗前职业体能储备和静态坐姿类职业体能储备方法一样,是综合性职业体能。因此工场操作类岗前职业体能储备方法和静态坐姿类基本相同。

(二)工场操作类在岗职业体能练习方法

流动变姿类职业人员工作体力劳动需求仍然较大。因此,工场操作类在岗职业体能练习,要注重消除疲劳:

(1)放松休闲听音乐、上网等。

(2)拉伸疲劳部位的肌肉群。在伸展过程中注意调息,将呼吸频率放慢,变深加长,集中精神于调息或被伸展的肌肉群,则去除杂念、消除紧张和缓解疲劳的效果。

(3)进行擅长或喜欢的体育项目。如:游泳、足球、篮球、排球、网球、乒乓球、韵律操等。

(4)陪家人逛公园、逛街等。

# 扩展知识、技能与修养篇

# 第一节　生命安全教育

## 一、消防知识

(一)学校消防知识

1.防火常识

(1)严格执行《中华人民共和国消防法》,按消防法规范自己的行为,从国家、集体利益出发,顾全大局,严防各类火灾事故发生。

(2)遵守学校消防规定,学生不要私自在宿舍乱拉电线,不准使用电炉子、热水器、电吹风、电热杯等电器设备。

(3)不要躺在床上吸烟,不要乱扔烟头,使用过的废纸要及时清扫,以免引起火灾。室内严禁存放易燃易爆物品。

(4)台灯不要靠近枕边,不要在蚊帐内点蜡看书,室内照明灯要做到人走灯灭。

(5)禁止学生携带烟花、爆竹、火柴、气体打火机等易燃、易爆品进校。

(6)用过的废纸,旧书本等,不要随便乱烧。

(7)发生火灾要迅速打电话"119"向消防队报警。

2.着火了,怎么办

发生火情,同学们一定要保持镇静,量力而行。火灾初起阶段,一般是很小的一个小点,燃烧面积不大,产生的热量不多。这时只要随手用沙土、干土、浸湿的毛巾、棉被、麻袋等去覆盖,就能使初起的火熄灭。如果火势十分猛烈,正在或可能蔓延,切勿试图扑救,应该立刻逃离火场,打 119 火警电话,通知消防队救火。

3.怎样报火警

(1)牢记火警电话 119。没有电话或没有消防队的地方,如农村和边远山区,可以打锣敲钟、吹哨、喊话向四周报警,动员乡邻一齐来灭火。

(2)报警时要讲清着火单位、所在区(县)、街道、胡同、门牌或乡村地址。

(3)说明什么东西着火,火势怎样。

(4)讲清报警人姓名、电话号码和住址。

(5)报警后要安排人到街道口等候消防车,指引消防车去火场的道路。

(6)遇有火情,不要围观。有的同学出于好奇,喜欢围观消防车,这既有碍于消防人员工作,也不利于同学们的安全。

当然,大家不能随意乱打火警电话。假报火警是扰乱公共秩序、妨碍公共安全的违法行为。如发现有人假报火警,要加以制止。

4.遇到火险如何逃生

(1)火势不大,要当机立断,披上浸湿的衣服或裹上湿毛毯、湿被褥勇敢地冲出去,但千万不要披塑料雨衣。

(2)在浓烟中逃生,要尽量放低身体,并用湿毛巾捂住嘴鼻。

(3)不要盲目跳楼,可用绳子或把床单撕成条状连起来,紧拴在门窗框和重物上,顺势滑下。

(4)当被大火围困又没有其他办法可自救时,可用手电筒、醒目物品不停地发出呼救信号,以便消防队及时发现,组织营救。

(二)家庭消防知识

1.家里点蚊香时需要注意什么

夏日的夜晚,蚊子常常令人难以入睡,人们常用蚊香驱蚊。蚊香虽小,但使用不当也容易引起火灾,所以入睡前一定要检查。

(1)蚊香要放在支架上。支架不要放在纸箱桌面或木制地板上。如果放在金属盘、瓷盘及水泥地、砖地上,就安全多了。

(2)不要在窗台等容易被风吹到的地方点蚊香。

(3)使用电蚊香,要放在远离纸、木桌等易燃物的地面上,不使用时,应该拔掉插头。

2.使用家用电器怎样注意防火

这几年,越来越多的家用电器走进了家中。在使用这些电器时,要格外小心。不要因使用不当而引发火灾。

(1)电视机要与墙壁保持一定距离,以利通风散热。室内无人不要开机,使用后及时关机,拔下插头。

(2)使用电熨斗熨衣服,要将熨斗放在耐火的砖、石板、铁支架上。不要在无人看管时接通电源,用完后要及时拔下插头。

(3)电冰箱应与墙壁及两侧物品保持一定距离,以利通风散热。因为马达、压缩机、风扇及线圈上积落的尘埃、棉绒是引起火灾的主要原因,所以要注意保持电冰箱清洁。

(4)使用白炽灯泡一定要与可燃物保持一定的距离。不要用灯泡烤衣物、毛巾等物。也不要用纸自制灯罩。纸被烤煳、引燃就会引发火灾。

(5)不要随便延长或拉设电器设备的导线。尤其注意不要在家具和地毯下面拉设电线,防止搬移家具或人员踩踏发生短路引起火灾。

## 二、道路交通安全知识

(一)提高交通安全意识

不管是校内还是校外,发生交通事故最主要的原因是思想麻痹、安全意识淡薄。作为一名在校学生遵守交通法规是最起码的要求。

(二)自觉遵守交通法规

除提高交通安全意识、掌握基本的交通安全常识外,还必须自觉遵守交通法规,才能保证安全。以下两点是大家必须掌握并要在日常生活中严格遵守的。

(1)在道路上行走,应走人行道,无人行道时靠右边行走。走路时要集中精力,“眼观六路,耳听八方”;不与机动车抢道,不突然横穿马路、翻越护栏,过街走人行横道;不闯红灯,不进入标有“禁止行人通行”、“危险”等标志的地方。

(2)乘坐交通工具。乘坐市内公共交通等车停稳后,依次上车,不挤不抢。车辆行驶中不得把身体伸出窗外;乘坐长途客车、中巴车时不能贪图便宜,乘坐车况不好的车,不要乘坐“黑巴”、“摩的”,因为这些车辆安全没有保障。乘坐火车、轮船、飞机时必须遵守车站、码头和机场的各项安全管理规定。

(三)发生交通事故的处理办法

(1)及时报案

无论在校外还是在校内,一旦发生交通事故后,首先想到的是及时报案,有利于事故的公正处理,千万不能与肇事者"私了"。

(2)保护现场

事故现场的勘查结论是划分事故责任的依据之一,若现场没有保护好会给交通事故的处理带来困难,造成"有理说不清"的情况。切记,发生交通事故后要保护好事故现场。

(3)控制肇事者

若肇事者想逃脱一定要设法控制,自己不能控制可以发动周围的人帮忙控制,若实在无法控制也要记住肇事车辆的车辆牌号等特征。

## 三、防病毒知识

冬季到来,天气转冷,正是多种呼吸道传染病的多发季节。风疹、麻疹、流感、流脑等呼吸道传染病主要通过空气、飞沫传播,因其传播速度快,易造成局部或较大范围的爆发流行。应做好如下防范:

(1)经常开窗通风,保持居室和工作场所的空气流通。

(2)保持市内环境卫生,养成良好的生活习惯和个人卫生习惯。

(3)注意均衡饮食,加强体育锻炼,提高自身免疫力。

(4)一旦出现发热等症状,及时到正规医院就诊,以免延误病情。

(5)尽量少去公共场所,特别是不到有病人的家庭串门。

(6)可接种风疹、麻疹、流感等疫苗预防相应的疾病。

## 四、网络安全常识

随着网络的普及,更多的人包括青少年学生喜欢用网络来保存自己的秘密。可是如何在网络上保证我们的隐私权呢?

(一)密码安全常识

(1)给自己的用户名设置足够长度的密码,最好使用大小写混合加数字和特殊符号,不要为了贪图好记而使用纯数字密码。

(2)不要使用与自己相关的资料作为个人密码,如自己的生日,电话号码,身份证号码,门牌号,姓名简写,这样很容易被熟悉你的人猜出。

(3)不要使用有特殊含义的英文单词做密码,如 hello,hongkong 等等,最好不用单词做密码,如果要用,可以在后面加复数 s,或者符号,这样可以减小被猜出的机会。

(4)不要为了防止忘记而将密码记下来,将密码记在大脑以外的任何地方都是愚蠢的行为。

(5)不要死守一个密码,要经常更换,特别是遇到可疑情况的时候。

(二)网络病毒防范常识

(1)尽量不要下载个人站点的程序,因为这个程序有可能是病毒,或者带有后门。

(2)安装正版杀毒软件,如:金山毒霸、诺顿、瑞星等。

(3)定期对杀毒软件进行升级并对系统进行病毒扫描。

## 五、校园生活安全常识

### (一)宿舍安全防范

(1)提高自我保护意识,提高警惕性,以防坏人有机可乘。

(2)不要让不太熟悉的人随意进宿舍,以防不测。

(3)晚上睡觉前要关好门窗,并检查门窗插销是否牢固。

(4)夜晚有人来访,不要轻易开门接待。对陌生人绝对不能开门。

(5)假期不能回家的学生,应集中就寝。如只剩下一人时,应和老师说明情况,让老师妥善解决。

(6)夜晚到室外上厕所,一定要穿好外衣,找同伴一起去,如遇到坏人应全力呼救,并进行自卫,最好不要单独一人上厕所。

(7)宿舍内一旦遭到坏人袭击,不要害怕,要鼓起勇气与坏人搏斗,并大声呼救,以获来人救援。

(8)放学回家,应结伴而行,遇到不怀好意的人挑逗或侵害要给予严厉斥责,并高声呼救。如果四周无人,又来不及逃脱,要设法与其周旋,不必鲁莽与罪犯搏斗。

(9)学生不得在宿舍内点蜡烛,不得在床上打闹。

### (二)宿舍防盗知识

(1)学生宿舍常见的盗窃方式有哪些?

①乘虚而入。主人不在,房门不锁,盗窃入室。

②钓鱼。用竹竿将你晾在窗外的衣物钓走。

③撬门扭锁。此类盗窃分子手段毒辣,撬开门锁的方式有多种,进门后抽屉、箱子往往撬遍,满屋翻个底朝天。只要值钱的东西,以价值高、易于携带的物品为主。

④翻窗入室。没有结实护栏,却又易于翻越、攀登的窗户,包括门上气窗,盗窃都有可能翻入。

(2) 什么时间容易被盗?

①刚入学,宿舍较乱时容易发生被盗。

②放假前易发生被盗。假期,宿舍走空,易发生撬门扭锁盗窃。

### (三)校园安全防范条例

(1)严禁在校内骑车,骑车到校者,进校门要下车推行。

(2)严禁学生翻墙出入校园。

(3)学生不得在教室内、走廊和楼道口打闹、跑跳或搞体育活动及游戏。

(4)学生不得爬门窗及爬到窗外的雨遮上。

(5)学生不得带任何危险物品到校。如:爆竹、管制刀具等。

(6)寄宿生不得将衣物和棉被晒到阳台外,晾晒衣物时,要用叉竿,不得站在凳子或其他高物上。

## 六、饮食安全

日常生活中要注意饮食卫生，防止“病从口入”。

(1)养成吃东西以前洗手的习惯。人的双手每天干这干那，接触各种各样的东西。会沾染病菌、病毒和寄生虫卵。吃东西以前认真用肥皂洗净双手，才能减少“病从口入”的可能。

(2)生吃瓜果要洗净。瓜果蔬菜在生长过程中不仅会沾染病菌、病毒、寄生虫卵，还有残留的农药、杀虫剂等，如果不清洗干净，不仅可能染上疾病，还可能造成农药中毒。

(3)不吃腐烂变质的食物。食物腐烂变质，就会味道变酸、变苦，散发出异味儿，这是由细菌大量繁殖引起的，吃了这些食物会造成食物中毒。

(4)不随意购买、食用街头小摊贩出售的劣质食品、饮料。这些劣质食品、饮料往往卫生质量不合格，食用、饮用会危害健康。

(5)不喝生水。水是否干净，仅凭肉眼很难分清，清澈透明的水也可能含有病菌、病毒，喝开水最安全。

## 七、车辆防盗常识

(1)自行车、助动车和机动车，要慎重选择停放点，应停放在有专人看管的停车处。

(2)夜晚应将车停放在专门的车棚和车库内，没有车棚、车库的要落实其他防范措施。

(3)养成离车上锁带走钥匙的习惯。

(4)非机动车停放后要带走车上的贵重物品，以防失窃。

## 八、反扒防窃小常识

(1)外出游玩或在商店挑选商品时，做到物不离视线，包不离手，更不要随意委托他人代看所携物品。

(2)在乘坐公交汽车时，应避免携带贵重物品，马甲袋、时装袋内不要放置贵重物品。

(3)携包上车时，必须将皮包拉链拉上，并尽可能将拉链面紧贴身体，拎包、背包要放在背后，以防失窃。

(4)要文明乘车，相互谦让，不要争先恐后拥挤在车门口，防止扒窃分子乘机作案，更不要在车厢内嬉笑打闹，而精力分散，遭扒被窃。

(5)乘客上车时，钱包、皮夹不要放在暴露在外的裤子后口袋和西服的下面口袋以及衬衫口袋内，犯罪分子有机可乘。

(6)携带数量较多现金乘车时，最好不要在公众面前暴露，以免引起扒手注意，尾随作案。

(7)乘客对故意碰撞你的人或二三个紧贴你的人尤其要加倍小心，防止失窃。

(8)乘客一旦发现钱物被窃，应一面注意身边乘客，一面通知司乘人员紧闭车门，并尽可能及时报警。

(9)广大乘客发现车扒活动，要敢于揭发，积极配合司乘人员抓获罪犯。

## 第二节　高职院校学生常见运动损伤和疾病的处理预防措施

### 一、扭伤

扭伤多发生在四肢关节处。不同的运动项目，发生扭伤的部位也是不同的。球类运动的扭伤，多在腕、肩、踝、膝和腰部关节。体操运动的扭伤，多在腕、肩和肘关节。田径运动髋关节容易扭伤。

扭伤是关节的活动范围超过正常限度，把附着在关节周围的韧带、肌腱、肌肉撕裂而造成的。运动场地凹凸不平、水泥场地上有细砂或太滑、地面上小大块，是发生扭伤的主要原因。

轻度扭伤只是关节周围的韧带或肌腱撕裂一小部分，伤处有轻微疼痛感觉。这种扭伤，在伤部的外表看不出什么，关节的活动也没有障碍。轻度扭伤一般不需要急救处理。但应暂时停止锻炼。一般在一两周后伤处疼痛就可逐渐消失而痊愈。

重度扭伤可以使关节周围的肌腱和血管断裂。受伤后，伤者感到剧烈疼痛，关节不能活动。在受伤几小时后，受伤部位逐渐肿大并变为青黑色。这是由于血管破裂，大量血液流进组织间隙的缘故。

重度扭伤的急救须先止痛、止血。在扭伤的当时，可做冷敷。做冷敷时先把受伤的肢体微微抬高。冷敷的具体操作方法是用毛巾沾冷水，拧干后盖在伤处，或用冷水淋洗伤部，最好是敷冰块。冷敷可使断裂的血管收缩，减轻出血程度，并有麻痹神经末梢减轻疼痛的作用。冷敷可以每隔3～4小时做一次，每次做5～8分钟。冷敷后伤部垫上棉花，用绷带包扎。包扎时轻加压力，但不能包得太紧，以免影响血液循环。24小时内不能上药，不能热敷。

### 二、挫伤

身体被钝重的体育器械打伤称为挫伤。体育器械打击到身上时，受伤部位的皮肤往往只有轻微的损伤，甚至好像完整无损。而皮肤下面的组织（肌肉、韧带、血管）可能发生与重度扭伤相同的损伤，如内出血、肌肉纤维撕断等。挫伤的急救方法与扭伤相同。

### 三、鼻出血

鼻部受到外力打击（体育器械碰在鼻部或其他人的手臂碰在鼻部）时，鼻内的血管破裂，可能发生相当严重的鼻内出血，鼻出血的病人，须暂时用口呼吸，以预防因鼻部的呼吸运动而使出血程度加重。头要向后仰（可使伤者坐在椅上，头后部放在椅背上），在鼻部放置冷水毛巾。如果出血还不止，可用凡士林纱布卷塞入出血的鼻腔内。这样一般就能很快将血止住。

### 四、擦伤

止血：用消毒的棉球作软垫放在伤口上，手指用力压在上面，以增大压力达到止血的目的。

先用碘酒后用酒精消毒：沿着伤口的边缘由里向外擦，不要把碘酒、酒精涂入伤口内。

伤口内如有异物，要慎重处理，大而易取出的可取出；深而小不易取出的不要勉强取，以免把细菌带入伤口或增加出血。

小伤口的处理：在其浅表涂一点红汞（红药水）或紫药水，较大的伤口不宜涂药水，以免给下一步的处理增加困难，伤口上用消毒纱布或敷料。

## 五、骨折

（1）骨骼是人体各种组织中最坚固、最富有弹性的组织。一般不容易受损伤。但遇到突然的强大外力打击时，或附着在骨骼上的肌肉猛烈收缩时，也可能会发生损伤。

骨的损伤称为骨折。骨受损伤后，如损伤处完全分离，称为完全骨折；损伤后没有分离或只有分离或只有部分骨受损伤时，称为不完全骨折。

轻微的骨折只在骨骼上出现一条很不明显的裂纹，医学上称为骨裂，这种骨折只有用X光把骨像拍照下来，仔细观察才能看出。这种骨折在急救时是很难观察出来的。明显的骨折症状是伤部变形，肢体活动功能丧失，剧烈疼痛，内出血严重。

发生骨折时，当场的急救对骨折的愈合和将来肢体的功能有很大关系。如急救方法不正确，不但可能加重骨折的程度，还可能造成愈合后肢体变形。

（2）骨折的急救步骤如下：

①先除去压在伤者身上或阻碍搬移伤者的障碍物。把伤者的身体放平，在移动伤者时动作要缓慢轻柔。

②伤者因剧烈疼痛及流血过多，可能发生外伤性休克。外伤性休克的症状是病人面色苍白，流冷汗，脉搏细弱，血压很低。预防休克首先要使伤者身体温暖，要用毯子或棉被等将伤者身体盖好，给伤者饮用热茶、热糖水或温开水，使用止痛剂镇痛。然后迅速送医院处理。

③外伤性关节脱位：由于暴力作用（如突然跌倒、外力过度牵引或暴力打击等）使关节的关节面推动不正常的，称为外伤性关节脱位（又称脱臼）。

外伤性关节脱位的急救方法是先止痛和抗休克（具体措施与骨折同），然后迅速用夹板、绷带固定脱位变形的伤肢、尽快地送到医院处理，争取早期复位。关节脱位的整复，应由骨科医生进行。没有整复技术和经验的人，不可随意做整复手术。否则会引起更损伤，影响功能恢复。

## 六、脊椎受伤

（1）这是严重的受伤，应该由合格的救护员处理。如果背部及颈部受伤后，运动员如失去或减低知觉的敏感度、肌肉无力或是颈背很痛，就可知脊椎已受伤。

（2）处理方法：

①不要移动运动员，只应由合格的医务人员处理患者。

②注意运动卫生。如饭前、饭后不宜做剧烈活动；运动后不宜大量喝水或大量饮用冰镇冷饮；锻炼后体温较高的时候不宜马上用凉水冲洗；要预防感冒等等。这些对于保持健康，预防疾病都是十分重要的。

## 七、运动性肌肉酸痛原因与预防

（1）概念：在一次活动量较大以后，或间隔时间较长未锻炼，刚开始锻炼之后，往往会出现，肌肉酸痛。这种肌肉酸痛不是即刻发生在运动结束后，而是发生在运动结束后 1 到 2 天，因此称为延迟性疼痛。

(2)产生原因：运动后肌肉延迟性酸痛的原因是运动时肌肉活动量大引起局部肌纤维及结缔组织的细微损伤，以及部分肌纤的痉挛所致。由于这种肌肉纤维细微损伤及痉挛是局部的，因而就整块肌肉而言，仍能完成运动功能，但存在酸痛感。酸痛后，经过肌肉内局部细微损伤的修复，肌肉组织变得较前强壮，以后同样负荷将不再发生损伤(酸痛)。

(3)处理方法：

①对酸痛的局部肌肉进行热敷，促进血液循环及代谢过程，有助于损伤组织的修复及痉挛的缓解。

②对酸痛局部进行静力牵张练习，保持伸展状态 2 分钟，然后休息 1 分钟，重复进行，每天做几次这种伸展练习有助缓解痉挛。

③对酸痛局部进行按摩，使肌肉放松，促进肌肉血液循环，有助损伤修复及痉挛缓解。

④口服维生素 C 有促进结缔组织中胶原合成的作用，有助加速受损组织的修复和缓解酸痛。

(4)预防：

①根据不同体质、不同健康状况科学地安排锻炼负荷。

②锻炼时，尽量避免长时间集中练习身体某一部位，以免局部肌肉负担过重。

③准备活动中，注意对即将练习时负荷重的局部肌肉动得更充分。

④整理运动除进行一般性放松练习外，还应重视进行肌肉的伸展牵拉练习，这有助于预防局部肌纤维痉挛。

## 八、运动性晕厥

(1)概念：在运动中或运动后一时性知觉丧失，称为运动性晕厥，它是由脑部突然缺血所致，多见于训练水平低的青少年。

(2)产生原因：

①输出量减少。平时缺乏锻炼者，突然参加较大运动量的锻炼，心脏机能一时跟不上运动需要，加上平时缺乏训练，动作不协调、憋气等，造成血液回流量减少。心输出量也随之明显减少，因而出现暂时性脑缺血。而又因平时缺乏锻炼，机体对这种情况的适应能力较差，便更容易发生晕厥。

②重力性休克。如久站不动、久蹲突然起身、跑步后突然停止活动等，均可因重力作用使血回流量减少，而形成脑缺血。

(3)症状：先是出现全身乏力、头晕、耳鸣、眼前发黑、面色苍白等前驱症状，紧接着失去知觉，突然倒地，出现手足发凉、脉慢而弱、血压下降、呼吸缓慢、瞳孔缩小等症状。轻者由于倒地后，脑部得到血液补充，使缺血消除，片刻可醒，但醒后仍有头昏、精神欠佳、乏力等感觉。

(4)处理：有前驱症状时，应下蹲或卧下休息片刻，可避免发生昏倒。已晕厥者应使其平卧，头低足高，解松衣领，注意保暖，下肢做向心性揉推按摩。不醒者可指掐或针刺人中、百会、涌泉、合谷等穴位，或嗅氨水，一般可醒。如停止呼吸者，可做人工呼吸，此时头要转向一侧，注意防止痰液或呕吐物阻塞喉头。

(5)预防：

①坚持锻炼，增强体质。

②久站时，要经常交替活动下肢，久蹲后不要突然起立，要缓缓站起。

③疾跑后不要骤停不动，要继续慢跑并作深呼吸片刻。

④久病、体弱者，暂不参加剧烈运动。

**九、肌肉痉挛**

(1)概念：肌肉发生不由自主的强直性收缩称为肌肉痉挛。俗称“抽筋”。在运动中发生肌肉痉挛多见于小腿腓肠肌，其次为屈肌、屈趾肌和屈指肌。

(2)产生原因：

①寒冷刺激。如在冷水、冷空气等环境锻炼时，若准备运动不足，易发生肌肉痉挛。

②电解质失调，特别是夏天运动时大量出汗，使体内电解质平衡失调而引起肌肉痉挛。

③肌肉收缩失调或损伤。如过快的连续收缩，使肌肉放松不够而痉挛，或运动中，肌肉有反复微细损伤，引起保护性强直收缩。

④症状：肌肉痉挛时，局部变硬，疼痛难忍，指、趾不由自主地屈曲，难以伸直。

(3)处理：

①牵拉屈曲的指(趾)，以使痉挛的肌肉被牵伸而解痉，然后局部按摩，热敷。

②离开寒冷环境的刺激，喝些盐开水。

(4)预防：

①加强锻炼，提高适应能力，运动前充分做好准备活动，特别在寒冷环境中锻炼时，尤需注意这点。对易发生痉挛的肌肉，进行适当的按摩。

②冬季注意保暖，冬泳不能在水中过长时间不活动，夏天游泳如水温较低时，游泳时间不宜过长。

③夏天出汗多，注意喝些盐开水，补充丧失的电解质。

④疲劳时，不宜长时间剧烈运动。

**十、过度疲劳**

(1)概念：是指在工作或运动之后，工作能力暂时下降的状态，它是一种由于连续疲劳积累所引起的病理状态。过度疲劳在学生中多见于过度脑力劳动之后，但也可以见于劳动或体育训练之后。体力上的过度疲劳，若是由于训练所引起的，也称过度训练。

(2)产生原因：

①生活无规律，为应付繁重课程或考试而休息不足。

②病后身体尚未恢复，过早为补课而加班或为参加某一比赛过分强化训练。

③参加劳动或活动之后，疲劳尚未消除，体力尚未恢复便参加大运动量训练。

④训练不当。见于部分赛前训练，因时间紧，任务重，训练缺乏渐进和系统性。

⑤运动量大而且持续时间较长，或单一的训练等。

⑥短期内参加过多的比赛，休息不足。

(3)症状：

①第一阶段：感觉异常阶段。自觉疲劳，食欲下降，睡眠欠佳，学习效率差，对训练不感兴趣，有厌倦情绪，成绩停滞。

②第二阶段：体重下降，脉搏较快，心脏机能试验有不良反应，易疲劳，恢复慢，工作能力

下降，运动成绩下降。

③第三阶段：运动成绩明显下降。各内脏系统功能紊乱失调。

以上三个阶段中，一般学生多介于第一阶段于第二阶段，而第三阶段除个别特殊情况发生外，不大出现。

(4)处理：关键在于早期发现，及时处理。早期处理主要办法是调整计划，减轻负担，注意休息。在有症状阶段，必要时暂时停止训练，进行必要的治疗，如药物、医疗体育、按摩等，同时注意调整生活习惯。病后恢复期的学习或训练，要逐渐增加，要有适应过程。

(5)预防：合理安排学习或训练，注意身体素质要循序渐进地、全面系统地训练，注意饮食，加强生活制度和自我监督，以便及早发现问题。

### 十一、运动性贫血

(1)概念：血液中红细胞数与血红蛋白量低于正常值(男性 12 克%，女性 10.6 克%)下限，称为贫血。因运动引起的血红蛋白量减少，即称运动性贫血，一般是女性高于男性。

(2)产生原因：运动时肌肉对蛋白质和铁的需要量增加，饮食中摄取的蛋白质不足，可引起运动性贫血；运动时脾脏释放的溶血卵磷脂能使红细胞的脆性增加，加上运动时血流加速，易引起红细胞破裂，致使红细胞的新生与衰亡之间的平衡被破坏而导致运动性贫血。

(3)症状：运动性贫血发病缓慢，其主要症状有头晕、恶心、呕吐、气喘、体力下降以及运动后心悸、心率快、脸色苍白等。

(4)预防：合理安排运动量和运动强度，补充富含蛋白质和铁的食物，克服偏食习惯。症状严重者，可暂时停止运动训练，做些小运动量的体育活动。

### 十二、中暑

(1)概念：中暑是在高温环境中运动，体内热量难以散出而引起的急性病。

(2)产生原因：在炎夏无风或其他高温环境中进行长时间的运动，特别是天气闷热，缺乏饮水以及烈日直晒头部情况下，易发生。

(3)症状：轻者有头晕头痛、全身乏力、烦躁、恶心呕吐、口舌干渴等现象，若不及时处理，则会出现高热，皮肤灼热无汗，面色发红，有时可发生鼻出血，呼吸急促等情况。严重者会发生昏厥不醒，面色苍白，出冷汗，体温不高，脉细弱，血压下降，呼吸表浅，瞳孔扩大等现象，甚至死亡。

(4)处理：使患者迅速离开热环境，到荫凉通风处休息、静卧。头稍垫高，解松衣服，扇风降温，头部可冷敷，上身用温水擦浴按摩，忌用冷水降温，因用冷水擦浴，可使表浅毛细血管收缩，散热效果更差。昏迷者，可先按晕厥急救法救醒，饮些冷开水或淡盐水等。

(5)预防：

①运动时间安排要合理，特别是夏天进行较长时间的运动，应安排在接近早晚气温不太高的时间进行，并注意中途饮水、降温等措施，烈日下运动应戴帽。

②室内活动要注意通风、降温。

③加强适应性锻炼。

## 十三、运动中腹痛

(1)概念:腹痛可表现为腹部钝痛、胀痛或绞痛,多见于中长跑时。

(2)产生原因:

①胃肠痉挛。主要为饭后过早参加运动或进食过饱情况下参加剧烈运动,使胃肠受刺激而痉挛。若胃肠本身有疾患,如溃疡、炎症、粘连等,在运动时由于胃肠活动加强了对病变的刺激,也可引起痉挛。

②肝脾淤血,引起胀痛。主要是血液回流受阻而淤积于肝脾,引起胀痛。

③腹腔脏器有慢性病。如肝炎、慢性阑尾炎等。

(3)症状:腹部钝痛、胀痛或绞痛。

(4)处理:在一般锻炼时发生腹痛的话。可弯腰跑、减速、深呼吸或暂停运动,对胀痛的腹部揉按,一般可缓解,也可揉按或针刺内关、足三里、大肠俞等穴位,口服十滴水或普鲁本辛,可解除胃肠痉挛。若腹肌有损伤应按损伤处理,若腹腔脏器本身有疾患的话,就应按该病进行治疗。

(5)预防:合理安排训练或比赛时间,不要在饭前过饥或刚吃完饭时进行,应在饭后半小时以后。注意运动的节奏和调节电解质的平衡。如检查有损伤或慢性病时,应及时治疗。

## 十四、软组织损伤

(1)概念:软组织损伤在运动创伤中最为多见。从发病过程分,可分为急性损伤和慢性损伤两类。

(2)症状:从其表现看,可分为开放性损伤和闭合性损伤两类。慢性闭合性伤的病程较长,必须在平时调节运动量、调节训练方法、手段,并作系统的适当的治疗。急性伤起病突然,伤后即出现疼痛及活动功能障碍。属开放性的上述各种创伤中,开放性骨折虽有软组织损伤,但已属骨折范畴。软组织损伤中,除切刺伤危及内脏或严重的跌、撞挫伤内脏者较为严重外,其余的虽轻重不一,但多无生命危险。软组织急性损伤发生后,主要表现为疼痛,活动功能受到影响。

(3)处理:在现场应根据不同情况作适当处理。如果是开放性伤,一般有外出血,对其伤口应注意保护(如包扎),以防感染,然后到医疗单位做彻底处理。对闭合性伤,如为较轻的扭伤,一般仅有短时轻痛,无明显影响,较重的扭、拉、挫伤常有明显肿胀(或软组织内出血)和疼痛,在现场的处理主要是防止其伤情继续加重,控制肿胀和疼痛,因为过度的肿胀或组织内血肿,会增加治疗的困难,延长疗程。现场控制肿胀或组织内出血的最好方法是加压包扎,虽有人提出先用冰敷,使血管收缩后再包扎,其目的不外也是减少或防止出,血和肿胀,但绝大多数情况下,现场难以马上找到冰块或冷冻剂外敷,若机械地等找到冰敷之后再包扎,则出血及肿胀早已形成,这时的措施已无大作用,故在现场最有效的办法就是先用手直接按压伤处,按压既可防止其出血、肿胀出现,也有一定镇痛作用,然后用绷带或布条进行加压包扎,再送医疗单位作进一步处理,这样做由于不出血及肿胀,对其恢复十分有利。急性软组织损伤切忌过早在伤处局部作过多手法,特别是过分用力的治疗手法,这样做易促使出血、肿胀加重,使伤情更为恶化。

# 附　录

# 国家学生体质健康标准说明

（一）为贯彻落实健康第一的指导思想，切实加强学校体育工作，促进学生积极参加体育锻炼，养成良好的锻炼习惯，提高体质健康水平，特制定本标准。

（二）本标准是《国家体育锻炼标准》的有机组成部分，是《国家体育锻炼标准》在学校的具体实施，是国家对学生体质健康方面的基本要求，适用于全日制小学、初中、普通高中、中等职业学校和普通高等学校的在校学生。

（三）本标准从身体形态、身体机能、身体素质和运动能力等方面综合评定学生的体质健康水平，是促进学生体质健康发展、激励学生积极进行身体锻炼的教育手段，是学生体质健康的个体评价标准。

（四）本标准将测试对象划分为以下组别：小学一、二年级为一组，三、四年级为一组，五、六年级为一组，初、高中每年级各为一组，大学为一组。

小学一、二年级组和三、四年级组测试项目分为三类，身高、体重为必测项目，其他二类测试项目各选测一项。小学五、六年级组，初、高中各组，大学组测试项目均为五类，身高、体重、肺活量为必测项目，其他三类测试项目各选测一项。

选测项目每年由地（市）级教育行政部门、高等学校在测试前两个月确定并公布。选测项目原则上每年不得重复。

（五）学校每学年对学生进行一次本标准的测试，本标准的测试方法按《国家学生体质健康标准解读》（人民教育出版社出版）中的有关要求进行。

（六）本标准各评价指标的得分之和为本标准的最后得分，满分为 100 分。根据最后得分评定等级：90 分及以上为优秀，75～89 分为良好，60～74 分为及格，59 分及以下为不及格。学生体质健康标准成绩每学年评定一次，按评定等级记入《国家学生体质健康标准登记卡》。学生毕业时体质健康标准的成绩和等级，按毕业当年得分和其他学年平均得分各占 50％之和进行评定。因病或残疾免予执行本标准的学生，填写《免予执行〈国家学生体质健康标准〉申请表》。

（七）本标准由教育部负责解释。

# 国家学生体质健康标准数据库包含哪些内容

国家学生体质健康标准数据库由全国各地学校每年上报的《国家学生体质健康标准》测试数据并加以汇总统计组成。具体说来，包括学校基本信息、学生基本信息、学生测试成绩、学校统计报表、地区统计报表组成。

【学校基本信息】包括每一所上报数据的学校的名称、类别、行政区划、城乡类别、地址、电话、联系人、邮政编码、电子邮件等。

【学生基本信息】:包括每一个学生的姓名、性别、民族、出生年月日、年级、身份证号、学号组成。

【学生测试成绩】:包括按照《国家学生体质健康标准》测试的各项测试值、各项评分、各项评价等级、总分、总分等级。由于有必测项目和选测项目,并不是每一个学生都有所有项目的成绩。

《国家学生体质健康标准》是一套对学龄人群的身体形态和机能进行评价的评价体系。根据《国家学生体质健康标准》,各年级所使用的全部测试项目共有:

测试项目共 23 项):

(1)身高

(2)体重

(3)肺活量

(4)1000 米跑

(5)800 米跑

(6)台阶试验

(7)400 米跑

(8)50 米×8 往返跑

(9)引体向上

(10)仰卧起坐

(11)掷实心球

(12)投沙包

(13)坐位体前屈

(14)握力

(15)50 米跑

(16)25 米×2 往返跑

(17)立定跳远

(18)跳绳

(19)篮球运球

(20)足球运球

(21)排球垫球

(22)踢毽子

(23)足球颠球

根据《标准》,学生是按年级组选测的,每人只测 3~6 项。系统应对每个学生受测的全部项目的测试值进行统计。不同学校如有选测项目不同的情况,按学生实际受测的项目进行统计。

# 《国家学生体质健康标准》的项目、指标及运用

## (一)各年级的测试项目

《国家学生体质健康标准》里设置了符合我国学校实际情况、简便易行的测试项目,他们的可靠性、有效性、客观性、可操作性等在多年来的学校体育实践中得到了证明,这些测试项目涵盖了人体形态、机能、身体素质和运动能力的多个方面。从学生的年龄特点以及场地、器材、费用、时间等考虑,各年级学生的测试项目分为必测类项目和选测类项目。各类选测项目,每年由地(市)及教育行政部门或高等学校在测试前选择确定并公布,选测项目原则上每年不得重复。在实际测试时,各年级的测试项目保持在4～6项之间(见表1)。

小学一、二年级测试项目为四项。身高、体重为必测项目。选测项目为两项,分别从坐位体前屈、投沙包中选测一项;从50米跑(或25米×2往返跑)、立定跳远、跳绳、踢毽子中选测一项。

**表1 各年级测试项目分类表**

<table>
<tr><th>年级</th><th>必测项目</th><th>选测试项目</th><th>备注</th></tr>
<tr><td rowspan="2">小学一、二年级</td><td rowspan="2">身高<br>体重</td><td>坐位体前屈<br>投沙包</td><td>选测一项</td></tr>
<tr><td>50米跑(25米×2往返跑)<br>立定跳远<br>跳绳<br>踢毽子</td><td>选测一项</td></tr>
<tr><td rowspan="2">小学三、四年级</td><td rowspan="2">身高<br>体重</td><td>坐位体前屈<br>掷实心球<br>仰卧起坐</td><td>选测一项</td></tr>
<tr><td>50米跑(25米×2往返跑)<br>立定跳远<br>跳绳</td><td>选测一项</td></tr>
<tr><td rowspan="3">小学五、六年级</td><td rowspan="3">身高<br>体重<br>肺活量</td><td>400米跑(50米×8往返跑)<br>台阶试验</td><td>选测一项</td></tr>
<tr><td>坐位体前屈<br>仰卧起坐<br>掷实心球<br>握力</td><td>选测一项</td></tr>
<tr><td>50米跑(25米×2往返跑)<br>立定跳远<br>跳绳<br>篮球运球<br>足球颠球<br>排球垫球</td><td>选测一项</td></tr>
</table>

续表

| 年级 | 必测项目 | 选测试项目 | 备注 |
|---|---|---|---|
| 初中<br>高中<br>大学 | 身高<br>体重<br>肺活量 | 1000 米跑(男)<br>800 米跑(女)<br>台阶试验 | 选测一项 |
| | | 坐位体前屈<br>仰卧起坐(女)<br>引体向上(男)<br>掷实心球<br>握力 | 选测一项 |
| | | 50 米跑(25 米×2 往返跑)<br>立定跳远<br>跳绳<br>篮球运球<br>足球运球<br>排球垫球 | 选测一项 |

注:选测的项目由各地(市)教育行政部门在测试前随机抽取。

小学三、四年级测试项目为四项。身高、体重为必测项目。选测项目为两项,分别从坐位体前屈、掷实心球、仰卧起坐中选测一项;从 50 米跑(或 25 米×2 往返跑)、立定跳远、跳绳中选测一项。

小学五、六年级测试项目为六项。身高、体重、肺活量三项为必测项目。选测项目为三项,分别从 400 米跑(或 50 米×8 往返跑)、台阶试验中选测一项;从坐位体前屈、掷实心球、仰卧起坐、握力中选测一项;从 50 米跑(或 25 米×2 往返跑)、立定跳远、跳绳、篮球运球、足球颠球、排球垫球中选测一项。

初中、高中、大学各年级均为必测三个项目,选测三个项目,合计需要测试六个项目。身高、体重、肺活量为必测项目。从 1000 米跑(男)、800 米跑(女)、台阶试验中选测一项;从坐位体前屈、掷实心球、仰卧起坐(女)、引体向上(男)、握力体重指数中选测一项;从 50 米跑、立定跳远、跳绳、篮球运球、足球运球、排球垫球中选测一项。

**(二)各年级的评价指标**

《国家学生体质健康标准》中从小学到大学都分别规定了相应的评价指标(表 3),这些指标是根据《国家学生体质健康标准》中项目的测试值进行评价的。有的是直接利用测试值进行查表评分,如立定跳远;有的需要进行计算,如肺活量体重指数和握力体重指数;此外,身高标准体重是根据所测得的身高和体重查表进行评分。因此当测试项目确定后,评价指标也就相应被确定。例如,对于某地小学五年级女生来说,如果从坐位体前屈、仰卧起坐、掷实心球、握力三项中选测了握力,那么对应的评价指标就是经过计算以后得出来的握力体重指数,用计算值来查表评分。总之,评价指标和测试项目都是相对应的,要想选什么评价指标,就必须选测相应的测试项目;同样,测试了相应的项目,就要选评对应的指标。

小学一、二年级的评价指标有三项:身高标准体重为必评指标;选评指标为两项,分别从坐位体前屈、投沙包中选评一项;从 50 米跑(或 25 米×2 往返跑)、立定跳远、跳绳、踢毽子中选评一项。

小学三、四年级的评价指标有三项：身高标准体重为必评指标；选评指标为两项，分别从坐位体前屈、掷实心球、仰卧起坐中选评一项；从50米跑（或25米×2往返跑）、立定跳远、跳绳中选评一项。

**表2 各年级评分指标分类表**

| 年级 | 必测项目 | 选测试项目 | 备注 |
| --- | --- | --- | --- |
| 小学一、二年级 | 身高<br>体重 | 坐位体前屈<br>投沙包 | 选测一项 |
| | | 50米跑(25米×2往返跑)<br>立定跳远<br>跳绳<br>踢毽子 | 选测一项 |
| 小学三、四年级 | 身高<br>体重 | 坐位体前屈<br>掷实心球<br>仰卧起坐 | 选测一项 |
| | | 50米跑(25米×2往返跑)<br>立定跳远<br>跳绳 | 选测一项 |
| 小学五、六年级 | 身高<br>体重<br>肺活量 | 400米跑(50米×8往返跑)<br>台阶试验 | 选测一项 |
| | | 坐位体前屈<br>仰卧起坐<br>掷实心球<br>握力 | 选测一项 |
| | | 50米跑(25米×2往返跑)<br>立定跳远<br>跳绳<br>篮球运球<br>足球颠球<br>排球垫球 | 选测一项 |
| 初中<br>高中<br>大学 | 身高<br>体重<br>肺活量 | 1000米跑(男)<br>800米跑(女)<br>台阶试验 | 选测一项 |
| | | 坐位体前屈<br>仰卧起坐(女)<br>引体向上(男)<br>掷实心球<br>握力 | 选测一项 |
| | | 50米跑(25米×2往返跑)<br>立定跳远<br>跳绳<br>篮球运球<br>足球运球<br>排球垫球 | 选测一项 |

小学五、六年级的评价指标有五项：身高标准体重、肺活量体重指数两项为必评指标；选评指标为三项，分别从400米跑（或50米×8往返跑）、台阶试验中选评一项；从坐位体前屈、掷实心球、仰卧起坐、握力中选评一项；从50米跑（或25米×2往返跑）、立定跳远、跳绳、篮球运球、足球颠球、排球垫球中选评一项。

初中、高中、大学各年级的评价指标有五项：身高标准体重、肺活量体重指数两项为必评指标；选评指标有三项，分别是从1000米跑（男）、800米跑（女）、台阶试验中选评一项；从坐位体前屈、掷实心球、仰卧起坐（女）、引体向上（男）、握力体重指数中选评一项；从50米跑、立定跳远、跳绳、篮球运球、足球运球、排球垫球中选评一项。

### （三）评分表的使用方法

使用评分表对学生的测试结果进行评价可分为两个部分，首先是对各项测试结果分别评分，得出相应评价指标的得分和等级；第二部分是对每一个学生给出一个总的得分和等级。下面就分别予以介绍。

1. 先按年级、性别，找到对应的评分表，使用该表查出相应指标所处的档次及其得分。

例如：测得某小学三年级一位男生的身高为141.3厘米，体重为37.5公斤，50米跑为9秒，坐位体前屈为12厘米。先找到小学三、四年级男生身高标准体重表，在表左侧的身高段里找到该男生141.3厘米所处的段，在141.0～141.9之间，再向右查与此对应的体重，37.5公斤在33.0～38.9的范围内，属于正常体重，得100分；再找小学三、四年级男生评分标准，查50米跑的得分，9秒为优秀，得92分；坐位体前屈为12厘米属于优秀，得分为94。

再如：某小学五年级的一位女生的身高为141.5厘米，体重为37公斤，查相应身高标准体重表，在正常体重的31.7～39.0的范围内，得100分；测得台阶试验成绩为64，查表为优秀，得100分；测得肺活量为1850毫升，计算肺活量体重指数为50(1850/37＝50)，为及格，得分为69；测得50米跑成绩为8.7秒，为优秀，得94分；测得仰卧起坐为38个，属于良好，得分78。

通过这一步对受试者每一项指标进行评价，我们就可以了解该生在体质健康各个方面的具体情况和等级，教师可以根据每个学生的个体差异，对于不够理想的指标，进行有针对性的锻炼，鼓励学生生进步与发展，从而不断提高每个学生的体质健康水平。

如果想要对它进行总体评价，就需要查出的分数进行下一步计算。

2. 等级评价

优　秀：总分90分以上；

良　好：总分75分～89分；

及　格：总分60分～74分；

不及格：总分59分以下。

例如：上面举例的某小学三年级一位男生身高标准体重为100分，50米跑得92分；立定跳远94分，总分为100×0.2＋92×0.4＋94×0.4＝94.4(分)，依据等级标准，该生的体质健康评分等级为优秀。

再如：上面举例的某小学五年级一位女生的总分：总分＝100×0.1＋100×0.2＋69×0.3＋94×0.2＋78×0.2＝85.1(分)。依据综合评级标准，该生的体质健康评分等级为良好。

### (四)身高标准体重查表补充说明

如果个别学生的身高(太高或太低)在表中查不到时,可按下列方法折算后再查表。

当学生身高低于表中所列出的最低身高段的下限值时,实测身高需要加上与下限值之差,并且身高每低1厘米,实测体重需加上0.5公斤,再查表确定分值。

当学生身高高于表中所列出的最高身高段的上限值时,实测身高减去与上限值的差值,身高每高1厘米,其实测体重需减去0.9公斤,再查表确定分值。

例如:小学五年级的某位女生的身高为113.3厘米,体重为22.5公斤。由于小学五年级身高女生标准体重表的最低身高段为115.0～115.9厘米。该生查表的身高为113.3厘米+2厘米=115.3厘米,其体重为22.5公斤+0.5公斤×2=23.5公斤,查相应身高标准体重表,在身高段115.0～115.9厘米的正常体重的19.5～24.1的范围内,得100分。

再如:某小学五年级的一位女生的身高为171.0厘米,体重为61.0公斤。由于小学五年级身高标准体重表的最高身高段为168.0～168.9厘米。该生查表的身高为171.0厘米－3厘米=168.0厘米,其体重为61.0公斤－0.9公斤×3=58.3公斤,查相应身高标准体重表,在身高段168.0～168.9厘米的正常体重的49.2～58.9的范围内,得100分。

## 什么是国家学生体质健康标准数据库

国家学生体质健康标准数据库(China National Student Health & Fitness Database,CNSHFD)是教育部为配合推广《国家学生体质健康标准》的需要,于2004年开始建设的大型全国性学生体质健康测试数据的信息系统。数据来源于每年各级各类学校向教育部上报的学生体质健康标准测试结果。

中国学生体质健康标准数据库全部建成后将容纳全国2亿多学生每年按《国家学生体质健康标准》测试的全部结果和评价指标,并具有按各种要求进行统计、分析、检索的功能。不但可以为各级政府机关、教育主管部门提供翔实的数据,而且社会公众和企事业单位也可以透过相关网站查询检索学生体质健康信息。数据库的统计数据将每年汇总成为《中国学生体质健康标准数据统计年报》向社会发布,成为衡量我国青少年体质健康状况的权威资料。